I0804818

ENZYKLOPÄDIE DEUTSCHER GESCHICHTE BAND 94

ENZYKLOPÄDIE
DEUTSCHER
GESCHICHTE
BAND 94

HERAUSGEGEBEN VON
LOTHAR GALL

UNTERNEHMENS-GESCHICHTE IM 19. UND 20. JAHRHUNDERT

VON
WERNER PLUMPE

DE GRUYTER
OLDENBOURG

ISBN 978-3-486-58104-1
e-ISBN (PDF) 978-3-486-84144-2
e-ISBN (EPUB) 978-3-11-039739-0

Library of Congress Cataloging-in-Publication Data
Names: Plumpe, Werner, 1954- author.
Title: Unternehmensgeschichte im 19. und 20. Jahrhundert / Werner Plumpe.
Description: 1 Edition. | Boston/Berlin : De Gruyter Oldenbourg, [2018] | Series: Enzyklopaedie deutscher Geschichte ; 94
Identifiers: LCCN 2018017279| ISBN 9783486581041 | ISBN 9783110397390 (e-book (epub) | ISBN 9783486841442 (e-book (pdf) | ISBN 9783486841442 (electronic Portable Document Format (pdf)
Subjects: LCSH: Business enterprises--Germany--History--19th century. | Business enterprises--Germany--History--20th century. | Germany--Economic conditions--19th century. | Germany--Economic conditions--20th century. | Germany--History--19th century. | Germany--History--20th century.
Classification: LCC HC286 .P58 2018 | DDC 338.094309/04--dc23 LC record available at https://lccn.loc.gov/2018017279

Bibliografische Information der Deutschen Nationalbibliothek
Die Deutsche Nationalbibliothek verzeichnet diese Publikation in der Deutschen Nationalbibliografie; detaillierte bibliografische Daten sind im Internet über http://dnb.dnb.de abrufbar.

Umschlagabbildung: I.G.-Farben, Frankfurt/Main. Verwaltungsgebäude. Ansicht Hauptfassade (Ausschnitt. Architekturmuseum der TU Berlin, 4371,1)
Satz: le-tex publishing services GmbH, Leipzig
Druck und Bindung: CPI books GmbH, Leck

MIX
Papier aus verantwortungsvollen Quellen
FSC
www.fsc.org
FSC® C083411

www.degruyter.com

Vorwort

Die „Enzyklopädie deutscher Geschichte“ soll für Benutzer – Fachhistoriker, Studenten, Geschichtslehrer, Vertreter benachbarter Disziplinen und interessierte Laien – ein Arbeitsinstrument sein, mit dessen Hilfe sie sich rasch und zuverlässig über den gegenwärtigen Stand unserer Kenntnisse und der Forschung in den verschiedenen Bereichen der deutschen Geschichte informieren können.

Geschichte wird dabei in einem umfassenden Sinne verstanden: Der Geschichte der Gesellschaft, der Wirtschaft des Staates in seinen inneren und äußeren Verhältnissen wird ebenso ein großes Gewicht beigemessen wie der Geschichte der Religion und der Kirche, der Kultur, der Lebenswelten und der Mentalitäten.

Dieses umfassende Verständnis von Geschichte muss immer wieder Prozesse und Tendenzen einbeziehen, die säkularer Natur sind, nationale und einzelstaatliche Grenzen übergreifen. Ihm entspricht eine eher pragmatische Bestimmung des Begriffs „deutsche Geschichte“. Sie orientiert sich sehr bewusst an der jeweiligen zeitgenössischen Auffassung und Definition des Begriffs und sucht ihn von daher zugleich von programmatischen Rückprojektionen zu entlasten, die seine Verwendung in den letzten anderthalb Jahrhunderten immer wieder begleiteten. Was damit an Unschärfen und Problemen, vor allem hinsichtlich des diachronen Vergleichs, verbunden ist, steht in keinem Verhältnis zu den Schwierigkeiten, die sich bei dem Versuch einer zeitübergreifenden Festlegung ergäben, die stets nur mehr oder weniger willkürlicher Art sein könnte. Das heißt freilich nicht, dass der Begriff „deutsche Geschichte“ unreflektiert gebraucht werden kann. Eine der Aufgaben der einzelnen Bände ist es vielmehr, den Bereich der Darstellung auch geographisch jeweils genau zu bestimmen.

Das Gesamtwerk wird am Ende rund hundert Bände umfassen. Sie folgen alle einem gleichen Gliederungsschema und sind mit Blick auf die Konzeption der Reihe und die Bedürfnisse des Benutzers in ihrem Umfang jeweils streng begrenzt. Das zwingt vor allem im darstellenden Teil, der den heutigen Stand unserer Kenntnisse auf knappstem Raum zusammenfasst – ihm schließen sich die Darlegung und Erörterung der Forschungssituation und eine entsprechend gegliederte Auswahlbibliogra-

https://doi.org/10.1515/9783486841442-201

fie an –, zu starker Konzentration und zur Beschränkung auf die zentralen Vorgänge und Entwicklungen. Besonderes Gewicht ist daneben, unter Betonung des systematischen Zusammenhangs, auf die Abstimmung der einzelnen Bände untereinander, in sachlicher Hinsicht, aber auch im Hinblick auf die übergreifenden Fragestellungen, gelegt worden. Aus dem Gesamtwerk lassen sich so auch immer einzelne, den jeweiligen Benutzer besonders interessierende Serien zusammenstellen. Ungeachtet dessen aber bildet jeder Band eine in sich abgeschlossene Einheit – unter der persönlichen Verantwortung des Autors und in völliger Eigenständigkeit gegenüber den benachbarten und verwandten Bänden, auch was den Zeitpunkt des Erscheinens angeht.

Lothar Gall

Inhalt

Vorwort des Verfassers

Unternehmen spielen in der Geschichte der modernen Wirtschaft, aber auch weit über sie hinaus für Struktur und Entwicklung der modernen Gesellschaft eine wichtige Rolle, ja ein großer Teil der gesellschaftsgeschichtlichen Forschung würde wohl so weit gehen zu behaupten, in einer modernen kapitalistischen Welt wie der unsrigen seien Unternehmen so etwas wie die ausschlaggebenden Organisationsbildungen. Das wird im Folgenden nicht geschehen, denn die Bedeutung der Unternehmen und ihres Wandels, so wesentlich sie im Einzelnen sein mögen und so wichtige Spuren sie in der deutschen Geschichte der letzten beiden Jahrhunderte hinterlassen haben, sollte man nicht überschätzen oder gar zum Angelpunkt der gesellschaftshistorischen Analyse machen. Unternehmen sind Organisationsformen wirtschaftlichen Handelns, und zwar eines Handelns, dessen Dimensionen die ältere Welt von Handwerk und Kleinhandel deutlich überschreitet und in der modernen Welt durchaus Prominenz besitzt. Wenn auch in der großen Masse bis heute kleinere und mittlere Unternehmen dominieren, waren es gerade die seit den letzten Jahrzehnten des 19. Jahrhunderts nach und nach entstehenden Großkonzerne, in der Sprache der Zeit die „Riesenbetriebe", die das Bild der Unternehmensgeschichte maßgeblich prägten und auch die allgemeine Öffentlichkeit interessierten, die die Politik zeitweilig geradezu im „Griff" der großen Konzerne sah und diese zu den eigentlichen Machtzentren moderner Gesellschaften erklärte. Das ist bei aller scheinbaren Evidenz nicht besonders überzeugend, vor allem trifft es für die große Masse der Unternehmen gar nicht zu, sodass in diesem Buch die Unternehmen zwar für wichtig gehalten, aber nicht als Angelpunkt der modernen Gesellschaft betrachtet werden. Sie bestimmten und bestimmen in sehr unterschiedlicher Weise ihren wirtschaftlichen Alltag und dessen Wandel, haben aber keineswegs das politische Gewicht, das ihnen lange zugeschrieben wurde. Und insofern ist es von einer eigentümlichen historischen Signifikanz, wenn das Umschlagbild dieses Buches eine Fotographie des Frankfurter I.G.-Farbenhauses zeigt, also der Hauptverwaltung jenes Konzerns, der wie kein zweiter für die Verstrickung von Macht, Politik und Verbrechen im Nationalsozialismus steht, und in die mittlerweile, nach der zeitweiligen Nutzung durch das amerikanische Militär, die

https://doi.org/10.1515/9783486841442-202

Universität Frankfurt eingezogen ist, an der der Verfasser dieses Buches arbeitet und wo entsprechend ein Teil des Manuskriptes geschrieben wurde. Die Bedeutung der Unternehmen, sagt dieses Bild, wandelt sich und keineswegs nach deren Vorstellungen.

Habent sua fata libelli – das gilt auch für dieses Buch, freilich wohl eher für die Zeit seiner Entstehung. Der Verlagsvertrag war lange abgeschlossen, das Manuskript bis auf Teile des Forschungsberichtes fertig, da traten andere Verpflichtungen und Interessen auf den Verfasser zu, sodass das Manuskript zwar nicht der „nagenden Kritik der Mäuse" überliefert wurde, aber doch in der Tiefe der Computerfestplatten „verschwand", bis eine energische Mahnung des Verlages zur Vertragstreue die endgültige Fertigstellung des Manuskriptes veranlasste. Das alte Manuskript konnte dabei so bleiben wie es war; es musste lediglich punktuell sprachlich angepasst und auf den neuesten Stand des unternehmenshistorischen Wissens gebracht werden, das sich ja in den letzten Jahren und Jahrzehnten kontinuierlich erweitert hat. Dass das Manuskript nun das Licht der Öffentlichkeit erblickt, ist also vor allem der Beharrlichkeit und Geduld des Verlages geschuldet, und sodann ohne die Hilfe von Christiane Borchert, Julia Schnaus und Vernessa Wagner, die die nötigen Korrekturarbeiten erledigten, bei der Bibliographie halfen und das Register erstellten, kaum vorstellbar, was den Verfasser selbstredend nicht von der alleinigen Verantwortung für die Fehler entbindet, die der Text unvermeidlich noch hat.

Frankfurt am Main, im April 2018

I. Enzyklopädischer Überblick

1. Unternehmen in der Vormoderne

Voraus-setzungen

Von einer Unternehmensgeschichte vor den großen institutionellen Reformen am Ende des 18. und zu Beginn des 19. Jahrhunderts zu sprechen, ist wenig sinnvoll. Unternehmen im Sinne strikt erwerbswirtschaftlich ausgerichteter Organisationen, in denen geschäftliche Transaktionen auf der Basis ökonomischen Kalküls hierarchisch koordiniert werden, setzen freie Märkte und darin freie Organisationsbildungsmöglichkeiten voraus. Erst hierdurch entsteht in einer Koevolution von Markt und Unternehmen jene Dynamik, die nach und nach den gesamten Bereich der Bereitstellung von Gütern und Dienstleistungen ökonomischem Kalkül unterwirft. Davon konnte vor dem Ende des 18. Jahrhunderts nicht die Rede sein. Im größten Teil der Wirtschaft, dem Agrarsektor, fehlten die Voraussetzungen für eine Unternehmensbildung im modernen Sinn, auch wenn viele ostdeutsche Großbetriebe Massenproduktion für weit entfernte Märkte betrieben. Sie fußten dabei allerdings weitgehend auf unfreiwilliger Arbeit (Hand- und Spanndienste, Gesindezwangsdienste, Schollenpflichtigkeit, Hörigkeit), waren also gerade im Bereich der Arbeitskräfterekrutierung und -beaufsichtigung keine Unternehmen. Mit der Mobilisierung des Bodens und der Zunahme „freier“ Landarbeit im 18. Jahrhundert zeichneten sich hier Veränderungen ab, die im 19. Jahrhundert, nach der Bauernbefreiung und der endgültigen Mobilisierung des Bodens, zu landwirtschaftlichen Großbetrieben mit Unternehmenscharakter führten. Im Folgenden soll der Agrarsektor nicht zuletzt wegen seiner seither stark geschrumpften Bedeutung allerdings nicht weiterverfolgt werden.

Verteilung der Beschäftigten

Die Unternehmensbildung im nichtlandwirtschaftlichen Bereich (Gewerbe, Handel, Verkehr, sonstige Dienstleistungen) blieb vor den großen Reformen zu Beginn des 19. Jahrhunderts an obrigkeitliche Privilegierung gebunden oder war kommunal institutionalisiert. Die ungefähre Größe des potentiellen Unternehmensbereichs zeigt die Verteilung der Beschäftigten auf die einzelnen Wirtschaftssektoren, wobei die hier vorgenommene Abgrenzung eine Hilfskonstruktion ist, denn im strengen Sinne lässt sich für die Zeit vor 1800 nicht von klar abgrenzbaren Wirtschaftssektoren sprechen. Um 1800 waren im Alten Reich etwa 21–23 %

https://doi.org/10.1515/9783486841442-001

der erwerbstätigen Bevölkerung im Gewerbe tätig. Diese waren vor allem im Textil- und Bekleidungsbereich (50 % der gewerblich Tätigen), in der Nahrungsmittelherstellung (13 %), im Holz- und Druckgewerbe (10 %), beim Bau (10 %), in der Metallerzeugung und -verarbeitung (8 %), im Bereich der Steine und Erden (3 %), in der Chemie (3 %) und im Bergbau (2 %) beschäftigt. Diese etwa 2,4 Millionen Menschen (von insgesamt ca. 24 Millionen Einwohnern bezogen auf das Territorium des Reiches von 1871) verteilten sich dabei zu 60 % auf Handwerksbetriebe, während die restlichen 40 % in Verlagen, Manufakturen und frühen Fabriken bzw. Bergwerken ihrer Arbeit nachgingen. Bei den Handwerksbetrieben dominierte die kleine Werkstatt; mehr als die Hälfte der Betriebe hatte nur einen Beschäftigten. Großbetriebe gab es im Verlagswesen (teilweise bis zu 10.000 Beschäftigte), im Bergbau, in einigen Hüttenbetrieben und in bestimmten Manufakturen. In Franken betrug die Durchschnittsgröße einer Manufaktur gegen Ende des 18. Jahrhunderts 50 Beschäftigte; die größte dortige Manufaktur gab immerhin 500 Menschen Arbeit.

Regionale Verteilung der Gewerbe

Die regionale Verteilung der Gewerbe war unterschiedlich. Während es im Nahrungs- und Baubereich einen der Nachfrage entsprechend homogenen Besatz mit städtischen Verdichtungszonen gab, waren andere Gewerbe an das Vorkommen von Energie, Rohstoffen und verfügbaren nichtlandwirtschaftlichen Arbeitskräften gebunden. Gerade diese Standortfaktoren begünstigten Mittelgebirgsregionen, in denen Rohstoffe und Energie vorhanden waren und in denen landwirtschaftliche Grenzböden den Einsatz menschlicher Arbeitskraft beschränkten. Das Handwerk war dabei eher homogen verteilt. Lediglich Stadt und Land hatten unterschiedliche Besatzdichten. In Nord- und Nordostdeutschland dominierte das städtische Handwerk, während sich in Süd- und Südwestdeutschland die Zahl der Handwerksbetriebe in Stadt und Land die Waage hielt. Verlage und Berg- bzw. Hüttenbetriebe fanden sich vor allem an geographisch begünstigten Standorten in der Mittelgebirgskette von der Eifel über das bergische und das Sauerland, den Harz, den Thüringer Wald sowie das Erzgebirge bis hin nach Schlesien, aber auch in der Oberpfalz, auf der Alb oder in Nassau. Textilgewerbliche Verdichtungsregionen gab es vor allem in Gebieten mit schlechter Bodenqualität, so dass die Opportunitätskosten gewerblicher Beschäftigung, namentlich für die unterbäuerliche Bevölkerung, gering waren. Hier entstanden Gewerbeexportregionen, aus denen Textilien exportiert und in welche Nahrungsmittel importiert wurden. Dabei unterschied sich die institutionelle Form der Vergewerblichung danach, ob die textilen Rohstoffe vor Ort verfügbar waren (Flachsgegenden) oder erst über den Handel (Wolle, Baumwolle, Seide) herbeigeschafft werden mussten.

Vielfalt institutioneller Formen

Im Gewerbe existierte eine große Vielfalt institutioneller Formen. Für die Masse der Handwerksbetriebe kann man jedoch nicht von Unternehmen sprechen, besonders nicht im Bekleidungsgewerbe, in dem der Einmeisterbetrieb (Schneiderei) vorherrschte. Es gab allerdings unternehmerische Inseln im Meer der handwerklichen Kleinbetriebe: Große Schlossereien und Schmieden waren nicht selten, und auch bestimmte Baubetriebe erreichten je nach Bauvolumen zeitweilig ansehnliche Betriebsgrößen. Der Normalfall aber war das auf vielfältige Weise regulierte Handwerk, das in den Städten sowie zumeist auf dem Land restriktiven Institutionen korporativer Art (Zunftvorschriften), kommunaler Art (Bann- und Marktvorschriften, Kleider- und Luxusordnungen, Gewerbebeschränkungen etc.) oder obrigkeitlicher Art (Gewerbepolitik, Gewerbeverbote, Ein- und Ausfuhrregulierungen, Preisregulierungen, Regelungen des „Arbeitsmarktes" etc.) unterworfen war. Zwar waren die faktischen Handlungsspielräume im Handwerk größer als die unterschiedlichen Regeln erwarten ließen, insbesondere, was die Freiheit der Beschäftigung, der Lohn- und der Preissetzung betraf: Von freier Unternehmensbildung im Handwerk konnte indes keine Rede sein, zumal die große Masse der Betriebe ohnehin keine unternehmensrelevante Größe erreichte und letztlich einem persönlich bekannten Kundenkreis mit klarer Auftragsfertigung verbunden blieb.

Ländliches Gewerbe

Die Existenz städtischer Bindungen verleitete im 19. und frühen 20. Jahrhundert einen Teil der Wirtschaftsgeschichtsschreibung dazu, die frühneuzeitliche Landwanderung („Rustikalisierung") des Gewerbes mit dem Fehlen von Zunftvorschriften auf dem platten Land zu erklären. Diese Auffassung hat sich als nicht zutreffend erwiesen. Auch das ländliche Gewerbe war in der einen oder anderen Form gebunden und unterlag obrigkeitlicher Kontrolle, die ein Interesse am Vorantreiben der Vergewerblichung bei Aufrechterhaltung traditioneller Bindungen besaß. Das ländliche, zum Teil bereits protoindustriell eingebundene Handwerk war mithin keine Alternative zum städtischen Zunfthandwerk, sondern variierte dieses Modell und erhöhte dessen Angebotselastizität deutlich. Mit Unternehmertum hatte das Handwerk insgesamt wenig zu tun. Dazu war das investierte Kapital zu gering, der Markt zu eng, die Arbeitsteilung nicht ausgeprägt genug, die Beschäftigtenzahl zu klein, die institutionelle Bindung zu groß und schließlich die vorherrschende „Mentalität" der Handwerker zu defensiv.

Frühe Unternehmen im Gewerbe

Gleichwohl gab es Unternehmen, die trotz ihrer Einbindung in das institutionelle Geflecht der alteuropäischen Welt diesen Namen verdienen. Angesichts der Tatsache, dass es in Deutschland vor der Mitte des 19. Jahrhunderts keinen großen und einheitlichen Binnenmarkt gab und die wirtschaftliche Dynamik insgesamt gering war, finden sich Unternehmensbildungen vor 1800 überall dort, wo Kaufleute größere Marktzugänge und damit Absatzmöglichkeiten für eine erweiterte gewerbliche Produktion schufen, wo die Nachfrage der Obrigkeiten bzw. der sich bildenden Territorialstaaten gleichsam künstliche Märkte für privilegierte Produzenten schuf sowie schließlich dort, wo die technischen Bedingungen der Produktion eine gewisse Betriebsgröße und einen entsprechenden Kapitalaufwand nötig machten und die Nachfrage, etwa nach Produkten der Metallgewinnung und -verarbeitung, in größerem Rahmen gesichert war. Entsprechend diesen Bedingungen variierten die Unternehmensformen, die im Alten Reich nicht frei zu wählen waren. Privilegierte Handelshäuser, privilegierte Manufakturen sowie darüber hinaus unterschiedliche Formen des Verlages prägten entsprechend der jeweiligen Rahmenbedingungen das Bild. Insofern blieb die Unternehmensbildung die Ausnahme, ja geradezu ein Abenteuer. Erst die zunehmende Marktdurchdringung der städtischen und ländlichen Nachfrage nach Gütern und Dienstleistungen sowie die sich mit den zunehmenden Privilegierungen abzeichnenden Aufweichungen der traditionellen Institutionen erweiterte in der zweiten Hälfte des 18. Jahrhunderts langsam den Raum für unternehmerische Initiativen, die gleichwohl stets hochgradig riskant blieben: Bis weit in das 19. Jahrhundert ist eine machtvolle Entfaltung der Unternehmen wohl nicht zuletzt auch an der großen Risikoaversion der Kapitalgeber gescheitert, die „sichere" Staatsanleihen den hochriskanten unternehmerischen Engagements vorzogen.

Frühe Unternehmen im Fernhandel

Am häufigsten waren frühe Unternehmungen im überregionalen und im Fernhandel. Unternehmensbildungen lassen sich hier im italienischen Fall bis in das 12. Jahrhundert zurückverfolgen, zumeist in der Form eines mehr oder weniger komplexen Kaufmannsgeschäftes. In Deutschland kann man mit dem 13. und 14. Jahrhundert von ersten Unternehmensbildungen im Kaufmannsbereich sprechen (etwa die Große Ravensburger Handelsgesellschaft, später Augsburger und Nürnberger Kaufleute etc.). Die Kaufmannsunternehmen waren nicht groß, was die Beschäftigtenzahlen und das investierte fixe Kapital betraf. Letzteres beschränkte sich im Wesentlichen auf Immobilien. Die Unternehmensorganisation selbst war nicht selten familiär geprägt: In Oberitalien hießen die Kaufmannsbücher bezeichnenderweise „libri di famiglia". Die Umsätze dieser Handelshäuser waren trotz geringen Fixkapitals und starker familiärer Bindung groß, mithin das umlaufende Kapital erheblich und die Gewinne so beträchtlich, dass einige Kaufmannsdynastien zu den maßgeblichen Kreditgebern der Kaiser des Alten Reiches aufstiegen. Von Handelsunternehmen und Kaufleuten gingen zumeist auch die entscheidenden Impulse aus, Teile der gewerblichen Produktion in Unternehmen zu organisieren. Dies betraf insbesondere den kapitalintensiven Bergbau, der ohne Investitionen aus dem Erzhandel nie seine Blüte erreicht hätte: Für den Mansfelder Kupfer- ebenso wie für den Tiroler und den ungarischen Silberbergbau ist der Anteil der Leipziger bzw. der Augsburger Kaufleute an der Finanzierung gut bekannt. Ein ähnliches Bild findet sich bei der Eisenerzeugung und -verarbeitung, in der die Produktion für überregionale Märkte häufig von Eisenhändlern organisiert und dazu wichtige Teile der Wertschöpfungskette in einer Hand zusammengezogen wurden. Nicht selten waren diese Eisenhändler selbst aus dem Gewerbe herausgewachsen, um es danach von der Händlerseite her neu zu organisieren.

Neue Organisationsformen

Dass es seit dem späten 17. und im 18. Jahrhundert immer stärker zur Ausdifferenzierung neuer Organisationsformen im Gewerbe kam, war einerseits marktbedingt und hatte andererseits mit dem obrigkeitlichen Interesse zu tun, die Vergewerblichung der Territorien zu fördern. Mit der Zunahme der Bevölkerung seit dem Dreißigjährigen Krieg, vor allem aber aufgrund des stark wachsenden Exports europäischer Textilien in die amerikanischen Kolonien suchten die Textilhändler im Rahmen der gegebenen technischen Produktionsbedingungen nach Möglichkeiten, die wachsende Nachfrage mit vertretbarem wirtschaftlichem Aufwand zu bedienen. Der Rückgriff auf das in weiten Teilen Europas verbreitete häusliche Textilgewerbe lag nahe, besonders dort, wo Textilherstellung und landwirtschaftliche Subsistenz sich derart ergänzten, dass mit relativ niedrigen Lohnkosten einfache und preiswerte Textilien erzeugt werden konnten.

Leinenregionen

Die Leinenregionen im Ravensberger Land und in Schlesien boten hierfür günstige Voraussetzungen. Doch nicht in jedem Fall führte ein derartiges Ausgreifen des Handels in die gewerbliche Produktion zu Unternehmensbildungen. So hielt sich im Leinengewerbe der ländliche Aufkauf, und es kam kaum zu Verlagsbildungen, da der Rohstoff Flachs vor Ort vorhanden war und die Belieferung der Produzenten über traditionelle Absatzwege erfolgte. Die Rohstoffversorgung wurde ohne die Kaufleute organisiert, die sich auf den Aufkauf der ländlichen Produkte beschränkten. Bei ihnen bestand lediglich ein Interesse an einem ungehinderten Zugriff auf die Produkte und einer kostengünstigen Kontrolle ihrer Qualität: Legge und Schau waren typische Institutionalisierungsformen dieses Kaufsystems.

Baumwoll- und Wollgewerbe

Im Baumwoll- und Wollgewerbe war dies anders. Hier entstanden im Westen und Süden des Alten Reiches große Verlage, zum Teil sogar dezentrale Manufakturen. In diesen war ein Teil der Produktion zentralisiert (in der Regel das Appretieren, Färben und Aufbereiten, bei wertvollen Rohstoffen wie der Seide sogar die Spinnerei und die Weberei), während das Spinnen und das Weben dezentral durchgeführt wurden. Der Kaufmann wiederum koordinierte die Wertschöpfungskette durch Belieferung der Produzenten mit Rohstoffen und Garn hierarchisch. Ähnliches gilt für die Verlagsbildungen in der Metallverarbeitung. Auch hier brachten Kaufleute oder Gewerbetreibende mit eigenem Vertrieb größere Teile der Wertschöpfungskette durch die Organisation der Absatzwege unter ihre hierarchische Kontrolle und bauten auf diese Weise dauerhafte Produzentennetze auf (etwa: Sensengewerbe der Grafschaft Mark, Reidemeisterei im Iserlohner Gebiet etc.).

Verlagssystem

Verlag bedeutete also, dass ein Händler einerseits die Produkte zahlreicher zentral oder dezentral sitzender Gewerbetreibender aufkaufte und auf überlokalen Märkten vertrieb, und andererseits seinen Produzenten Rohstoffe und Halbfabrikate, teilweise wohl auch die Werkzeuge, vorschoss. Im letzteren Fall war der Weg zur Fabrik nicht mehr weit. Der Verlag unterschied sich damit vom Kaufsystem, in dem der Kaufmann zwar selbst oder über Mittelsmänner die gewerblichen Produkte erwarb, die Produzenten hingegen die Rohstoffe und Vorprodukte auf eigene Rechnung bezogen und ihre Werkzeuge selbst besaßen. Aus unternehmenshistorischer Sicht ist der Unterschied entscheidend: Wenngleich die Kontrolle der Produzenten bzw. ihrer Produkte im ersten Falle im Verlag selbst erfolgte und sich der Verleger bei allerdings gestiegenem Risiko einen Teil der Produzentenmargen aneignen konnte, jedoch im Zweifelsfall ebenso von Marktkontraktionen direkt betroffen war, hatten die Händler, die sich allein auf den Aufkauf konzentrierten, den Vorteil, dass sie ihre Aufkäufe strikt an den Absatzmöglichkeiten ausrichten konnten. Dafür entging ihnen ein Teil der Margen: Vor allem hatten sie das Problem der Qualitätskontrolle, das durch Schauen und/oder Leggen nur unzureichend gelöst werden konnte. Insgesamt erwies sich das Kaufsystem als konservativ und risikoavers. Aus dem Verlag kamen indes stärkere Impulse, mit dem Aufkommen neuer Produktionstechniken in das Fabriksystem zu wechseln. Tatsächlich läuteten auch in Deutschland die technischen Verbesserungen im Baumwollgewerbe die Geburt der modernen Fabrik (und in gewisser Weise der modernen Unternehmung) ein, indem Verleger zunächst mit der mechanischen Spinnerei die Arbeit an einem Ort unter zentraler Aufsicht bei relativ hoher fixer Kapitalinvestition konzentrierten, gleichzeitig allerdings das produzierte Garn dezentral bei den verlegten Heimwebern verarbeiten ließen.

Manufakturen

Die Manufaktur, als zentralisierte Organisationsform arbeitsteilig strukturierter, aber noch handwerklicher Tätigkeit, bildete sich selten spontan, sondern entstand zumeist aus dem Interesse der frühneuzeitlichen Territorialstaaten, bestimmte Rüstungs- und/oder Luxusprodukte für den „öffentlichen“ Bedarf im eigenen Land herstellen zu lassen. Dabei verdankten sich Waffen- und Porzellan-Manufakturen bzw. Einrichtungen für Luxusgüter wie Gobelins gezielter staatlicher Nachfrage und der privilegierten Form der Unternehmung und nicht einer Kombination von technischen Fertigkeiten und Marktchancen. Diese doppelte Abhängigkeit vom Staat (Nachfrage, Privilegierung) erwies sich als janusköpfig, da die Masse der Manufakturen ohne staatliche Unterstützung nicht lebensfähig war. Die Mehrzahl der im 18. Jahrhundert gegründeten Manufakturen hatte nur eine kurze Lebensdauer; der Rest scheiterte spätestens nach dem Ende der Kontinentalsperre und dem Vordringen englischer Fabrikprodukte auf den Kontinent. In Bayern, Franken und Sachsen schafften kaum mehr als 10 % der Manufakturen den Sprung in das Industriezeitalter, also den Übergang zur modernen Fabrik. Das „bürgerliche Engagement“ in den Manufakturen sollte daher nicht überschätzt werden. Zwar traten auch Privatleute als Geldgeber von Manufakturen auf, nicht selten gar Beamte und Handwerker, doch ging die Initiative zumeist eben nicht von ihnen aus, sondern von der obrigkeitlichen Privilegierung und Förderung. Eine Ausnahme stellte nur jene Manufaktur dar, die im 18. Jahrhundert gleichsam als Anhängsel des Verlages in bestimmten Gewerben entstand (erste Kattundruckerei bereits 1689 in Augsburg, Gründungswelle seit 1750 in Sachsen und im Wuppertal). Hier wurden Teile der Produktion entweder aus technischen Gründen oder wegen des großen Wertes der Roh- und Hilfsstoffe zentralisiert (Bleiche, Färben, Appretur, aber auch Feinmechanik/Uhrenproduktion), wobei sich dann im Textilgewerbe mit der Mechanisierung der Baumwollspinnerei der Nukleus der Industrialisierung bildete.

Fabriken

Fabriken traten in Deutschland vor 1800 nur sporadisch auf. Als zentralisierte Stätten zumindest teilmechanisierter Produktion in Unternehmensform blieben sie zumeist auf kapitalintensive und technisch komplexe Bereiche beschränkt, insbesondere im Bergbau- und Hüttenwesen (Eisen, Nichteisen-Metalle, Glas). Hier bildeten sich regelrechte Großbetriebe, hier entstanden die ersten Formen der Risikostrukturierung durch Eigenkapitalstreuung, hier sind erste Vorformen moderner Unternehmensorganisation erkennbar, hier traten auch die ersten für den modernen Kapitalismus typischen sozialen Konflikte auf. Die Finanzierung dieser ein hohes Fixkapital verlangenden Betriebe erfolgte vorwiegend aus dem Handel (etwa Finanzierung der thüringischen Saigerhütten in der zweiten Hälfte des 15. Jahrhunderts durch Nürnberger Kaufleute; das Saigerhüttensyndikat von 1534 besaß ein Gesellschaftskapital von 500.000 Gulden), solange es sich nicht um obrigkeitlich unterstützte Einrichtungen oder gar in Eigenregie geführte Betriebe handelte (Oberschlesien). Sie blieben auf diese engen Bereiche beschränkt und waren in der Wahl der Unternehmensform und der Unternehmenspolitik in der Regel nicht frei, sondern handelten Mengen und Preise mit den Obrigkeiten aus. Fabriken im modernen Sinne entstanden in Deutschland erst im 19. Jahrhundert. So eröffnete Johann Gottfried Brügelmann 1783 in Ratingen die erste mechanische Baumwollspinnerei, und 1801 wurde in Schlesien die erste Rübenzuckerfabrik in Betrieb genommen.

Organisatorische Ausdifferenzierung

Folgerichtig stellt sich die Frage, ob man diese vor 1800 existenten Organisationsformen ökonomischer Prozesse (Verlag, dezentrale Manufaktur, Berg- und Hüttenbetriebe) als Unternehmen bezeichnen kann. Ihre organisatorische Ausdifferenzierung war hybride; sie zielten zwar einerseits klar auf die Ausnutzung von Marktchancen, verdankten sich andererseits aber nicht allein diesem Kalkül; stattdessen waren sie unterschiedlichen Formen institutioneller Privilegierung unterworfen, durch die sie zur Ausnahme von der Regel wurden. Dass diese Ausnahmen maßgeblich zur Ausfransung der traditionellen Regeln gewerblicher Tätigkeit beitrugen, ändert nichts am Befund. Insgesamt kommen große Handelshäuser und Verlage dem modernen Unternehmenstypus noch am nächsten, insbesondere bei der Nutzung moderner Handelstechniken, bei der Entwicklung neuer Formen der Produktionskontrolle, bei der Förderung der Arbeitsteilung, bei der Trennung von Disposition und Ausführung und schließlich und nicht zuletzt bei der Einübung eines dynamischeren Risikokalküls, auf das dann die sich bildende Unternehmensorganisation eine passende Antwort gab.

Protounternehmen

Dennoch stellen diese Institutionen nur „Protounternehmen" dar, in denen zwar Eigentümerunternehmer wirtschaftliche Transaktionen hierarchisch koordinierten und den Produktionsprozess beaufsichtigten. Unter den Gesichtspunkten von organisatorischer Rationalität und kaufmännischer Rechenhaftigkeit kann diesen „Protounternehmen" aber kaum ein moderner Status zugebilligt werden. Eine rationale Kapitalrechnung und eine davon geprägte „Unternehmenspolitik" kann in der Masse der Fälle ausgeschlossen werden; vielmehr dominierte im Kaufmanns- und Verlagswesen ein Produktions- und kaufmännisches Wissen, das vor allem durch Erfahrung erworben wurde. Noch die ersten Fabrikgründer im modernen Sinne wiesen in den ersten Jahrzehnten des 19. Jahrhunderts alles andere als eine formale Ausbildung zu rational agierenden Unternehmensleitern auf, vielmehr waren sie Erfahrungsmenschen, die ihre Geschäfte nach ihren spezifischen Routinen ausrichteten. Einfache

Rechentechniken und Erfahrung bestimmten das Handeln: War zum Jahresende Geld in der Kasse, so war man zufrieden.

Soziale Profile früher Unternehmer

Über die sozialen Profile der frühen Verleger und Manufakturisten ist seit MAX WEBERS Protestantismusthese und WERNER SOMBARTS Charakterisierung des „Bourgeois" viel spekuliert worden. In der Mehrzahl der Fälle handelte es sich wohl um durchaus etablierte und angesehene Kaufleute, zum Teil um Beamte, Techniker, Handwerker, Naturwissenschaftler, manchmal auch um Projektemacher und Abenteurer. Ein gewisser Minderheitenstatus scheint nicht untypisch gewesen zu sein. Auch wenn der Zusammenhang von Konfession und wirtschaftlicher Aktivität grobschlächtig nicht zu fassen ist, zeigen sich doch gewisse Auffälligkeiten. In Westdeutschland etwa waren es häufig protestantische Unternehmer, die von ihren evangelischen Stammsitzen aus das gewerblich zum Teil weniger aktive katholische Umland „kolonisierten" (z. B. Händler-Produzenten der Grafschaft Mark im Kurkölnischen Sauerland). In den etablierten Handelsstädten Köln, Düsseldorf und Frankfurt zeigten sich zunächst wenig unternehmerische Initiativen. Anders dagegen die Entwicklung im evangelischen Deutz, in Krefeld, Ratingen und im Bergischen Land, in Barmen und Elberfeld oder – im Frankfurter Fall – schließlich in Offenbach. Erfahrungen, Beziehungen, ein gewisser Abenteurergeist und eine relativ große Risikobereitschaft mussten offenbar zusammenkommen, um einen erfolgreichen frühen Unternehmer zu ermöglichen. Er war in der alteuropäischen Welt dabei in jedem Fall eine „Randerscheinung": Zum traditionellen städtischen Handwerksmeister bestand ebenso ein tiefer Kontrast wie zum traditionellen Handwerksbetrieb.

Marx'sche Kontinuitätsthese

Wie ist die moderne Unternehmensgeschichte an ihre alteuropäische Vorgeschichte gebunden? KARL MARX sah das Bindeglied, ja das kontinuitätsstiftende Moment in der Manufaktur. Diese Kontinuitätsthese hat zwar die empirische Forschung angeregt, sich aber nicht behauptet: Die Rolle der Manufakturen bei der Entstehung der modernen Wirtschaft ist stark relativiert worden. Gegenwärtig herrschen sehr differenzierte Forschungspositionen zu der Frage vor, in welchen organisatorischen Formen und mit welchen Kontinuitäten sich der Übergang von den vorindustriellen Gewerbeformen zum modernen Unternehmen vollzog – zumal diese Positionen mit jedem weiteren Forschungsfortschritt vertieft und verfeinert werden. Sicher ist: Neben der Manufaktur kann auch der Handwerksbetrieb kaum in eine genealogisch direkte Linie zur kapitalistischen Fabrik, zum kapitalistischen Unternehmen gestellt werden, obwohl – wie immer – Ausnahmen die Regel bestätigen. Dazu war in der Masse der Handwerksbetriebe die Kapitalbildung zu beschränkt:

Das Geschäft warf schlicht nicht genug ab, um eine Expansion in das Fabriksystem zu ermöglichen. Obgleich qualifizierte Handwerker gemeinsam mit Kaufleuten und „Kapitalisten" (also Geldgebern) eine wichtige Rolle im Gründungsprozess von Unternehmen spielten, gab es eben nur ausnahmsweise eine organisatorische Kontinuität vom Handwerksbetrieb zur modernen Unternehmung.

Der Verlag als Keimzelle moderner Unternehmen

Der Verlag besaß erheblich bessere Voraussetzungen dafür, dass aus ihm wenn nicht die Keimzelle der modernen Unternehmensorganisation, so doch zumindest die Pflanzstätte späterer Unternehmer wurde. Umlaufkapital sowie Gewinne und damit auch die Kapitalbildung waren häufig ansehnlich; im Bereich des zentralisierten Verlages (Wolle, Baumwolle, Seide, Uhren etc.) war auch das investierte fixe Kapital beträchtlich. Die Qualifikation der Kaufleute im Absatz, in der Organisation und in der Kontrolle von Produktionsprozessen war gegeben, wohingegen ihre Fähigkeit zur „rationalen Kapitalrechnung" besser nicht überschätzt werden sollte. Häufig existierte bei ihnen ein ausgeprägtes familiäres Netzwerk, das die Kapitalbeschaffung erleichterte. Der Zugang zu fremdem Wissen schließlich, vor allem zu der Ende des 18. Jahrhunderts fortgeschritteneren Produktionstechnik in England war hierüber sehr viel einfacher. Wenngleich die Informationen zur Prosopographie der frühindustriellen Unternehmerschaft regional noch sehr unterschiedlich sind, bestätigen sie doch überwiegend das hier skizzierte Bild: Das dynamische Element bei der Ausbreitung von Unternehmen kam insbesondere aus dem eng mit der gewerblichen Produktion verbundenen Handel. Diese frühindustrielle Unternehmerschaft besaß mithin Vorerfahrungen auf den sich bildenden Märkten und hatte eine gewisse Bereitschaft zum Risiko gleichsam im Gepäck. Sie war mehrheitlich evangelisch bzw. gehörte einer der unterschiedlichen evangelischen Denominationen an, wobei dies nicht unbedingt als Kausalität interpretiert werden sollte. Ihr Ausbildungsniveau war formal gering; faktisch aber hatte eine familiäre Sozialisation für Gewerbe und Handel die Grundlagen gelegt.

Reformen

Als sich mit den napoleonischen Reformen im Westen und mit den Preußischen Reformen im Norden und Osten des Alten Reiches die Möglichkeiten zu freier gewerblicher Betätigung dramatisch verbesserten, waren die Voraussetzungen für die massenhafte Gründung von Unternehmen gegeben, da es weder an Kapital und potentiellen Unternehmern noch an Arbeitskräften fehlte, im Gegenteil: die Mobilisierung der Landbevölkerung durch die genannten Reformen versprach auch hier große Entwicklungschancen.

2. Der Durchbruch der Organisation (1800 bis 1870)

Modernes Gesellschaftsrecht

Zu Beginn des 19. Jahrhunderts fielen zunächst in Preußen, in den kommenden Jahren und Jahrzehnten dann auch in den anderen deutschen Territorien die rechtlichen Beschränkungen, die bis dahin die wirtschaftliche Tätigkeit der Menschen stark eingeschränkt hatten. Zwar dauerte es bis zur Mitte, teilweise sogar bis zum Ende des 19. Jahrhunderts, bis ein ausdifferenziertes modernes Gesellschaftsrecht zur Verfügung stand, das sowohl die Unternehmensbildung wie die Beziehungen der Unternehmen bzw. ihrer Inhaber zum Markt, zu Schuldnern und Gläubigern klar regelte. Allerdings reichten die älteren und vorhandenen Vorschriften handels- und gesellschaftsrechtlicher Art aus, um die Durchsetzung moderner wirtschaftlicher Organisationsformen rechtlich abzusichern. Dass es nach 1810 zu einer stark ansteigenden Zahl von Unternehmensgründungen kam, lag indes nicht allein an der Tatsache, dass die bisherigen Restriktionen (Genehmigungspflicht gewerblicher Tätigkeit, Zunftbindung, Ausschluss bestimmter Personenkreise etc.) aufgehoben wurden, zumal auch die neuen Unternehmen etwa als Kaufmannsgeschäft oder lizensierte Aktiengesellschaft rechtlich gebunden blieben. Vielmehr wandelten sich zugleich die strukturellen Bedingungen wirtschaftlichen Handelns entscheidend.

Beginn der modernen Unternehmensgeschichte

So stand am Beginn der modernen Unternehmensgeschichte ein Akkord von drei Tönen: Bevölkerungswachstum, Marktbildung, technischer Fortschritt. Erst hierdurch wurde die Wahl zwischen verschiedenen Möglichkeiten, die gewerbliche Produktion zu organisieren, zu einer Option, in der sich das Unternehmen als effizienteste Form der Risikostrukturierung schließlich evolutionär bewährte. Weder verdrängte das Unternehmen andere Organisationsformen dabei vollständig, noch beherrschte es den Markt ausschließlich. Aber das Aufbrechen der herkömmlichen „embedded economy“, die Forcierung der Arbeitsteilung und die Produktion für einen anonymen Markt, also kurz: die Ausnutzung der stark gestiegenen Absatzmöglichkeiten durch eine rasante Steigerung der Produktivität, war für die Kapitalgeber derart riskant, dass es einer Form der Sicherung bedurfte, um das Risiko zu begrenzen. Diese Form wurde das Unternehmen, das mithin die Nutzung der Chancen der Produktivitätssteigerung durch eine Strukturierung des Verlustrisikos ermöglichte. Insofern stand und steht das Unternehmen (mithin die Organisation), auch wenn andere Formen der Wirtschaft sich erhielten, für die wirtschaftliche Moderne.

Need and Opportunity

Zu Beginn des 19. Jahrhunderts konnte man das allerdings bestenfalls ahnen, da man kaum Erfahrungen mit den Vorzügen wirtschaftlicher

Organisation unter marktwirtschaftlichen Bedingungen besaß. Die praktischen Erfahrungen waren – und blieben es bis zur Mitte des Jahrhunderts – „gemischt“. Erfolge und Pleiten hielten sich die Waage; die durchschnittliche Lebensdauer der frühen Unternehmensgründungen lag unter zehn Jahren. Die Nutzung der Unternehmensform verdankte sich daher zunächst einem gewissen Mut, dem allerdings bessere wirtschaftliche und rechtliche Rahmenbedingungen zugutekamen. Die Unternehmensgründungen in der ersten Hälfte des 19. Jahrhunderts folgten insofern bestenfalls unbewusst einem institutionenökonomischen Kalkül. Es war wohl eher so, dass mit dem Beginn des 19. Jahrhunderts nicht nur der Bedarf für industriell produzierte Güter stieg, sondern auch die Möglichkeit, diese Chance zu nutzen, plötzlich institutionell gegeben war. „Need and Opportunity“, wie David Landes es nennt, waren dabei insbesondere für jene Wirtschaftssubjekte attraktiv, die bereits Erfahrungen mit riskanten Geschäften hatten, oder die ihre technischen Fähigkeiten unter den veränderten Umständen in eine gesicherte wirtschaftliche Existenz überführen wollten.

Erfolgsfaktoren

Die neuen Chancen zogen jedoch, ähnlich wie es bereits die merkantilistische Gewerbeförderung getan hatte, jede Menge von Projektemachern an: Gemessen an der Zahl der Anträge auf öffentliche Projektförderung waren es nicht wenige Abenteurer, die ihr Glück in Fabrikgründungen suchten. In der Regel waren allerdings nicht die Abenteurer die Erfolgreichen: Nur wer selbst über Eigenkapital verfügte oder auf solches im familiären Netzwerk zurückgreifen konnte, nur wer technische und kaufmännische Erfahrungen besaß, nur wer letztlich die Märkte gut kannte und – nicht zu vergessen – wer bereit war, die hohen zeitlichen Kosten einer Unternehmensgründung in Kauf zu nehmen, war im Normalfall mit einer Unternehmensgründung erfolgreich. Die Masse der Gründer scheiterte! Doch immerhin: Kaufleute und Verleger, Handwerker und Techniker, Projektemacher und Abenteurer stehen zwar nicht am Beginn der Unternehmensgeschichte in Deutschland; aber sie ermöglichten den Durchbruch der Organisation zum wesentlichen Träger der wirtschaftlichen Entwicklung.

Frühe Rahmenbedingungen

Betrachten wir zunächst die Rahmenbedingungen der Unternehmensgeschichte in den ersten zwei Dritteln des 19. Jahrhunderts. Zu Anfang des 19. Jahrhunderts war die wirtschaftliche Situation keineswegs einfach und schon gar nicht im Sinne der späteren Entwicklung vorhersehbar. Malthus’ düstere Prognosen der wirtschaftlichen Entwicklung hatten die Erfahrung auf ihrer Seite. In der Tat stieg die Bevölkerungszahl an und die Städte vergrößerten sich allmählich. Entsprechend bildeten sich erste Zentren urbaner Nachfrage nach gewerblichen Gütern heraus.

Zugleich jedoch nahm die Massenarmut weiter zu. Während die alte Welt verschwand, hatten sich in Deutschland noch keine neuen Perspektiven eröffnet. Bis in die 1880er Jahre gab es immer wieder Wellen von Massenauswanderungen, insbesondere nach Nordamerika; erst danach ließ der Emigrationsdruck nach. Auch wirtschaftlich war der Jahrhundertbeginn alles andere als vielversprechend. Die napoleonischen Kriege auf dem Kontinent waren gesamtwirtschaftlich und finanziell eine starke Belastung, obschon manche Gewerbezweige durchaus von ihnen profitierten. Unter dem Schutz der Kontinentalsperre entstand kurzzeitig eine Art Treibhausatmosphäre, in der viele der älteren Manufakturen, aber auch manche neugegründete Unternehmen gute Geschäfte machten. Doch mit dem Ende der Kontinentalsperre 1813 und der Rückkehr preiswerter englischer Industriewaren auf den europäischen Kontinent war es mit dieser Scheinblüte vorbei. Nicht zuletzt aufgrund klimatischer Ursachen kam es zwischen 1817 und 1823 mehrfach zu Hungerkrisen mit erheblichen gesamtwirtschaftlichen Folgen: Die Reallöhne und damit die Nachfrage nach Gewerbeprodukten gingen zurück, die Agrarkrisen griffen auf Gewerbe und Handwerk über.

Binnenmarkt

Ein einheitlicher Binnenmarkt, der regionale Versorgungsengpässe hätte ausgleichen können, existierte nicht. Zahlreiche Zollschranken zerschnitten das Gebiet des 1815 gebildeten Deutschen Bundes. Von einem einheitlichen Wirtschaftsgebiet konnte ebenfalls keine Rede sein, weil die Gewerbevorschriften von Territorium zu Territorium wechselten, von den chaotischen Währungsverhältnissen ganz abgesehen. Seit den 1820er Jahren erhielt Preußen allein deshalb eine Vorreiterrolle, weil es – zur Vormacht in Norddeutschland geworden – eine liberale Wirtschafts- und Zollpolitik betrieb und damit die Gewerbetätigkeit nachhaltig begünstigte. Die Wende zur liberalen Zollpolitik in Preußen 1818, die unterschiedlichen Zollkonventionen der 1820er Jahre und die ersten Handelsvereine liefen daher fast zwangsläufig auf den unter preußischer Vorherrschaft stehenden Deutschen Zollverein von 1834 hinaus, mit dem sich erstmals ein größerer Markt in Deutschland etablierte. Die Aufnahmefähigkeit dieses nun recht großen Marktes blieb indes vorläufig begrenzt, da die Entwicklung der Realeinkommen seit den 1820er Jahren stagnierte und der langfristige Anstieg der Agrarpreise (bis in die 1870er Jahre) die Nachfrage nach gewerblichen Produkten zusätzlich beschränkte. Immerhin jedoch zeichnete sich ein großer nationaler Markt ab; die Zahl der potentiellen Konsumenten auf diesem Markt stieg zwischen 1820 und 1870 von etwa 25 auf mehr als 40 Millionen Menschen an, davon zunehmend in städtischen Agglomerationen, die auf Versorgung durch den Markt angewiesen waren.

Eisenbahnboom

Den eigentlichen Startschuss zu beschleunigtem Wirtschaftswachstum brachte der Eisenbahnboom der 1840er Jahre, der zwar zwischen 1847 und 1852, und dann erneut 1857 und 1865 von politischen und wirtschaftlichen Krisen unterbrochen wurde, aber einen bis 1873 andauernden Wachstumszyklus einleitete. Dadurch entstand ein außerordentlich günstiges Umfeld für Unternehmensgründungen und -entwicklungen. Die staatliche Wirtschaftspolitik, namentlich die preußische Wirtschafts-, Steuer- und Handelspolitik, förderte diesen Zyklus durch ihre liberale Ausrichtung (langsame Liberalisierung des Aktienrechtes; seit 1851 sukzessive Beseitigung des Direktionsprinzips im Preußischen Bergbau; niedrige, das Gewerbe begünstigende Steuersätze) sowie durch die Bereitschaft, sich am Aufbau der territorialen Infrastruktur (Eisenbahnbau) zu beteiligen, durch welche ein homogener Wirtschaftsraum überhaupt erst entstand. Die umfangreichen Investitionen in das Bildungssystem sollten sich erst später auszahlen, auch wenn die Unternehmergenerationen der 1830er und 1840er Jahre bereits vom Ausbau der höheren Bildung und der technischen Schulen profitierten.

Liberales Institutionengerüst

Preußen zog auf diese Weise auch andere deutsche Staaten in sein liberales Fahrwasser, so dass der stark wachsende nationale Markt parallel ein liberales Institutionengerüst erhielt. Angefangen beim 1864 herausgegebenen Allgemeinen Deutschen Handelsgesetzbuch (ADHGB) über die Gewerbeordnung für den Norddeutschen Bund (1869) bildete das Aktiengesetz von 1870, das durch Aufhebung der Konzessionierungspflicht die Gründung von Kapitalgesellschaften ohne Auflage gestattete, zweifellos *den* Höhepunkt des Wirtschaftsliberalismus in Deutschland. Letztendlich hatten ebenso die Regulierungsgesetze, die im Anschluss an die Agrarreformen von 1807/11 die Ablösungszahlungen der ehemals dienstpflichtigen Landbevölkerung regelten, einen nicht zu unterschätzenden ökonomischen Effekt, da durch sie ein Großteil der ländlichen Ersparnisse mobilisiert wurde und für Investitionen zur Verfügung stand. Die Entwicklung des Marktes, die Vorherrschaft liberaler Institutionen und die praktische Wirtschafts- und Steuerpolitik des zumindest in Norddeutschland maßgeblichen Preußen begünstigten die Gründung und Entwicklung von Unternehmen im Zeitraum vor 1873.

Rahmenbedingungen der Industrialisierung

Die strukturellen Rahmenbedingungen für die Industrialisierung unterschieden sich in Deutschland stark von England, Belgien und Frankreich. Die vorhandene Schwäche des Konsumgütermarktes und die Existenz qualitativ hochwertiger, relativ preiswerter englischer Industrieware in diesem Segment verhinderten, dass das Textilgewerbe trotz günstiger Voraussetzungen zum Leitsektor der deutschen Industrialisierung wurde. An seine Stelle trat der Eisenbahnbau, welcher zum Wachstumsmotor wurde, weil er durch die Senkung der Transportkosten die Kosten der Markterschließung dramatisch reduzierte. Darüber hinaus verlangten die Organisation und Finanzierung des Eisenbahnbaus die Gründung und Etablierung moderner Unternehmensformen (insbesondere Aktiengesellschaften mit hohem Publizitätseffekt), in denen wiederum große Zahlen von Menschen Arbeit fanden. Schließlich, und letztlich entscheidend, entfaltete die Eisenbahn einen geradezu unwiderstehlichen Nachfragesog nach den Produkten des Bergbaus, der Eisen- und Stahlindustrie, des Maschinenbaus und der feinmechanischen und elektrotechnischen Industrie.

Investitionsströme

Auf diese Weise bestimmte der Eisenbahnbau bis zum Ende der 1860er Jahre die Strukturen der deutschen gewerblichen Industrialisierung. Währenddessen vollzog sich im Hintergrund ein radikaler Wandel der Landwirtschaft. Dieser strukturelle Zusammenhang landwirtschaftlicher Produktivitätssteigerung und gewerblicher Industrialisierung zeigt sich anhand der Investitionsströme dieser Zeit. Zunächst stiegen die Investitionsquoten langsam, seit den 1830er Jahren wohl schneller, wobei exakte Zahlen hierzu nicht existieren. Dass von diesen Investitionen in der Zeit bis 1873 nur relativ wenige in die Industrie flossen, weist indes nicht auf einen absoluten Kapitalmangel hin. Es zeigt vielmehr, dass in den Augen der Zeitgenossen das industrielle Engagement nicht unbedingt Priorität besaß, sei es, weil man es zu riskant fand, sei es, weil man andere Investitionen als lukrativer beurteilte. Aufgrund säkular steigender Agrarpreise, spekulativ in die Höhe schießender Grundstückspreise und hoher Produktivitätsfortschritte im Agrarsektor floss in den ersten zwei Dritteln des 19. Jahrhunderts mehr als die Hälfte aller Investitionen in landwirtschaftliche Gebäude und Ausrüstungen. Erst die starken Produktivitätsfortschritte in der Landwirtschaft ermöglichten Verstädterung und Urbanisierung (nicht zuletzt durch die Freisetzung ländlicher Arbeitskräfte), die wiederum für die Industrialisierung wesentlich waren. Die übrigen, tendenziell jedoch rascher steigenden Investitionen flossen in den Ausbau der Infrastruktur und in die Industrie. Nimmt man lediglich die in die Aktiengesellschaften investierten Summen als Maßstab, so entfielen von diesen Investitionen etwa 80 % (mit einer seit den 1860er Jahren sinkenden Tendenz) auf Eisenbahnen und Infrastruktur, der Rest auf die Industrie. Von allen nichtlandwirtschaftlichen Investitionen dürften etwa 50 % in die Infrastruktur (inkl. Eisenbahnen) und die restlichen 50 % in das Gewerbe, den Bau und die übrigen Bereiche geflossen sein. Angesichts derartiger Investitionsstrukturen und Finanzierungsströme war es für viele Menschen, die seit den 1820er Jahren ein Unternehmen gründen wollten, nicht gerade leicht, das hierzu nötige Kapital zu erhalten.

Unternehmensgründungen

Die Geschichte der Unternehmen dieser Zeit ist von den marktlichen und institutionellen Voraussetzungen ebenso bestimmt, wie von den strukturellen Konsequenzen des Eisenbahnbaus. So setzte nach 1815 in der Tat ein breiter Strom von Unternehmensgründungen ein, der sich ab den 1830er Jahren beschleunigte. Anhand des Maschinenbaus kann dieser Prozess gut verdeutlicht werden: Wurden vor 1810 in Deutschland insgesamt sieben Maschinenfabriken gegründet, waren es zwischen 1810 und 1820 bereits 19. Im darauffolgenden Jahrzehnt waren es schon 27 Gründungen, zwischen 1830 und 1840 50, in der anschließenden Dekade 75, zwischen 1850 und 1860 168 und schließlich zwischen 1860 und 1870 329 [Suhr 1939, S. 32].

Verteilung der Gründungen

Tendenziell kann dieses quantitative Bild verallgemeinert werden, so dass die Jahre zwischen 1815 und 1850 eine Anlaufphase und die Jahre zwischen 1850 und 1870 die Durchbruchphase des Unternehmens als vorherrschendem Typ der Organisation der Wirtschaft bildeten. Die Zahl der Unternehmensgründungen verteilte sich über alle in Frage kommenden Branchen. Die meisten neuen Unternehmen entstanden zunächst in der Textilindustrie, später in der Metallverarbeitung und im Maschinenbau, dann in der Nahrungs- und Genussmittelindustrie und schlussendlich in den Konsumgüterindustrien. Eine stürmische Entwicklung – und damit verbunden die Bildung von Großunternehmen – blieb indes auf wenige Branchen beschränkt: In der Phase bis 1870 fanden sich Großbetriebe vor allem im Kohlenbergbau, in der Eisen- und Stahlindustrie und im Maschinenbau, also in jenen Branchen, in denen der Großbetrieb technisch nahelag bzw. durch die Besonderheiten des Eisenbahnbooms gefördert wurde.

Unternehmens- und Betriebsgrößen

Über Unternehmens- und Betriebsgrößen liegen für diese erste Phase der deutschen Industrialisierung keine repräsentativen Daten vor. Die ersten Unternehmen in den 1820er und 1830er Jahren waren klein und besaßen in der Regel weniger als 50 Beschäftigte. Während die Entwicklung in den 1840er Jahren stagnierte, beschleunigte sie sich seit den 1850er Jahren: Jetzt entstanden Großunternehmen mit mehr als 1.000 Beschäftigten und Millionenumsätzen. Die Essener Gussstahlfabrik Fried. Krupp etwa hatte vor Ende der 1840er Jahre weniger als 100 Beschäftigte, legte danach aber rasant zu: 1873 waren dort 12.000 Menschen in Lohn und Brot. Einzelne Maschinenunternehmen (z. B. Borsig in Berlin) überschritten in den 1850er Jahren, wie andere schwerindustrielle Konzerne, ebenso die Grenze von 1.000 Beschäftigten.

Aktiengesellschaften

Diese Großunternehmen ragten jedoch nicht nur wegen der Beschäftigtenzahl, sondern auch wegen ihres hohen Kapitalaufwandes hervor. Unternehmen des Kohlenbergbaus und der Eisen- und Stahlindustrie benötigten bereits in den 1840er Jahren Kapitalsummen, die die Millionen-Taler-Grenze überschritten und daher auf traditionellem Wege (über die Familie!) nicht mehr aufzubringen waren, weshalb sich die Aktiengesellschaft außerhalb des Eisenbahnsektors zuerst in der Schwerindustrie ausbreitete. Von 33 Millionen Reichstalern Aktienkapital, die bis 1850 in Preußen außerhalb des Eisenbahnsektors investiert worden waren, entfielen 28 Millionen auf die 21 Aktiengesellschaften des Montansektors, wohingegen es vor 1870 in Preußen überhaupt nur eine lizensierte Aktienbank gab, den 1848 gegründeten A. Schaaffhausen'schen Bankverein des Gustav Mevissen. Die in Aktiengesellschaften investierte Summe stieg bis 1870 auf 165 Millionen Taler, von denen immer noch mehr als zwei Drittel in Montanunternehmen flossen. Erst in der Gründungsphase 1870 bis 1874, als die Investitionssumme für Industrie- und Bankaktiengesellschaften sprunghaft auf 343 Millionen Taler anstieg, ging der Montananteil auf 38 % zurück. Dagegen entfielen 6,5 % auf die Textilindustrie, 22,5 % auf Metallverarbeitung und Maschinenbau, 16 % auf den Nahrungs- und Genussmittelbereich sowie 4,5 % auf die chemische Industrie. Die investierte Summe von 198 Millionen Reichstalern, die bis 1870 vor allem in den Montansektor floss, entsprach dabei nur etwa einem Fünftel aller Investitionen in Aktiengesellschaften: Die Masse entfiel auf den Eisenbahnbau und den Betrieb der Eisenbahnen, deren herausragende Stellung damit auch quantitativ hervortritt.

Kapitalbedarf

Die überwiegende Mehrzahl der Unternehmen war von derartigen Dimensionen weit entfernt. Der Kapitalbedarf der frühen Textilfabriken sowie der Unternehmen der Metallverarbeitung und vieler Maschinenbauanstalten war relativ gering. Gleichwohl scheiterte eine Vielzahl von möglichen Unternehmensgründungen daran, dass selbst kleinere Kapitalmengen kaum zu mobilisieren waren. Im Textilsektor war die Kapitalbeschaffung offenbar leichter und auch überall dort, wo der Handel in die Produktion vordrang, scheint der Kapitalzufluss aus dem Handel gekommen zu sein.

Überlebenskampf

Viele Projekte kamen jedoch gar nicht erst zustande oder blieben wegen der geringen Kapitaldecke frühzeitig auf der Strecke. Denn neben den Problemen der Kapitalbeschaffung waren die ersten Jahrzehnte für die meisten neugegründeten Unternehmen alles andere als einfach. An vielen Beispielen wird der mühselige Überlebensprozess der ersten Jahre deutlich: Die gut dokumentierten Schwierigkeiten der Firma Krupp in den ersten Jahren, ja Jahrzehnten der Unternehmensgeschichte sind beileibe keine Ausnahme, sondern waren wohl eher typische Erfahrungen jener Zeit. Die Forschung hat sich leider bisher nicht intensiv mit den gescheiterten Unternehmen beschäftigt. Es ist davon auszugehen, dass viele Unternehmensprojekte mangels Masse gar nicht erst realisiert werden konnten oder dass die Gründung letztlich nicht erfolgreich war. Die Ursachen des Scheiterns lagen zum Teil in zu großen Ambitionen, zum Teil in Leitungsfehlern, zum Teil in mangelnder Erfahrung, zumeist aber in fehlenden Kapitalreserven zur Überwindung von Durststrecken begründet. Faktisch bedeutete dies für die Mehrzahl der Zeitgenossen, dass das Unternehmen nicht unbedingt die Zukunft hatte, die man für Unternehmen dann als selbstverständlich konstatierte, als sie bereits eingetreten war.

Probleme der Anfangsphase

Damit stellt sich die Frage nach den Gründungskonstellationen und den Problemen der ersten Phase der Unternehmensentwicklung noch einmal neu. Die Institutionenökonomik beantwortet die Frage nach der Existenz der Unternehmen mit ihrem potenziellen Kostenvorteil gegenüber den Risiken der Marktnutzung. Das mag im Nachhinein richtig sein: Nur konnten die Gründer dies nicht wissen. Auch besaßen sie in der Regel keine einschlägigen Erfahrungen, da sie ihre Firmen ja in einem Umfeld gründeten, das bisher keine Unternehmen kannte. Die Mehrzahl der Gründer verfügte zwar über technische und/oder kaufmännische Kenntnisse, aber eben nicht über Unternehmenserfahrungen. Jene Gruppe von Unternehmern, die seit den 1860er und vor allem seit den 1870er Jahren die Unternehmensorganisation völlig änderte und „bürokratisierte“, war die erste in Deutschland, die bereits von einschlägigen Erfahrungen ausgehen und auf eine öffentliche Fachdebatte zum Thema zurückgreifen konnte. Zudem waren sie von ihren Vätern, den Gründerunternehmern, in der Regel gezielt auf ihren späteren Beruf vorbereitet worden und hatten eine entsprechende Ausbildung erhalten. All das jedoch fehlte ihren Eltern.

Kapital und Kenntnisse

Die sozialhistorische Forschung hat recht klar herausgearbeitet, wer Unternehmen gründete und unter welchen individuellen Voraussetzungen er das tat. Dabei hat schon die Skizze der vormodernen Entwicklung gezeigt, dass eine institutionell-organisatorische Kontinuität von vormodernen Unternehmensformen zum modernen Unternehmen nur in ganz seltenen Ausnahmefällen existierte. Es waren die Verleger, Handwerker, Techniker, Abenteurer und Projektemacher der Vormoderne bzw. deren Kinder und Erben, die nach 1815 ihre spezifischen Fähigkeiten durch Unternehmen zur Geltung bringen wollten. Diese spezifischen Fähigkeiten hatten zwei Seiten: Geld/Kapital und Kenntnisse. Die Verleger, etwa die Reidemeister des bergisch-märkischen Landes oder die Kohlenhändler von der Ruhr, die Handwerker und Techniker, die – wie Carl Zeiß – Maschinenbau- und Optikunternehmen gründeten, oder die

Apotheker wie Friedrich Jacob Merck, aus denen Chemiefabrikanten wurden: Sie besaßen jeweils Geld oder Kenntnisse und stellten bis auf wenige Ausnahmen die Unternehmensgründer. Bei den Verlegern und Händlern kamen zum Geld in der Regel noch Kenntnisse der Märkte, des Absatzes und der kaufmännischen Buchführung hinzu, mancher Verleger hatte überdies intime Kenntnisse des Gewerbes, das er verlegte.

Technische und organisatorische Fähigkeiten

Zum erfolgreichen Unternehmer gehörte freilich mehr: Neben Kenntnissen des Marktes musste er die nötigen technischen und organisatorischen Fähigkeiten besitzen, um die Produktion marktfähiger Güter möglichst rentabel organisieren zu können; d. h. auch: Er musste einen komplexen, arbeitsteiligen Produktionsprozess leiten können. Die Problematik der Unternehmensführung lag (und liegt noch) in der Gleichzeitigkeit einer Vielzahl von Aufgaben, die akkurat erledigt werden mussten, damit sich zur Abrechnung ein positiver Saldo ergab. Diese Unternehmensleitungskompetenzen existierten nicht als erlernbarer Stoff; die Gründer mussten sich diese im Prozess der praktischen Unternehmensführung überhaupt erst aneignen. Dies geschah in einem trial-and-error-Prozess, der eine Formalisierung sowohl des Lernvorganges wie des Stoffes faktisch ausschloss. Die Fähigkeit, diesen Lernprozess ohne Bankrott zu überstehen, machte den erfolgreichen Gründer aus – und bestimmte auch sein großes Selbstbewusstsein, obwohl es in der Regel die Existenz von Kapitalreserven war, die über den Gründungserfolg entschied.

Kapitalbeschaffung

All diese Punkte erklären, warum die ersten Unternehmen in Deutschland fast durchweg familiären Charakter besaßen. Normalerweise war es ein Kaufmann oder ein Handwerker/Techniker (teilweise auch beide gemeinsam), von denen der erste Impuls zur Unternehmensgründung ausging. Die Kapitalbeschaffung war auf Vertrauens- und Loyalitätsbeziehungen angewiesen, da es keinen Kapitalmarkt für – modern gesprochen – Wagniskapital gab. Einfach gestaltete sich der Gründungsprozess, wenn das Produkt bekannt, die zu seiner Herstellung nötigen Rohstoffe, Vorprodukte sowie Arbeitskräfte leicht zu beschaffen waren und das Produkt selbst zu überschaubaren Kosten vermarktet werden konnte. Die zahlreichen Gründungen von Textilunternehmen, denen die Kapitalbeschaffung zunächst leichter fiel, kann hierdurch erklärt werden. Schwieriger wurde es, wenn es um die Realisierung neuer, bisher unerprobter Produktideen ging. Dann kumulierten die Probleme relativ schnell: Der Fall der Firma Krupp, der es lange nicht gelang, die Herstellung von Gussstahl technisch zu beherrschen, mag hier erneut pars pro toto stehen. In diesen Fällen kam es auf die Existenz von Kapitalreserven oder doch zumindest auf die Bereitschaft der eigenen

Familie und enger Bekannter an, Kapital nachzuschießen. Bei Krupp klappte das; in vielen anderen Fällen – wie dem des hochangesehenen Friedrich Harkort und seiner Maschinenfabrik in Wetter an der Ruhr – ging es schief.

Produktentwicklung

Man benötigte mithin ein marktfähiges Produkt, eine Produktionsorganisation, die eine kostengünstige Herstellung dieses Produktes ermöglichte, eine Absatzorganisation, die den Vertrieb in die Hand nahm, sowie schließlich Zeit und Geld, um diesen Prozess aufrechterhalten zu können, bis die ersten Erträge flossen bzw. um Durststrecken überstehen zu können. Die Produkte waren in der Regel vorhanden (Textilien, Farbstoffe, Maschinen, Metallwaren etc.) oder konnten durch eigene Erfindungen bzw. als Lizenzen ausländischer Produkte bereitgestellt werden. So setzten die entstehenden deutschen Unternehmen zunächst stark auf ausländische Produkte und Maschinen (etwa englische Textilmaschinen, Lokomotiven). Erst seit den 1840er und den 1850er Jahren befreiten sie sich nach und nach von der Vorreiterrolle Englands und brachten verstärkt Eigenentwicklungen auf den Markt. Diese Eigenentwicklungen führten zu Importsubstitution (u. a. Lokomotiven, Textilmaschinen, Eisen- und Stahlherstellungsverfahren, Teerfarbstoffe), sodass englische Technologie auf dem Kontinent selbst weiterentwickelt wurde. Oder man begann in Deutschland mit dem Aufbau eigener technischer Kapazitäten auf der Basis autochthoner Entwicklungen (u. a. Elektrotechnik, Feinmechanik und Optik, Teile des Maschinenbaus). Spektakulär waren in dieser Hinsicht die Erfolge der deutschen Maschinenbauer. Es kamen bereits in den 1850er Jahren vorwiegend deutsche Lokomotiven zum Einsatz, nachdem man bis dahin einen Großteil der Antriebsmaschinen aus England importiert hatte.

Kostengünstige Produktion und Arbeitskräfte

Entscheidend für den wirtschaftlichen Erfolg eines Unternehmens war nicht allein die Qualität des Produktes, sondern vor allem die Lösung des Produktionsproblems: Das in Frage stehende Produkt musste kostengünstig hergestellt werden können. Hierzu bedurfte es funktionierender betrieblicher Organisationsstrukturen, vor allem aber erfahrener und disziplinierter Arbeitskräfte. Qualifizierte Arbeitskräfte rekrutierte man vorwiegend aus dem Handwerk, das traditionell ausbildete. Diese Arbeitskräfte waren jedoch an Fabrikarbeit ebenso wenig gewöhnt wie an die spezifischen Bedingungen der industriellen Produktion. Probleme entstanden vor allem aus der Unerfahrenheit vieler Arbeitskräfte sowie aus mangelnder Disziplin bei rasch wachsenden Belegschaften. Die Unerfahrenheit suchte man lange Zeit durch Anwerbung englischer Facharbeiter zu überwinden, doch waren die Erfahrungen mit diesen gutbezahlten und eigenwilligen

Arbeitskräften durchweg ambivalent. Hochproduktiv bereiteten sie gleichwohl erhebliche Disziplinprobleme und sorgten nicht selten für Unruhe unter der deutschen Arbeiterschaft. Diese häufig unerfahrenen Arbeitskräfte wurden zum Teil recht harsch diszipliniert; Strafen (körperliche Züchtigung bei jungen Arbeitskräften, Geldstrafen, Entlassung) waren ein wichtiger Bestandteil der frühen Arbeits- und Fabrikordnungen.

Fabrikpatriarchalismus

Nach und nach gewann man Erfahrungen, so dass sich seit den 1840er Jahren langsam die Konturen des älteren Fabrikpatriarchalismus herausschälten: autoritäre Personalführung bei langen Arbeitszeiten und relativ niedrigen Löhnen einerseits, Ansätze einer betrieblichen Sozialpolitik (Hilfen bei Unfall, Krankheit und Alter, Gesundheitsversorgung, Wohnungsbau) insbesondere gegenüber der „treuen" Arbeiterschaft andererseits. Diese „Sozialpolitik" konnte als skrupelloses Ausbeutungs- und Disziplinierungsinstrument verwendet werden (Trucksystem); in der Regel überwog allerdings eine Mischung aus Produktivitätskalkül und Sozialpaternalismus. Kinder- und Frauenarbeit spielten in Deutschland keine vergleichbare Rolle wie in Großbritannien. Dies war nicht unbedingt eine Frage sozialpolitischer Überlegungen, sondern hing mehr mit der strukturellen Ausrichtung der deutschen Unternehmen zusammen. Im Bergbau, in der Eisenindustrie und im Maschinenbau war Kinderarbeit nicht so produktiv wie in den englischen Textilfabriken. Hinzu kam, dass zumindest in Preußen die Kinderarbeit seit den 1840er Jahren auch gesetzlich eingeschränkt wurde.

Formale Organisation und Führungsstil

Den Bedingungen der frühen Fabrikarbeit entsprachen die formale Organisation und der Führungsstil. Es herrschte ein klares, auf den Eigentümer-Unternehmer zugeschnittenes Liniensystem vor, das nach unten über Meister bis zu den einzelnen Arbeitern reichte, die mithin in einer direkten Befehlskette standen. Der „Fabrikherr" überschaute in der Regel noch den gesamten Produktionsprozess und war im Zweifelsfall dazu in der Lage, selbst Hand anzulegen. Entsprechend des persönlichen, autoritären Regiments war der Grad der Schriftlichkeit gering; lediglich allgemeine Arbeits- und Fabrikordnungen drangen seit den 1840er Jahren vor und waren schließlich ab den 1850er Jahren gesetzlich vorgeschrieben. Hierin waren Arbeitszeiten, Entgeltformen, Arbeitsbedingungen und Strafen festgehalten; sie waren für gewöhnlich unmittelbarer Ausdruck der frühen autoritären Fabrikorganisation.

Verkauf/Vertrieb

Der Absatz bzw. der Vertrieb der hergestellten Güter erfolgte vor 1870 weder über eigenständige Vertriebsabteilungen noch durch hierfür gesondert eingestelltes Personal. Der Verkauf resp. Vertrieb war vielmehr die ureigenste Tätigkeit der Eigentümer-Unternehmer, zumal dann, wenn sie ohnehin aus dem Handel kamen wie etwa die Kohlenhändlerfamilien Stinnes und Haniel an der Ruhr, die sich im Bergbau, namentlich in der Eisenherstellung engagierten. Der Unternehmer reiste selbst mit seinen Produkten, besuchte Messen und pflegte die Kundenkreise bzw. die Detaillisten, die er mit seinen Produkten belieferte. Zwar wurden gelegentlich zusätzliche Mitarbeiter für den Verkauf eingestellt, aber eine funktionale Ausdifferenzierung der Unternehmensleitung blieb aus.

Kostenkalkulation

Für die kaufmännische Abwicklung der Produktion existierte dementsprechend nur ein kleines Fabrikkontor, in dem die Bücher und die Lohnlisten geführt wurden. Hier wurden auch die gesetzlich vorgeschriebenen Gewinn- und Verlustrechnungen/Bilanzen erstellt, wobei der Grad der kalkulatorischen Durchdringung der Fabrik zumeist gering war. Die Bilanzen, resp. Gewinn- und Verlustrechnungen, welche die üblicherweise als offene Handelsgesellschaften geführten Unternehmen vorlegen mussten, gaben kein klares Bild der Kostenströme im Unternehmen. Welchen finanziellen Aufwand einzelne Produkte oder vielmehr deren Produktion verursachten, war überwiegend nicht bekannt. Viele Unternehmer scheuten die hohen Kosten, die eine detaillierte Buchführung hervorgerufen hätte. Immerhin wusste man bei Rechnungsschluss ungefähr, wie hoch Erlöse und Kosten insgesamt waren und konnte die Geschäftspolitik darauf einstellen. Eine wirkliche strategische Unternehmensführung auf der Grundlage rationaler Kostenkalkulation war somit nicht möglich; die Grundsatzentscheidungen fielen weiterhin nach Erfahrung und je nach individueller Erwartungsbildung in den einzelnen Unternehmen. Die persönliche Leitung der Unternehmen durch ihre Eigentümer-Unternehmer ist daher in der ersten Phase der Entwicklung von Unternehmen kennzeichnend.

Unternehmensleitung

Alle vorliegenden empirischen Untersuchungen zeigen, dass die Unternehmensleitungen die notwendigen technischen und kaufmännischen Kompetenzen nicht nur unmittelbar bei sich konzentrierten, sondern häufig eine Art personaler Arbeitsteilung praktizierten, um die anfallenden Aufgaben zu erledigen. In der Mehrzahl der Unternehmen teilten sich ein Techniker und ein Kaufmann die Unternehmensleitung; in Familienunternehmen wurde häufig einer der Söhne zum Kaufmann, ein anderer zum Techniker ausgebildet. Viele Unternehmen entstanden überhaupt nur dadurch, dass sich ein Techniker und ein Kaufmann zusammentaten, im familiären Umfeld Kapital mobilisierten und damit neue Güter produzierten und vertrieben. Ein typisches Beispiel war noch in den 1860er Jahren die Gründung von Bayer durch den Techniker Friedrich Weskott und den Kaufmann Friedrich Bayer, die sich 1863 zur Herstellung und zum Vertrieb von Farben zusammentaten.

Erfolgsfaktoren

Der Erfolg der jungen Unternehmen hing daher, neben den bereits angesprochenen Möglichkeiten zur Kapitalmobilisierung, von den Fähigkeiten und auch vom Glück ihrer Gründer und späteren Leiter ab, schwierige Situationen zu meistern. In der ersten Phase der Unternehmensentwicklung stand dabei die Fähigkeit im Vordergrund, eine reibungslose und kostengünstige Produktion zu ermöglichen, Rohstoffe und Arbeiter heranzuschaffen und selbst für den Absatz der eigenen Produkte zu sorgen. Der Unternehmer als Alleskönner war gefragt, dessen Aufgaben bestenfalls auf zwei Schultern (Techniker, Kaufmann) zu verteilen waren. Entsprechend war das Selbstbewusstsein einer Gründergeneration, die stets mit einem Fuß am Abgrund des Konkurses gestanden hatte, als sie in den 1850er Jahren schließlich den wirtschaftlichen Durchbruch schaffte und eine Phase bisher beispielloser Expansion einsetzte.

Finanzierung

Mit der Etablierung der Unternehmen und dem Übergang zum Großunternehmen verloren die Gründungsfähigkeiten an Bedeutung, ja konnten sich sogar nachteilig auswirken. Während in der Masse der Klein- und Mittelbetriebe die bisherige Unternehmensführung bestehen blieb, änderten sich die Verhältnisse in den Großbetrieben. Die Eigentümer-Unternehmer trafen weiterhin die wesentlichen Entscheidungen und trieben das Wachstum voran. Doch der Kapitalbedarf stieg derart, dass die traditionelle Finanzierung nicht mehr ausreichte. Damit geriet die Personengesellschaft nach und nach an ihre Grenzen. Aktiengesellschaften wurden die Gesellschaftsform der Stunde, da sie allein die Mobilisierung großer Kapitalmengen für Bergwerke, Eisenhütten und große Maschinenfabriken sicherstellen konnten. Das persönliche Regiment der Gründer war hier zwar nicht unmittelbar bedroht, doch waren Aktionäre und Gläubiger nun zu berücksichtigen. Insbesondere die Bedeutung der Banken wie etwa der 1852 von David Hansemann gegründeten Disconto-Gesellschaft oder der 1853 unter Führung von Salomon Oppenheim und Gustav Mevissen nach französischem Vorbild geschaffenen Darmstädter Bank für Handel und Industrie, die das Aktienemissionsgeschäft und die Industriefinanzierung betrieben, nahm rasch zu.

Rückgang der Übersichtlichkeit

Die veränderte Unternehmensfinanzierung war nur ein Faktor, der die traditionelle Unternehmensführung in Frage stellte; weitere kamen hinzu. Mit dem Wachstum der Beschäftigung ging die Übersichtlichkeit der Betriebe zurück. Um mehr als 1.000 Arbeiter angemessen dirigieren zu können, mussten weitere Hierarchiestufen entstehen. Sodann nahm in der Regel die Anzahl der Produkte zu, die besonders im Maschinenbau, in der feinmechanischen und optischen Industrie und in Teilen der Metallverarbeitung immer komplexer wurden. Die Ausdehnung und Diversifizierung der Produktion führte überdies zu einer Auflösung der regionalen Konzentration auf nur einen Produktionsstandort: Eine Tendenz zur Dezentralisierung setzte ein, die noch durch die beginnende Integration ganzer Wertschöpfungsketten in einzelnen Unternehmen verstärkt wurde, wenn beispielsweise Stahlunternehmen Bergwerke erwarben. Kurz: Mit der Expansion änderten sich einerseits die Eigentums- und Finanzierungsstrukturen; andererseits nahm die Komplexität der Leitungstätigkeit dermaßen zu, dass die Modelle der Gründungsphase in Frage gestellt wurden.

Umgang mit wachsender Komplexität

Nach JÜRGEN KOCKA reagierten die größeren Unternehmen hierauf entweder „familiär" oder „bürokratisch", meistens aber durch eine Kombination beider Faktoren. Zum einen nutzte man familienbezogene Netzwerke, um die wachsende Komplexität der Unternehmen steuerbar zu halten, indem man ausländische Niederlassungen oder neu erworbene Unternehmen unmittelbar der Leitung von Familienangehörigen unterstellte oder sich darum bemühte, in den Gremien von Kapitalgesellschaften Familienangehörige strategisch zu platzieren. Zum anderen wurde in diesem Rahmen die Bürokratisierung der Unternehmen vorangetrieben, vor allem durch Ausdifferenzierung der betrieblichen Hierarchieebenen, durch Stärkung einzelner Funktionsbereiche (Rechnungswesen, Vertrieb) und durch das Vordringen schriftlicher Kommunikations- und Anweisungsformen.

Persönliches Regiment

Der Anspruch des „persönlichen Regimentes" der Gründer konnte in diesem Rahmen noch eine Zeitlang aufrechterhalten werden, zumal dann, wenn er die Eigentumsverhältnisse im Unternehmen wiederspiegelte. Der Fall Alfred Krupps, später auch der von Carl Zeiß, zeigte dann überdeutlich, dass spätestens mit dem Gründerkrach dieses historisch entstandene und für die Frühindustrialisierung wichtige Modell im Großunternehmen überholt war: Hier kam es nun, nicht zuletzt angesichts der sich ändernden Corporate Governance in Kapitalgesellschaften bzw. des hohen Fremdkapitalbedarfs vieler Familienunternehmen, zu Leitungsstrukturen, die rationales und berechenbares Verhalten der Unternehmensleitungen voraussetzten und verlangten: Der einsam entscheidende Patriarch musste dem kühlen Bürokraten, dem Genie der Berechnung weichen. Oder man verzichtete auf Expansionschancen, wie das Beispiel der autoritär geführten Disconto-Gesellschaft im Vergleich zur „demokratisch" geführten Deutschen Bank, die deutlich schneller wuchs, zeigte (siehe unten).

Charakteristika früher Unternehmer

Mit dem Untergang der „Patriarchen" seit den 1870er Jahren und dem Aufstieg der „Manager" waren auch wichtige Änderungen in den alltäglichen Verhaltensweisen und dem Sozialprofil der Unternehmensleitungen verbunden. Die Unternehmer- und Bürgertumsforschung hat die

Charakteristika der frühen Unternehmer in den vergangenen Jahren herausgestellt. Die frühen Unternehmer waren mehrheitlich protestantisch. Ein großer Anteil jüdischer Personen findet sich – trotz SOMBARTS weitreichenden Spekulationen – nur im Finanzsektor und hiervon ausgehend später in den Aufsichtsräten der Aktiengesellschaften. Im Durchschnitt waren Katholiken unterrepräsentiert, ohne dass sich hieraus generalisierende Schlüsse ableiten ließen, zumal es regional durchaus viele Gegenbeispiele gab. Die Gründergeneration der deutschen Unternehmen besaß durchweg keine akademische Bildung. Die erforderlichen Qualifikationen gewann man in der Regel nicht über eine formalisierte Ausbildung, sondern durch „Mittun": zunächst im elterlichen Geschäft, dann durch Reisen oder Aufenthalte in befreundeten Unternehmen oder bei Verwandten. Erst die Generation der „Manager" aus den Jahren nach 1870/80 konnte auf akademische Weihen zurückgreifen, wobei das Fehlen dieser Ausbildung vorher nicht unbedingt als Mangel empfunden wurde, da es keine entsprechenden Hochschulen und Curricula gab.

Lebensführung

Die Lebensführung der frühen Unternehmerfamilien war sparsam, teilweise gar spartanisch. Bis zum Ende des zweiten Jahrhundertdrittels gab es nur geringe Unterschiede zur Lebensführung etwa von Bildungsbürgern. Darüber hinausgehender Aufwand im Sinne von Luxuskonsum war verpönt: Man war nicht nur faktisch sparsam, auch normativ hing das frühe Wirtschaftsbürgertum rigiden Sparsamkeitsidealen an, so dass der im Zeitalter des Wilhelminismus greifbar werdende Bruch in den Idealen der Lebensführung als tiefgreifender Generationenkonflikt wahrgenommen wurde.

Engagement

Auch über die materielle Lebensführung hinaus war die Masse der frühen Unternehmer „bürgerlich": Man lebte in der Stadt und beteiligte sich an deren kulturellem Leben, ja trug selbst maßgeblich zu dessen Entwicklung bei. Man engagierte sich kommunalpolitisch, zeigte großes Interesse an der Entwicklung der politischen und technischen Bedingungen des Lebens (Eisenbahnbau), war Mitglied in zahlreichen Vereinen – und besaß in aller Regel noch recht starke religiöse Bindungen, was gerade im Protestantismus in der häufigen Übernahme kirchlicher und gemeindlicher Ehrenämter zum Ausdruck kam. Diese „Bürgerlichkeit" schloss selbstverständlich das Familienleben ein: Die Orientierung an der Ehe war unstrittig und gemeinhin herrschte die „strategische Partnerwahl" bis hin zum Konnubium vor. Ein harmonisches Familienleben wurde idealisiert, Kinderreichtum war erwünscht und die Betonung familiärer Werte und familiärer Traditionen selbstverständlich, auch wenn der spätere Hang zu Familiengalerie und Stammbaum von adligen Vorbildern nicht unbeeinflusst blieb.

Politische Positionierung

Politisch neigte das frühe Wirtschaftsbürgertum dem Liberalismus zu; zahlreiche prominente und weniger prominente Unternehmer namentlich im Rheinland und in Westfalen waren in der 1848er Bewegung engagiert und beteiligten sich an der Bildung von liberalen Vereinen, Parteien und Interessengruppen (Nationalverein, Fortschrittspartei etc.). Dieser Liberalismus war keineswegs radikal, sondern hatte „realpolitische" Züge avant la lettre. Zu dieser „Realpolitik" passte auch der verbreitete Sozialpaternalismus, der die sozialen Probleme der Arbeiterschaft nicht leugnete, ihre Bekämpfung aber doch in einem engen Rahmen betreiben wollte (Verein für das Wohl der arbeitenden Klassen). Das öffentliche Bild der frühen Unternehmer stand hierzu in starkem Kontrast. Zumindest in der zeitgenössischen Literatur und insbesondere in den populären Lesestoffen kam der „Kapitalist" nicht gut weg. Nicht zuletzt die schlesischen Weberaufstände und deren literarische Verarbeitung waren eng mit dem Aufstieg eines bestimmten Unternehmerbildes verbunden: Gierig, hartherzig, brutal. Diese eigentümliche literarische Wahrnehmung hat sich im Übrigen bis heute erstaunlich stabil gehalten!

3. Der bürokratische Konzern (1870 bis 1970)

Differenzierung der Unternehmenslandschaft

Spätestens mit dem Gründerkrach von 1873 waren die meisten der im Boom rasch gewachsenen Unternehmen ihren Unternehmern im Wortsinne über den Kopf gewachsen. Eine Reihe teils tragischer Prozesse der Wirklichkeitserkenntnis setzte ein, da es häufig noch die Generation der Unternehmensgründer war, die auf der Spitze der Expansion feststellen musste, dass sie der Geister, die sie ins Leben gerufen hatte, nicht mehr Herr wurde. Zwar hatte man bereits seit den 1850er Jahren festgestellt, dass die Leitung von Großbetrieben ganz neue Herausforderungen mit sich brachte, jedoch in den meisten Fällen am „persönlichen Regiment" festgehalten. Das änderte sich bei den Großunternehmen nach dem Gründerkrach umso rascher. Damit trat zugleich eine deutliche Differenzierung der Unternehmenslandschaft ein. Die Masse der kleinen und mittleren Unternehmen hielt an der traditionellen, familiär geprägten Unternehmensorganisation, an der hergebrachten Rechtsform und zumeist auch an den Grundzügen der Unternehmenspolitik fest. Dagegen war für die großen Unternehmen die Herausforderung des Gründerkrachs und der sich anschließenden Großen Depression von existentieller Bedeutung.

In diesem Kontext entstanden Unternehmensstrukturen, Organisationsformen und -politiken, die für knapp einhundert Jahre deutscher Unternehmensgeschichte prägend werden sollten. Sie stellten eine Antwort auf die besonderen wirtschaftlichen und marktlichen Bedingungen jener Jahre dar und entwickelten sich in den kommenden Jahrzehnten entsprechend sich ändernder Gegebenheiten weiter. Dabei folgten sie den Herausforderungen des Marktes keineswegs automatisch: Vielmehr waren sie das Ergebnis von Entscheidungen, die nur aus dem spezifischen Milieu jener grundlegenden Jahre zu begreifen sind. Wenngleich der funktional organisierte und bürokratisch geleitete Großbetrieb im Nachhinein wie ein folgerichtiges Ergebnis der organisatorischen und politischen Präferenzen der frühen deutschen „Manager" erscheinen mag, was im Einzelfall ohne Frage auch zutreffen kann; als Muster und Leitbild aber war er das Resultat einer ungeplanten Evolution, die sich unter den wechselnden Bedingungen bis zum letzten Drittel des 20. Jahrhunderts als leistungsfähig bewährte.

Die Rahmenbedingungen der Unternehmensentwicklung

Rahmenbedingungen für die wirtschaftliche Entwicklung

Die Rahmenbedingungen für die wirtschaftliche Entwicklung waren in den Jahrzehnten vor 1914 alles in allem nicht ungünstig. 1873 brach zwar der Gründerboom zusammen, doch setzte mit der Gründerkrise eine Phase der Konsolidierung ein, sodass bereits Ende der 1870er Jahre die Wirtschaft wieder zu wachsen begann. Nach eher durchwachsenen Jahren beschleunigte sich das Wachstum seit Beginn der 1890er Jahre und hielt, von zyklischen Schwankungen gekennzeichnet, bis zum Ersten Weltkrieg an. Die Wachstumsphase der 1880er Jahre und der frühen 1890er trug indes deflationäre Züge: Die Gewinnmargen der Unternehmen waren gedrückt und die Kostenkonkurrenz verschärfte sich drastisch. Allerdings verschwand die deflationäre Atmosphäre zu Beginn der 1890er Jahre und machte einer positiven Stimmung Platz. Der Erste Weltkrieg unterbrach den langfristigen Wachstumstrend; zwischen 1914 und 1949 gab es faktisch kein Jahr normaler wirtschaftlicher Aktivität, von den wenigen Jahren Mitte der 1920er Jahre abgesehen. Trotz selektiver Zuwächse stagnierte die Wirtschaft. Erst mit dem Ende des Zweiten Weltkrieges und mit den Wirtschaftsreformen der Jahre 1948/49 knüpfte die deutsche Wirtschaft wieder an ihr langfristiges Entwicklungspotential an und konnte bis zum Ende der 1960er Jahre die Rückschläge der ersten Jahrhunderthälfte wieder aufholen.

Politische und institutionelle Rahmenbedingungen

So wechselhaft wie die „Wachstumsmilieus" waren auch die politischen und institutionellen Rahmenbedingungen der Unternehmensgeschichte zwischen der Großen Depression des 19. Jahrhunderts und dem Auslaufen der Rekonstruktionsphase in den 1970er Jahren. Die Jahre vor dem Ersten Weltkrieg waren von einer im Grundsatz liberalen

Wirtschaftsordnung und einer zumindest in groben Zügen weiterhin liberalen Wirtschaftspolitik geprägt. Seit den 1880er Jahren nahm zwar die staatliche Intervention nicht zuletzt im Bereich der Arbeitsmarkt- und Sozialpolitik zu; auch befleißigte sich das Deutsche Reich eines im europäischen Rahmen nicht untypischen gemäßigten Protektionismus, wobei die staatliche Intervention insgesamt niedrig war (gemessen am Staatsanteil am Bruttosozialprodukt und an der Steuerquote).

Interventionen

Die zunehmende Tendenz staatlicher Eingriffe in das Wirtschafts- und Sozialleben hat die historische Forschung eine Zeitlang auf die Idee gebracht, im Kaiserreich sei so etwas wie ein organisierter Kapitalismus entstanden, in dem aus Industrie und Bankenwelt verflochtene Wirtschaftsinteressen systematisch Einfluss auf das Staatshandeln erlangten. Doch kann davon keine Rede sein. Für die Unternehmen war entscheidend, dass der Staat sowohl aus sozialen wie aus wirtschaftlichen Gründen zu Interventionen bereit war – und dass er dementsprechend beeinflusst werden musste: Nicht mehr, aber auch nicht weniger. Die für die einzelnen Unternehmen unmittelbar spürbaren staatlichen Vorgaben lagen im Kartell- und Patentrecht, in der Zoll- und der Handelspolitik, in der Sozial- und Infrastrukturpolitik sowie schließlich im Bereich des Unternehmensrechtes selbst, die die verschiedenen Branchen, Regionen und Sektoren jedoch ganz unterschiedlich betrafen. Grosso modo war keine der staatlichen Maßnahmen mit erheblichen Eingriffen in die Unternehmensautonomie verbunden, wenngleich die Prosperität mancher Unternehmen zeitweilig an ihnen hängen mochte.

Kartelle

Bestimmte Entwicklungen, wie der Aufbau von Forschungsabteilungen, aber eben auch der Abschluss von Kartellverträgen (Patentgesetz, Rechtsprechung des Reichsgerichtes zur privatrechtlichen Verbindlichkeit von Kartellverträgen) sowie der Ausbau des Sozialwesens in den Betrieben (Gewerbeordnungsnovelle von 1892) wurden begünstigt. Dass Kartelle gebildet und schließlich privatrechtlich toleriert wurden, entsprang keineswegs staatlichen Wünschen. Vielmehr wurde im Rahmen der Kartellenquete des Reichstages von 1897 die Frage der Behandlung von Kartellen kontrovers diskutiert, und schließlich nicht zuletzt aufgrund industriellen Drucks von einer Kartellsanktionierung Abstand genommen.

Aktienrechtsreformen

Die Aktienrechtsreformen der 1870er und der 1880er Jahre zeigten im Übrigen, wie der neugebildete Staat aus schlechten Erfahrungen lernte. Der praktischen Freigabe der Gründung von Aktiengesellschaften im Juni 1870 folgte eine Welle von Gesellschaftsgründungen, die 1873 bis 1875 im Zusammenbruch einer Mehrzahl der neuen Gesellschaften und in der faktischen Enteignung zahlloser Aktionäre endete. Dieser

„Höhepunkt des Wirtschaftsliberalismus" (RICHARD TILLY) machte einem Katzenjammer Platz, der den Nährboden für die Aktienrechtsreform von 1883 schuf, in der unter Betonung des Anleger- bzw. Gläubigerschutzes die Konsequenzen aus der Spekulationswelle gezogen wurden. Aufsicht und Geschäftsführung in Aktiengesellschaften wurden getrennt, die Letztentscheidung über große Vorhaben den Vertretern der Aktionäre im Aufsichtsrat überlassen. Eine klare Funktionstrennung zwischen Vorstand und Aufsichtsrat war damit allerdings nicht verbunden, zumal Aufsichtsrats- und Vorstandsmandate in einer Person vereinigt sein konnten. Insgesamt wurde die Unternehmensautonomie im Kaiserreich zu keinem Zeitpunkt in Frage gestellt, im Gegenteil bemühte sich die wilhelminische Gesetzgebung um die Schaffung funktionsfähiger und stabiler Rahmenbedingungen für die Unternehmen.

Ende des Wirtschaftsliberalismus

Die Ära des Wirtschaftsliberalismus war mit dem Kriegsausbruch 1914 vorbei. Den großen deutschen Unternehmen, insbesondere den Banken, schwante zu Recht nichts Gutes. An die Stelle der liberalen Wirtschaftsordnung und der liberalen Wirtschaftspolitik trat zunächst kriegsbedingt eine Art hybride Wirtschaftsordnung, in der zwar die Unternehmensautonomie formal bestehen blieb, de facto allerdings über eine explodierende, schuldenfinanzierte Staatsquote sowie durch die rechtliche Beschränkung der Bewegungsfreiheit auf den Beschaffungs- und Absatzmärkten immer stärker eingeschränkt wurde. Mit dem unglücklichen Ausgang des Krieges wurden die massiven staatlichen Interventionen in die Wirtschaft nicht vollständig rückgängig gemacht. Zwar entfielen die direkten Kontrollen nach und nach (von wichtigen Bereichen wie dem Kali- und dem Kohlenbergbau abgesehen, die nach 1920 „sozialisiert" und in eine Art Gemeinwirtschaft überführt wurden), die aufgeblähte Staatsaktivität wurde über die Geldpresse ebenso aufrechterhalten, wie die staatliche Sozialpolitik und die institutionelle Neuregelung des Arbeitsmarktes unter dem Druck der revolutionären Ereignisse und der großen Kriegsfolgelasten eine völlig neue Dimension erreichten. In der Frage der industriellen Beziehungen wurde mit dem Gesetz über den Vaterländischen Hilfsdienst von 1916 sowie den gesetzlichen Vorschriften der Nachkriegszeit über Tarifsystem, Schlichtung und betriebliche Mitbestimmung die frühere weitgehende Autonomie der Unternehmen beseitigt.

Weimarer Republik und Nationalsozialismus

Erst 1924 kehrte die Weimarer Republik zur liberalen Wirtschaftsordnung des Kaiserreiches zurück, aber diese Rückkehr galt nicht für die Sozialpolitik und sie galt nicht für den Arbeitsmarkt. Damit gab es auch keine Rückkehr zum „schlanken" Staat des Wilhelminismus; die Staatsquote am Sozialprodukt stieg von etwa 14 % auf fast 30 %. Die eigentümliche Verbindung von liberaler Wirtschaftsordnung und expansivem Sozialstaat zerbrach in der Weltwirtschaftskrise. Die institutionelle Antwort, die der Nationalsozialismus auf die Krise der Weimarer Gesellschaft gab, bestand in der weitgehenden Beseitigung der liberalen Wirtschaftsordnung, der Aufrechterhaltung einer rassistisch neu definierten Sozialstaatlichkeit und einer extrem weitgehenden kollektiven Regulierung des Arbeitsmarktes bei gleichzeitiger Respektierung der Autonomie der Privatunternehmen, von denen er gleichwohl die Erfüllung der staatlichen Rüstungsziele erwartete. Da diese Zielerfüllung freiwillig nicht ohne weiteres zu erreichen war, bediente sich der NS-Staat einer kumulativ wachsenden Fülle von rechtlichen (Devisenbewirtschaftung, Rohstoffzuteilung, Zwangskartellierung, Arbeitsmarktregulierung etc.), politischen (Vierjahresplan, Luftrüstung), monetären (Investitionshilfen, Preis- und Absatzgarantien) und propagandistischen (KdF, Leistungswettkämpfe etc.) Mitteln, um die Unternehmensentscheidungen in seinem Sinne zu beeinflussen. Letztlich hatte das Regime damit trotz vielfältigen Widerwillens auf Unternehmensseite durchaus Erfolg, zumal es im Konfliktfalle nicht vor der Anwendung brutaler Gewalt zurückschreckte.

Unternehmensrecht

In das Unternehmensrecht griff der Nationalsozialismus vor allem mit der Aktienrechtsnovelle von 1937 ein, deren nunmehr klare Trennung von Vorstands- und Aufsichtskompetenzen allerdings mit nationalsozialistischer Ideologie wenig zu tun hatte. Lediglich in der Kompetenzverteilung im Vorstand selbst schimmerte das „Führerprinzip" durch, da allein der Vorstandsvorsitzende und sein Stellvertreter Allkompetenz besaßen, während die übrigen Vorstandsmitglieder ausschließlich auf ihre Funktionen verwiesen waren. Ohne eine weitergehende Geschäftsordnung, in der das Entscheidungsprocedere festgelegt wurde, war der Vorstandsvorsitzende daher formal ausgesprochen stark, doch dürfte dies die eher kollegiale Praxis vieler Vorstände nicht wirklich geändert haben.

Rückkehr zum Liberalismus nach 1945

Im Zweiten Weltkrieg wurde die Unternehmensautonomie zur formalen Hülle, da es in der Kriegswirtschaft sukzessive keine autonom nutzbaren Handlungsalternativen mehr gab. Die Rückkehr zur liberalen Wirtschaftsordnung vollzog sich nach 1945 jedoch erstaunlich schnell: Im Sommer 1948 war der Spuk einer direkten staatlichen Wirtschaftssteuerung vorbei. Der Bruch mit der Praxis der Jahre vor der Währungsreform hätte kaum dramatischer ausfallen können; faktisch über Nacht wurde die Masse der Regulierungen aufgehoben. In den folgenden Jahren fiel eine Vorschrift nach der nächsten, und direkte Eingriffe in den ökonomischen Prozess blieben zumindest auf Bundesebene bis in die späten 1960er Jahre aus: Das Investitionshilfegesetz war die berühmte Ausnahme, die die Regel bestätigte. Die Änderungen im Wettbewerbsrecht unterstrichen diese programmatische Wende, auch wenn sich die Auseinandersetzungen um das schließlich 1957 in Kraft getretene Gesetz über Jahre hinzogen. Mit der Aktienrechtsnovelle von 1965, die den Gläubigerschutz nachhaltig stärkte, verschwanden auch die Reste des „Führerprinzips“ aus den Aktiengesellschaften, da nunmehr die Vorstände zur kollegialen Geschäftsführung gezwungen wurden; eine Dominanz des Vorsitzenden war nicht mehr möglich. Versuche, zur Regelung des starken Vorstandsvorsitzenden zurückzukehren, gab es danach lange nicht. Erst in den 1990er Jahren kamen derartige Überlegungen – nunmehr in amerikanisierter Form als Chief Executive Officer (CEO) – wieder auf.

Wirtschaftlicher Strukturwandel

Der wirtschaftliche Strukturwandel war im Zeitraum zwischen den 1870er und den 1970er Jahren unterschiedlich stark ausgeprägt. Hauptkennzeichen in diesen Jahren war die dauerhaft ansteigende Industriebeschäftigung, die in den 1960er Jahren mit einer Beschäftigungsquote des verarbeitenden Gewerbes von mehr als 50 % schließlich ihren Höhepunkt erreichte. Sollte der Begriff der „Industriegesellschaft“ je einen Sinn gehabt haben, so fällt er in diese Jahre. Es war nicht allein die Dominanz der Industrie, sondern auch ihre spezifische Form, die prägend wurde. In der Literatur sprach man lange vom „fordistischen Produktionsregime“ und dem hierdurch ermöglichten industriellen Normalarbeitsverhältnis als wesentlichem Kennzeichen der Unternehmensentwicklung zwischen dem Ende des 19. und dem letzten Drittel des 20. Jahrhunderts. Damit war durchaus zutreffend die Vorherrschaft der auf Skaleneffekte setzenden Massenproduktion durch fest angestellte, relativ gut verdienende Arbeiter gemeint, die für ihre eigenen Produkte zugleich als Konsumenten auftraten. Dieses Phänomen zeigte sich zuerst in der US-amerikanischen Automobilindustrie und startete von hier aus seinen Siegeszug über große Teile der industriellen Welt. Als vorherrschendes Produktionsregime wird der Fordismus heute nicht mehr begriffen: Dazu umfasste er einen zu kleinen Ausschnitt der industriellen Produktion und war in seinen Ausprägungen zu unterschiedlich, auch wenn am Merkmal der Massenproduktion für die in Frage stehende Zeit festgehalten wird.

Massenproduktion

Investitions- und Konsumgüterindustrie

Überhaupt fand innerhalb der Industrie zwischen 1870 und 1970 ein zum Teil beachtlicher Strukturwandel statt. Die Dominanz des Montansektors wich sukzessive der Investitions- und sehr viel später auch einem Anwachsen der Konsumgüterindustrie. Der Höhepunkt des schwerindustriellen Zyklus war bereits vor dem Ersten Weltkrieg überschritten, in der Zwischenkriegszeit geriet die Schwerindustrie in eine Strukturkrise, von der sie lediglich der Autarkiekurs der Nationalsozialisten und die Energie- und Werkstoffengpässe der Nachkriegszeit kurzzeitig befreiten. Ende der 1950er Jahre aber brach die Strukturkrise des Bergbaus, später der Eisen- und Stahlindustrie endgültig aus. Der Positionsverlust und der sich anschließende Niedergang der Schwerindustrie wurde vom Aufstieg der chemischen und der Elektroindustrie begleitet, vom beginnenden Boom der Investitionsgüter- sowie der feinmechanischen und optischen Industrie, die vor allem in den 1920er und 1930er Jahren an Boden gewannen und in der Nachkriegszeit eine hohe Wachstumsdynamik aufwiesen, wenngleich mit durchaus unterschiedlicher Intensität. So hatte die chemische Industrie noch lange zu kämpfen, bis sie nach 1945 den Anschluss fand. Der mit Abstand dynamischste Bereich der Nachkriegszeit war die Automobilbranche, deren herausragendes Produkt, der VW-Käfer, daher zum eigentlichen Symbol des Wirtschaftswunders wurde.

Marktmilieus

Vor diesem Hintergrund lassen sich nun die Marktmilieus skizzieren, in denen sich die Unternehmen zwischen 1870 und 1970 bewegten. Grundsätzlich ist die Marktentwicklung zwischen 1870 und 1970 in drei Phasen zu unterteilen. Bis zum Ersten Weltkrieg expandierten die Märkte, auf denen die deutschen Unternehmen agierten. Dies hing mit der weltweiten Bevölkerungsentwicklung und mit dem gleichzeitig zunehmenden Industrialisierungsniveau der europäischen und nordamerikanischen Staaten zusammen, in denen die Nachfrage nach Konsumgütern, vor allem aber die nach Investitionsgütern für den Aufbau leistungsfähiger Industrien stark zunahm. Dass die Nachfrage derart expandierte, zog allerdings keineswegs einen ungehinderten Zugang zu den jeweiligen Märkten nach sich. Vielmehr stellten die nationalen Grenzen im Zuge der sich bildenden Konkurrenz der großen Mächte häufig erhebliche Marktzugangsbarrieren dar, welche durch die Wende zum Protektionismus in den 1870er und 1880er Jahren, auf die allein Großbritannien verzichtete, noch verstärkt wurden.

Heimatmarkt

Der Heimatmarkt für deutsche Unternehmen war zwar nicht klein, wies aber Besonderheiten auf, die die Unternehmensentwicklung seit den 1870er Jahren prägten. Denn die gering entwickelte Konsumnachfrage, die Dominanz der Schwerindustrie und die ausgesprochen heterogenen Auslandsmärkte schufen eine spezifische Marktumwelt für die deutschen Unternehmen, die eine industrielle Schwerpunktsetzung im Bereich der Schwer- und Investitionsgüterindustrie bei gleichzeitig relativ gering entwickelter Konsumgüterindustrie begünstigte. Die Konstellation war in Ländern mit höher entwickelten Konsumgütermärkten anders: In Frankreich, Großbritannien und in den USA spielte aufgrund des höheren Lebensstandards die Konsum- und Gebrauchsgüterindustrie von Anfang an eine größere Rolle. In Nordamerika entstanden auch wegen des riesigen und rasch expandierenden Heimatmarktes die ersten

Markterschließungsstrategien und Marketingkonzepte, durch deren Siegeszug das Antlitz der Unternehmen entscheidend geprägt wurde. Für die deutschen Unternehmen gab es hingegen nur den relativ begrenzten Heimatmarkt sowie eine Vielzahl von unterschiedlich verfassten Auslandsmärkten. Diese Lage bedingte, dass deutsche Großunternehmen nicht allein auf die Massenerzeugung weniger Güter und entsprechend hohe Skalenerträge setzen konnten, sondern frühzeitig Diversifikation und Qualitätsproduktion für einzelne Märkte bzw. Abnehmergruppen betreiben mussten. Das relativ hohe Diversifikationsniveau deutscher Großunternehmen vor 1914 und ihre eigentümliche Organisationsstruktur (s. u.) verdankten sich dieser Marktkonstellation.

Beschränkte Märkte und Überkapazitäten

Mit dem Ersten Weltkrieg brach dieses Expansionsmuster zusammen, ohne dass die Industriestrukturen sich änderten. Im Gegenteil: Die Wirtschaftslenkung der Kriegswirtschaft begünstigte die Schwer- und Investitionsgüterindustrie, für die in der Rüstung eine künstliche Nachfrage entstand, während die Verbrauchsgüterindustrie schrumpfte. Nach dem Ende von Kriegswirtschaft und Inflation 1923/24 brachen die künstlichen Märkte (Rüstung, Krieg, Inflation) zusammen; die deutschen Unternehmen waren auf ihren verarmten Heimatmarkt verwiesen und von der Weltwirtschaft zum Teil regelrecht ausgesperrt. Zwar gelang es bestimmten Unternehmen, bis zum Ende der 1920er Jahre ihre Exportposition zurückzuerobern, aber das Problem beschränkter Märkte und großer Überkapazitäten bei zugleich gestiegenen Kosten war damit nicht beseitigt. War die spezifische deutsche Wirtschafts- und Unternehmensstruktur bezogen auf die Marktkonstellation der Zeit vor 1914 einigermaßen funktional, so war das Land nunmehr zu stark industrialisiert: Es beherbergte gemessen an der Größe und Aufnahmefähigkeit der erreichbaren Märkte eine zu große Zahl von Unternehmen bzw. zu viele große Unternehmen.

Isolierung der deutschen Wirtschaft

Der Nationalsozialismus verschärfte das Problem strukturell weiter, da er die Isolierung der deutschen Wirtschaft vorantrieb und zugleich den heimischen Markt über das Aufblähen der Rüstung de facto kontrahierte. Die vor allen Dingen mit dem Zweiten Weltkrieg ins Kraut schießenden Pläne einer zukünftigen Großraumwirtschaft in Europa unter deutscher Kontrolle waren die zwangsläufige Folge dieses selbsterzeugten Ungleichgewichts von industriellem Angebot und effektiv erreichbarer Nachfrage. Derartige „Großraumträume“ besaßen keine Zukunft. Das Ende des Krieges und die Zerstörung und Besetzung Deutschlands brachten den absoluten Tiefpunkt seiner wirtschaftlichen Entwicklung, ohne dass die historisch gewachsene Substanz seiner Unternehmen dadurch ernsthaft in Frage gestellt worden wäre.

Zugang zur Weltwirtschaft

Erst die Entwicklung der Märkte seit 1948/9 schuf eine grundlegende Wende: Die Weltwirtschaft öffnete sich relativ rasch für deutsche Exporte. Obwohl auch hier zunächst Produkte der Investitionsgüterindustrie vorrangig gefragt waren, dominierte bald die Marktentwicklung von langlebigen Gebrauchsgütern wie dem Automobil, wodurch die Entwicklung des Heimatmarktes schließlich mit den Exportmärkten synchronisiert wurde. Zwar blieb Westdeutschland gemessen am OECD-Durchschnitt „überindustrialisiert", insbesondere im Bereich der Investitionsgüterindustrie, doch der alte Widerspruch von einer stark exportorientierten Industriestruktur bei gleichzeitig unsicheren Marktzugangschancen im Ausland wurde sukzessive beseitigt: Mit der Öffnung der Weltwirtschaft und der Gründung der Europäischen Wirtschaftsgemeinschaft (EWG) wurden großräumige Märkte geschaffen, die seither ein völlig anderes Marktmilieu für deutsche Unternehmen schufen.

Die wirtschaftliche Entwicklung der Unternehmen

Investitionsquote und Unternehmensfinanzierung

Resümiert man die Entwicklung der Unternehmen zwischen dem Ende des Gründerbooms und dem Ende des Rekonstruktionszyklus nach dem Zweiten Weltkrieg, so gaben wirtschaftliche Expansionsdynamik einerseits und spezifische Organisationsmuster andererseits diesem Zeitraum das einheitliche Gepräge. Dabei kann der wirtschaftliche Entwicklungsprozess der Unternehmen zum einen anhand der Investitionsquote und zum anderen über die Struktur der Unternehmensfinanzierung für den gesamten Betrachtungszeitraum gut skizziert werden. Diese abstrakte Betrachtung ebnet zwar Unterschiede zwischen Branchen und Unternehmen ein, kann aber das wirtschaftliche Milieu und die vorherrschende Entscheidungsrichtung in den Unternehmen gut indizieren. Erneut zeigt sich dabei eine dreigeteilte Entwicklung: Zwischen 1880 und 1914 war die Investitionsquote hoch, die Selbstfinanzierungsquote der Unternehmen ebenso. Nach dem Ersten Weltkrieg brach die Investitionsquote regelrecht zusammen. Die große Bedeutung der internationalen Unternehmensanleihen in den 1920er Jahren zeigt zudem deutlich an, dass die Firmen selbst die geringen Investitionen jener Jahre nicht aus eigener Kraft finanzierten. Im Nationalsozialismus stiegen zwar Investitionsquote und Selbstfinanzierungsrate wieder an; jedoch erreichte die Investitionsquote nicht das Niveau vor der Weltwirtschaftskrise, da hohen Investitionen der rüstungswichtigen Industrie nur geringe Investitionen in anderen Branchen und Sektoren gegenüberstanden. Zwischen 1944 und 1948 lebten die Unternehmen dann von der Substanz. In den fünfziger und frühen sechziger Jahren wurden historisch einmalig hohe Investitionsquoten erreicht, die im Wesentlichen von der internen Kapitalbildung der Unternehmen getragen wurden. Danach gingen die Investitionsquoten zurück und die Fremdfinanzierungsquote stieg wegen sinkender Margen an. Dies ist – wie gesagt – nur ein sehr grobes Bild, welches dennoch einen guten Argumentationsrahmen abgibt, der im Folgenden genauer ausgefüllt wird.

Schwerpunkte der Investitionstätigkeit

Die Schwerpunkte der Investitionstätigkeit vor dem Ersten Weltkrieg lagen neben dem Baugewerbe, das der Hauptnutznießer des raschen Verstädterungsprozesses wurde, im Bereich der Chemie, der Elektroindustrie, des Maschinenbaus, der feinmechanischen und optischen Industrie und der Investitionsgüter insgesamt, also jener Sektoren, die die Hochindustrialisierung in Deutschland maßgeblich trugen. Auch die Schwerindustrie war noch sehr dynamisch, wenngleich ihr Expansionshöhepunkt bereits überschritten war. Sie unterlag wegen der hohen Konjunkturreagibilität ihrer Produkte heftigen Schwankungen und war, namentlich im Kohlenbergbau, von zumindest zeitweilig auftretenden Überkapazitäten bedroht. Der Wachstumszyklus der Schwerindustrie vereinigte daher schon vor 1914 dynamische und defensive Momente miteinander.

Expansion der Konsum- und Gebrauchsgüterindustrie

Mit der Ausdehnung der städtischen Märkte und dem sich hebenden Lebensstandard begann zudem eine Expansion der Konsum- und Gebrauchsgüterindustrie. Die 100 größten Unternehmen wiesen 1887 folgende Verteilung auf: Bergbau 24 Unternehmen, Steine und Erden 3, Eisen- und Stahlindustrie 31, Maschinenbau 12, Elektrotechnische Industrie 2, Chemische Industrie 12, Textilindustrie 5, Gummiindustrie 2, Holzindustrie 1, Nahrungsmittelindustrie 8. Am Kapitalwert gemessen war Krupp das größte Unternehmen, und auch die nachfolgenden Plätze dominierte die Schwerindustrie. 1907 hatte sich das Bild geändert: Bergbau 23 Unternehmen, Steine und Erden 3, Integrierte Eisen- und Stahlindustrie 31, Maschinenbau 13, Elektrotechnische Industrie 4, Chemische Industrie 16, Textilindustrie 3, Papierindustrie 2, Nahrungs- und Genussmittelindustrie 4.

Nominalkapital

Die rasche Expansion der Unternehmen in diesen Jahren schlug sich besonders in der Summe des Nominalkapitals nieder. Krupp war sowohl 1887 als auch 1907 das größte Unternehmen, aber die Gelsenkirchener Bergwerks AG (GBAG) und der Phönix als gemischte schwerindustrielle Konzerne waren kaum mehr kleiner. Die stärkste Expansion erfuhren in dieser Zeit die Elektrounternehmen Siemens und AEG. Siemens hatte vom Nominalkapital her die GBAG bereits überflügelt und die AEG reichte an das Niveau des Phönix heran. Die Textilindustrie spielte unter den großen Unternehmen kapitalmäßig hingegen keine Rolle mehr und auch die Bedeutung der Nahrungs- und Konsumgüterindustrie war gering.

Diversifikationsgrad

Damit unterschied sich die deutsche Unternehmensstruktur deutlich von England und den USA. Nicht nur war dort die Branchenverteilung eine andere; darüber hinaus waren die angloamerikanischen Großunternehmen sehr viel geringer diversifiziert: Die größten deutschen Unternehmen wiesen einen signifikant höheren Diversifikationsgrad als amerikanische Unternehmen auf, die sich zumeist auf ein Produkt oder eine Produktgruppe spezialisierten, horizontal expandierten und sich über das ganze Land ausbreiteten. Dagegen setzten die deutschen Unternehmen angesichts der Heterogenität ihrer Märkte nur zum Teil auf Skaleneffekte und betrieben vor allem die Erweiterung ihrer Produktpaletten und deren Anpassung an unterschiedliche Marktbedingungen.

Selbstfinanzierungsquote

Betrachtet man allein die Großunternehmen, so ist für die Zeit vor 1914 der hohe Anteil der Produktions- und Investitionsgüterindustrie ebenso auffallend wie deren starke, am Nominalkapital gemessene Expansion. Diese wurde vorwiegend aus eigenen Mitteln erwirtschaftet. Die hohe Selbstfinanzierungsquote deutscher Großunternehmen vor 1914 ist unbestritten. Die Gründe hierfür haben vor allem mit den Ausmaßen des Gründerkrachs zu tun, dessen Dramatik sich der Tatsache verdankte, dass sich zahlreiche Firmen im Boom so verschuldet hatten, dass sie nach 1873 ihre Verpflichtungen nicht mehr erwirtschaften konnten und entweder bankrottgingen oder unter ein striktes Regiment der Fremdkapitalgeber gestellt wurden.

Fremdkapitalquote und Zinsbelastung

Nach 1875 wurden nicht nur die Banken sehr viel zurückhaltender in der Industriefinanzierung. Sie entwickelten auch im Fall ihrer Engagements ein strategisches Interesse an der Entwicklung ihrer Schuldner, um die eigenen Investitionen zu sichern. Die Industrieunternehmen bemühten sich ihrerseits, die Fremdkapitalquote und damit die vom Unternehmenserfolg unabhängige Zinsbelastung möglichst niedrig zu halten. Zurückhaltung der Banken und vorsichtige Expansionsstrategien der Industrieunternehmen senkten die Fremdkapitalquoten deutlich ab.

Aufschwung der 1890er Jahre

Im Aufschwung der 1890er Jahre stiegen überdies die Margen und die Selbstfinanzierungsmöglichkeiten nahmen zu. Zwar stieg zudem der Anteil der Fremdfinanzierung nach dem Tiefpunkt seit den 1890er Jahren langsam wieder an, und die Liquidität der Unternehmen ging leicht zurück. Jedoch reflektierte diese Entwicklung keinen Bruch mit der risikoaversen Finanzierungskultur von Industrieunternehmen und Banken. Die Industrieunternehmen blieben vielmehr erfolgreich bemüht, die Banken auf Distanz zu halten. Die Banken ihrerseits hielten am strategischen Charakter der Industriefinanzierung fest; spekulative Engagements waren ausgesprochen selten. Zu einer Beherrschung der Industrie durch die Banken kam es daher vor 1914 nicht. Die hohen Gewinne vor 1914 ermöglichten nicht allein eindrucksvolle Selbstfinanzierungsquoten; sie waren auch die Grundlage beträchtlicher Dividendenzahlungen. Offensichtlich war für die Unternehmen die Zeit vor 1914 eine Zeit solider und gewinnträchtiger wirtschaftlicher Expansion.

Bayer und seine Expansion

Das Muster dieser Expansion lässt sich an einzelnen Beispielen zeigen. Die Farbenfabriken Bayer in Elberfeld bzw. Leverkusen stehen dabei für die chemische Großindustrie (1895 gab es in Deutschland 10.376 chemische Betriebe mit 115.231 Beschäftigten; nur sieben hatten mehr als tausend Beschäftigte: Bayer ist daher zwar nicht repräsentativ, aber sehr aussagekräftig!). Das Unternehmen war 1863 als Farbstoffproduzent von einem Chemiker und einem Kaufmann gegründet worden und machte seither mit der Produktion der neuen Teerfarbstoffe ordentliche Geschäfte. Es war frühzeitig im Ausland vertreten, hing jedoch in der Expansion noch stark von der Finanzierungsbereitschaft der Gründerfamilien ab. Nach dem Tod der Gründer war 1881 der Weg zur Aktiengesellschaft (Grundkapital 5,4 Mio. Mk.) frei. Die junge AG hatte allerdings in den 1880er Jahren noch keinen soliden Ruf; Bayer-Anteile galten zunächst als spekulative Papiere.

Integration der Vor- und Zwischenproduktion

Die Ausdehnung der Farbstoffproduktion und der rasch wachsende Absatz im In- und Ausland ließen die Produktionsanlagen in Elberfeld zu klein werden; vor allem stellte sich die Frage, ob man die nötigen Vor- und Zwischenprodukte weiterhin auf dem Markt kaufen oder selbst produzieren sollte. Da der Schwefelsäuremarkt wegen des Rheinisch-Westfälischen Schwefelsäuresyndikates faktisch monopolisiert und das Syndikat zu Preiszugeständnissen nicht bereit war, entschied sich Bayer nach dem Vorbild der Badischen Anilin- und Sodafabrik (BASF) und von Hoechst, die bereits eigene anorganische Abteilungen besaßen, für den Bau eines völlig neuen Werkes in Leverkusen und für die Integration der Vor- und Zwischenproduktion in das eigene Unternehmen. Auf diese Weise entstand, nachdem man sich zuvor allein auf die Farbstoffherstellung und die zugehörige Forschung und Entwicklung beschränkt hatte, auf grüner Wiese ein integriertes großchemisches Werk. Die Anlaufschwierigkeiten der Schwefelsäureherstellung waren groß; erst der Erwerb der Lizenzen des Kontaktverfahrens für die Schwefelsäureproduktion von der BASF versprach eine reibungslose Produktion. Bayer musste dafür aber die BASF sowohl an den Verkaufserlösen beteiligen wie laufende Lizenzgebühren zahlen. Gleichzeitig eröffnete die integrierte Chemiefabrik zusätzliche Expansionschancen durch die Verwertung von Vor-, Zwischen- und Nebenprodukten, etwa im Bereich der Pharmazie, der

Finanzierung der Expansion

Kunststoff- und Kautschukproduktion oder der Photographie. Die Finanzierung aller Expansionsschritte erfolgte im Wesentlichen aus laufenden Überschüssen; Bayer kam zu keinem Zeitpunkt in die Gefahr, von Banken abhängig zu werden. Im Gegenteil mussten sich die Banken bemühen, Bayer als Kunden zu gewinnen und zu halten.

Marktdurchdringung

Die weitere Entwicklung bis 1914 folgte nun dem eingespielten Muster: Auf der Basis der weitgehenden Kontrolle der eigenen Wertschöpfungskette suchte Bayer mit forschungsintensiven Produkten in Deutschland wie auf den internationalen Märkten zu reüssieren. Man betrieb eigene Niederlassungen in den wichtigsten Märkten, produzierte auch im Ausland, wenn es notwendig war (z. B. Großbritannien wegen Patentgesetzen), und integrierte wichtige Lieferanten in das eigene Unternehmen, wenn eine Abhängigkeit von der Marktmacht anderer drohte (1907 Kauf der Kohlenzeche Auguste Viktoria im Rahmen des Dreibundes). 1904, nach der zweiten Amerikareise des Generaldirektors Carl Duisberg, war dieser derart von der dortigen Trustbildung begeistert, dass er auch in Deutschland einen Zusammenschluss der großen Chemiefirmen zu Vereinigten Farbstoff-Werken vorschlug. Dieser Plan scheiterte allerdings am Hoechster Willen zur Selbständigkeit, so dass es nur zur Bildung vom Dreibund (Bayer, BASF, AGFA) und Dreiverband (Hoechst, Cassella, Kalle) kam, die zunächst eher Interessengemeinschaften denn Konzernen entsprachen.

Hoher vertikaler Integrationsgrad

Das Expansionsmuster von Bayer (Beschäftigte 1886: 780, 1907: 7.800) war eines unter vielen, doch besaß es typische Züge. Das rasche Wachstum vieler Unternehmen warf grundsätzlich die Frage auf, wie einerseits die Versorgung mit Vor- und Zwischenprodukten gesichert werden konnte, von denen man mit wachsender Größe immer abhängiger wurde. Andererseits stellte sich das Problem der Weiterverarbeitung und des Absatzes: Auch hier hatten die Unternehmen die Möglichkeit zur Integration von Weiterverarbeitung und ggf. Endproduktion in das eigene Unternehmen oder zur Überlassung der weiteren Schritte an andere Unternehmen und den Markt. Insgesamt wurde für die deutschen Unternehmen ein im internationalen Vergleich hoher vertikaler Integrationsgrad kennzeichnend, der zum einen die Heterogenität der Märkte (und damit die relative Beschränktheit einzelner Teilmärkte), zum anderen die wirtschaftlichen Konsequenzen von Kartellbildungen und Syndizierungen reflektierte. Die Kartellierung vieler Rohstoffe, Energieträger und Vorprodukte (u. a. Kohle, Koks, Eisen, Stahl, Walzstahl, Glas, Schwefelsäure, Kali) drängte die Mehrzahl der Unternehmen dazu, sich von der Preispolitik der Kartelle zu befreien, indem man die kartellierten Produktionen in das eigene Unternehmen übernahm. So diversifizierte, um nur wenige Beispiele zu nennen, Carl Zeiss in die Glasproduktion, die Eisen- und Stahlhersteller an der Ruhr betrieben Vorwärtsintegration in die Metallverarbeitung sowie den Stahlbau und eigneten sich zugleich in großem Rahmen Zechen an, während etwa der Bergbaukonzern GBAG (Beschäftigte 1884: 4300, 1907: 31.250) gezielt in die Eisen- und Stahlindustrie expandierte. Die Syndikatsbildung und Kartellierung schuf überdies Nischen, in denen Außenseiter rasch Karriere machten, wie zum Beispiel der Aufstieg des Gerling-Konzerns im Versicherungsgeschäft zeigte.

Synergieeffekte

Durch die von der Kartellierung zumindest begünstigten Integrationsschritte entstanden Synergieeffekte, beispielsweise bei der Wärmewirtschaft der Schwerindustrie oder bei der Pharmazie in der chemischen Industrie, die wiederum den Reiz der Integration erhöhten – zumal die Kartellpraktiken von den nunmehr integrierten Konzernen, die sich ihnen selbst wirksam entzogen hatten, nicht in Frage gestellt wurden. Vielmehr nutzten gerade schwerindustrielle Unternehmen die Möglichkeit, auf dem heimischen, durch Kartelle und Zölle geschützten Markt Preise durchzusetzen, die andernorts als Basis für Exportdumping dienten. Nicht zuletzt dadurch entstand eine Treibhausatmosphäre sich ausdehnender Kapazitäten, die dann unter den völlig veränderten Marktbedingungen der 1920er Jahre zum Problem wurden.

Vor- und Rückwärtsintegration

In anderen Branchen spielten die Kartelle eine geringere Rolle, da hier die Märkte und die Nachfrage zu heterogen bzw. zu klein waren, um das Angebot erfolgreich zu kartellieren. Stattdessen zeichneten sich in diesen Branchen andere Expansionsmuster ab, insbesondere im Bereich der Investitionsgüterindustrie, in der sich ein Verlaufsmuster von gleichzeitiger technischer Spezialisierung sowie Vor- und Rückwärtsintegration durchsetzte (u. a. Lokomotiven: Borsig, Beschäftigte 1907: 10.000; Henschel, Beschäftigte 1907: 8.000; Kühltechnik: Linde; Kraftwerksbau: Siemens, AEG). Gerade Siemens und die AEG, die beide vor 1914 ein außerordentlich hohes Expansionstempo (Beschäftigte 1907: 43.000 bzw. 31.000) an den Tag legten, reagierten auf die heterogene Marktlage durch aggressive Vorwärts- und Rückwärtsintegration, wodurch beide einen im internationalen Vergleich hohen Diversifikationsgrad erreichten. Eine ganz neue Industrie vor dem Ersten Weltkrieg war schließlich der Automobilbau, in dem nach und nach immer mehr Unternehmen entstanden, so dass schließlich neben den großen Unternehmen (Daimler Motorengesellschaft, Benz & Cie) mehr als sechzig weitere Produzenten in diesem nicht schnell wachsenden, aber doch vielversprechenden Markt entstanden waren.

Rolle der Banken

Die Rolle der Banken war in diesem Expansionsprozess von großer Bedeutung, ohne dass sich allerdings eine Beherrschung der Industrie durch die Banken ergeben hätte. Ihre Finanzierungstätigkeit nahm seit den 1850er Jahren zu, als im Umfeld des Eisenbahnbooms zahlreiche Privatbankiers Aktienbanken gründeten, um den hohen Kapitalbedarf der Eisenbahngesellschaften decken zu können. Aufgrund der restriktiven Haltung des preußischen Staates blieb es dort jedoch bei der bereits 1848 aus einer Notlage heraus entstandenen einzigen Aktiengesellschaft, dem A. Schaaffhausen'schen Bankverein in Köln, der eng mit der Schwerindustrie des Ruhrgebietes verbunden war. Aktienbanken wurden vornehmlich in anderen deutschen Staaten (u. a. Norddeutsche Bank sowie Commerz- und Handelsbank in Hamburg, Dresdner Bank in Dresden) gegründet, und zwar in der Regel durch Konsortien von Privatbankiers, die sich das lukrative Geschäft der Eisenbahn- und Industriefinanzierung sichern bzw. in das Auslandsgeschäft vordringen wollten. In Preußen konnte die restriktive Haltung der Regierung nur durch die Gründung von Kommanditgesellschaften auf Aktien umgangen werden. Die Disconto-Gesellschaft von David Hansemann ging diesen Weg – mit der Folge einer starken Stellung der Geschäftsinhaber, die von Adolph von Hansemann, der das Unternehmen von 1857 bis 1903 autokratisch leitete, auch weidlich genutzt wurde. Eine analoge Rechtskonstruktion war die 1856 ins Leben gerufene Berliner Handelsgesellschaft, die sich indes von Anfang an auf das Großkunden- und Emissionsgeschäft konzentrierte. Die Deutsche Bank war 1870 zunächst die zweite Aktienbank in Preußen. Erst mit dem Ende der Lizensierungspflicht 1870 schossen die Aktienbanken in Preußen wie Pilze aus dem Boden.

Wachstum der Banken

Das Wachstum der Banken wies dabei in Deutschland von Beginn an gewisse Besonderheiten auf. Die im Aufschwung der 1850er und 1860er Jahre gegründeten Aktienbanken konzentrierten sich auf das Emissionsgeschäft und waren daher eng mit den entstehenden Eisenbahn- und Industrieaktiengesellschaften verbunden, deren Kreditbedarf sie auch bedienten. Die Deutsche Bank, für das Auslandsgeschäft gegründet, hielt sich hier zunächst zu ihrem eigenen Vorteil deutlich zurück. Dieses zum Teil recht naiv betriebene Geschäft führte zur Gründungs- und Spekulationswelle zu Beginn der 1870er Jahre, endete aber rasch im Katzenjammer des Gründerkrachs. Viele Banken mussten ihre Tore wieder schließen; die zum Teil naiven Geschäftsbeziehungen zu den Industrieunternehmen rächten sich jetzt. Die Geschäftspolitik der verbleibenden Aktienbanken wurde folgerichtig sehr viel defensiver; insbesondere im Industriegeschäft machte sich Zurückhaltung breit. Engagements wurden, ging man sie denn ein, geradezu strategisch angelegt. Die enge Verbindung von Industrieunternehmen und Banken war mithin eine Folge des Gründerkrachs und der spekulationsfeindlichen Stimmung in der sich anschließenden großen Depression.

Universalbanken

In größerem Umfang stieg die Mehrzahl der Aktienbanken in das Industriegeschäft erst wieder mit der Hochkonjunktur der 1890er Jahre ein. Der deutsche Typ der Universalbank, die vom Privatkundengeschäft bis zur Industriefinanzierung, von der Platzierung von Staatsanleihen bis zur Aktienemission reichte, entstand in diesen Jahren aus dem Grund der Risikoabsicherung einerseits, der möglichst umfänglichen Kapitalmobilisierung für die Hochindustrialisierung andererseits, ohne dass diese Zusammenhänge den jeweiligen Bankgründern vorab klar waren: Die 1870 gegründete Deutsche Bank wurde bekanntlich als Institut zur Außenhandelsfinanzierung, also mit traditioneller Begründung und Ausrichtung, gegründet!

Informations- und Vertrauensproblem

Die weitere Entwicklung der Aktienbanken reflektierte das Informations- und Vertrauensproblem im Finanzierungsgeschäft. Die Industriefinanzierung war hochriskant, Erfahrungen in diesem Feld gab es kaum. Das zum Teil recht naive Engagement im Gründerboom war hart bestraft worden. Attraktive Finanzierungsangebote konnte, das war offensichtlich, in Zukunft nur anbieten, wer die Informationsprobleme über die Zahlungsfähigkeit der Gläubiger zu tragbaren Kosten bewältigte. Der Aufbau des Hausbankprinzips und die Ausdehnung der bankinternen Informationsbeschaffung und -verarbeitung waren mithin Voraussetzungen für deren weitere Expansion. Auch die Tatsache, dass die Großbanken selbst Aktionäre der von ihnen betreuten Industrieunternehmen wurden, diente der Informationsbeschaffung, dem Vertrauensaufbau und der Risikostrukturierung.

Übernahme regionaler und lokaler Privatbankiers

Aus dem gleichen Grund expandierten die entstehenden Berliner Großbanken nicht durch eigene Filialgründungen in die Fläche, sondern durch die Übernahme regionaler und lokaler Privatbankiers und den Aufbau eines Netzwerkes von Interessengemeinschaften und Kooperationen, die es einem Unternehmen wie der Berliner Handelsgesellschaft sogar ermöglichten, ohne Filialbildung erfolgreich zu sein. Die Deutsche Bank aber erwarb mit den regionalen Bankhäusern zugleich deren Kundenkreise sowie deren Informationen und konnte im Zweifelsfall von deren Vertrauensstellung profitieren. Nur so ließen sich die notwendigen Informationen zur Bewältigung der immens zunehmenden Kreditrisiken einigermaßen kostengünstig in den Griff bekommen. Ansonsten drohten die jeweiligen Informationskosten prohibitiv zu steigen. Ähnlich verfuhren die Commerz- und die Dresdner Bank, während die Disconto-Gesellschaft nach dem Scheitern eines Provinzialbankprojektes zu Beginn der 1870er Jahre zunächst zurückhaltend agierte und erst seit den 1890er Jahren vorsichtig in die Fläche expandierte.

Konzentrationsprozess

Der Konzentrationsprozess im deutschen Bankwesen vor 1914 und die endgültige Herauskristallisierung der großen Berliner Bankhäuser als Finanzierungsinstitute von nationaler Bedeutung reflektierten daher vor allem das Problem der überproportional rasch steigenden Informationskosten, die nur durch organisatorische Differenzierung aufgefangen werden konnten (Aufbau einer Bankbürokratie, Filialstruktur, Netzwerke u. a. über Aufsichtsratsmandate, Interessengemeinschaften). Dabei gab es keinen Königsweg. Die Banken suchten jeweils unterschiedliche Lösungen, wobei sich die zugleich autokratische und defensive Unternehmensführung der Disconto-Gesellschaft dem Entwicklungsmuster etwa der Deutschen Bank, das relativ rasch auf funktionale und regionale Differenzierung setzte, als unterlegen erwies.

Privatbankiers

Die Privatbankiers wurden in diesem Prozess im Übrigen nicht völlig verdrängt. Vielmehr stellte sich eine gewisse Arbeitsteilung ein, der zufolge sich die Privatbankiers auf bestimmte Finanzdienstleistungen konzentrierten (private Vermögen, Ausland, Anleihegeschäft), die sie angesichts des großen Vertrauens zwischen ihnen und ihrer traditionellen Kundschaft weiterhin kostengünstig anbieten konnten. Den Industrieunternehmen gegenüber konnten die Banken keine Dominanz erlangen. Die Verflechtung von Bank- und Industrieinteressen war gleichwohl intensiv und die Aufsichtsratsnetzwerke eindrucksvoll: Allein der Geschäftsinhaber der Berliner Handelsgesellschaft Carl Fürstenberg hatte vor dem Ersten Weltkrieg mehr als 40 Aufsichtsratsmandate inne, womit er keineswegs eine große Ausnahme darstellte.

Kriegswirtschaft

Der Erste Weltkrieg zerstörte das Expansionsmuster der deutschen Unternehmen. Vor allem die vor 1914 rasch gewachsenen Großunternehmen konnten nach 1918/24 nur noch sehr bedingt an ihre Vorkriegserfolge anknüpfen. Der Weltkrieg selbst zeigte ein janusköpfiges Gesicht. Nach der Anpassungskrise im Herbst 1914 expandierte die Masse der kriegswichtigen Großunternehmen bis zum Kriegsende rasch; Umsätze, Gewinne und Belegschaftszahlen explodierten bei stark verändertem Produktionsprofil: Bayer, das vor 1914 keine Rüstungsgüter produziert hatte, war 1918 zu über 50 % allein von der Sprengmittelherstellung abhängig. Auch andere Großunternehmen wie Zeiss oder Krupp waren fast vollständig zu Rüstungskonzernen geworden. Größen- und Gewinnzuwachs waren allerdings um einen hohen Preis erkauft, der mehr und mehr an einem gewonnen Weltkrieg hing. Dass sich zahlreiche Großindustrielle zunächst zögernd, später zum Teil recht aktiv, wenn auch nicht selten dilettantisch an der Kriegswirtschaftsorganisation, an Überlegungen zur

Nachkriegszeit und zum Teil sogar an der großen Politik beteiligten, überrascht ebenso wenig wie ihre zum Teil haarsträubenden Kriegsziele, deren Realisierung auf eine gigantische Ausdehnung des deutschen Wirtschaftsraumes hinausgelaufen wäre. Der Kriegsverlauf aber entzog derartigen Plänen den Boden; die Behandlung des deutschen Vermögens in den Feindstaaten, zum Teil auch bei den Neutralen, ließ für die Zeit nach einem verlorenen Krieg nichts Gutes erwarten.

Nachkrieg

Und in der Tat: Nach 1918 verschlechterte sich das wirtschaftliche und politische Umfeld dramatisch; der Vertrag von Versailles schrieb die Diskriminierung Deutschlands und seiner Unternehmen auf den internationalen Märkten fest. Entsprechend fiel die Stimmung in der Masse der Unternehmen aus, wenngleich eine Zeit lang Inflation und Spekulation die deutsche Wirtschaft fieberhaft erregten: Hugo Stinnes' Siemens-Rheinelbe-Schuckert-Union war das Musterbeispiel dieses konvulsivischen Zuckens der Spekulation im Treibhaus der Inflation. Doch der Fieberwahn ging vorüber; Niedergeschlagenheit kehrte ein. War man vor dem Krieg optimistisch, so glaubte man sich nach dem Krieg mit dem Rücken an der Wand. Auf den wichtigsten Märkten der Welt benachteiligt, wenn nicht gar ausgeschlossen, im Ausland ohne Rechte, von neuen Konkurrenten, die mit dem eigenen enteigneten Wissen produzierten, bedrängt, der Heimatmarkt verarmt: Allein dieses nicht selten noch in dramatischen Farben ausgemalte Szenario, das von den im Vergleich zur Vorkriegszeit drastisch gesunkenen Gewinnmargen nur bestätigt wurde, änderte die unternehmerischen Entscheidungsmilieus grundlegend. Das Verhalten wurde auf stagnierende bzw. schrumpfende Märkte eingestellt. Ein rigoroser Sparwille griff Raum. Nur dort, wo man mit neuen Produkten noch auf wachsende Marktchancen hoffte, kehrten die Entscheidungs- und Investitionsmuster der Vorkriegszeit noch einmal zeitweilig zurück, beispielsweise im Bereich der Synthese-Produktion der deutschen Großchemie. Grundsätzlich wähnte man sich in der Schere sinkender bzw. gesunkener Erträge und steigender Kosten (insbesondere Löhne). Die niedrigen Margen ließen interne Kapitalbildung kaum mehr zu. Die Investitionen sanken dementsprechend, die Selbstfinanzierungsquote war niedrig, teilweise konnten größere Investitionsvorhaben nur mit internationalen Anleihen finanziert werden, da die deutschen Banken nach dem Desaster der Hyperinflation selbst mittellos und auf Kapitalzufluss aus dem Ausland angewiesen waren.

Rigoroser Sparwille

Nachteile der Branchenstruktur

Nachteilig wirkte sich jetzt auch die Branchenstruktur der deutschen Wirtschaft aus. Der traditionell starke konsumferne Bereich litt unter der Investitions- und der generellen Absatzschwäche, die Schwerindustrie befand sich in einer handfesten Strukturkrise. Zwischen 1922 und 1924 halbierte sich die Belegschaft des Ruhrbergbaus. Der Auslastungsgrad der Eisenhüttenwerke an der Ruhr sank auf weniger als 80 %; die Stückkosten gingen entsprechend in die Höhe. Die Pionierbranchen der späten Kaiserzeit, namentlich die chemische und die elektrotechnische Industrie, fanden in den 1920er Jahren leichter Anschluss an ihre Vorkriegsentwicklung, zumal sie keine Strukturkrise auszustehen hatten. Die großen Marktverluste, insbesondere beim Export von Farbstoffen und einfachen Elektroartikeln (Glühbirnen), konnten zwar nicht mehr ausgeglichen werden, aber es fanden sich neue vielversprechende Produkte und der Export erreichte wieder frühere Dimensionen.

Schwäche des Binnenmarktes

Allerdings wurde diese Expansion zum Teil nur durch bilaterale Abkommen deutscher und ausländischer Unternehmen möglich, mit denen die restriktiven Bestimmungen des Versailler Vertrages umgangen wurden. Auch der Binnenmarkt erwies sich nicht zuletzt wegen der beginnenden Elektrifizierung als aufnahmefähig. Eine stärkere Ausdehnung der Konsum- und Verbrauchsgüterindustrie, die wegen der geringen Marktsättigung überaus vielversprechend gewesen wäre, scheiterte schließlich an der Schwäche des Binnenmarktes. Deutschland war, um nur ein Beispiel zu nennen, vor den 1950er Jahren kein Massenmarkt für langlebige Konsumgüter wie Automobile, weil schlicht die kaufkräftige Nachfrage fehlte. Dies bedingte in den 1920er Jahren eine große Strukturkrise des Automobilbaus, der die Mehrzahl der Vorkriegsunternehmen zum Opfer fiel. Ähnlich lag dies bei anderen Konsum- und Gebrauchsgütern (Kühlschränke, Staubsauger etc.). Dagegen expandierte der Dienstleistungsbereich, doch blieben moderne Dienstleistungen (und damit die zugehörigen Unternehmen) auf wenige urbane Zentren beschränkt.

Rationalisierung

Rationalisierung war das Schlagwort der Zeit und erklärt auch das Verhalten der Masse der Großunternehmen in jenen Jahren. Dabei ging es vor allem um die Senkung der Produktionskosten, um bei gegebenen Absatzmengen und geringen Preissteigerungsmöglichkeiten kostendeckend bzw. mit gewissen Gewinnmargen produzieren zu können. Diese Rationalisierung bezog sich dabei zunächst auf den Produktionsprozess selbst, in dem neue Techniken (z. B. Fließfertigung in Teilen der Elektro- und der Automobilindustrie, geschlossener Betrieb in der Chemie, Mechanisierung des Untertagebetriebes im Bergbau) sowie intensitätssteigernde Lohnmodelle (Stückakkord, Leistungslöhne) eingesetzt wurden. Die Folgen dieser technischen und organisatorischen Maßnahmen waren durchaus eindrucksvoll, da die Leistungen je Arbeitsstunde zwischen 1924 und 1932 erheblich anstiegen. Sie lösten aber nicht das Grundproblem vieler Großunternehmen, im Gegenteil: Durch erfolgreiche

Rationalisierung, die ja stets auch kapazitätssteigernde Effekte besitzt, wurden die Ungleichgewichte zwischen Produktionskapazität und Absatzmöglichkeit weiter verschärft, denn nur eine hohe Ausnutzung der Anlagen ermöglichte niedrige Stückkosten, so dass der Angebotsdruck auf den beschränkten Märkten weiter zunahm.

Kapazitätsabbau

Zur Rationalisierung der Produktion trat mithin ein Prozess des Kapazitätsabbaus hinzu, der entweder von den Unternehmen bewusst betrieben wurde oder sich über Konkurse gleichsam vegetativ durchsetzte. Die Tiefe und das Ausmaß der Weltwirtschaftskrise zeigen allerdings, dass der Kapazitätsabbau in den 1920er Jahren nicht wirklich gelang. Der Königsweg zur Kapazitätsverringerung war die horizontale Konzentration, in deren Folge dann die leistungsschwächeren Werke geschlossen und die Produktion in den kostengünstigen Betrieben konzentriert wurden. Typische Beispiele für derartige Prozesse waren etwa die Gründung der Vereinigten Stahlwerke, die endgültige Bildung der I. G. Farbenindustrie AG (mit Vorläufern vor dem Krieg und der ersten Gemeinschaftsbildung 1917) oder die Zusammenschlüsse in der Automobilindustrie mit der spektakulären Fusion von Daimler und Benz 1926.

Strukturkrise im Bergbau

Im Ruhrbergbau wurden bis 1933 ein Drittel der Schachtanlagen geschlossen und die Förderung auf neue Anlagen konzentriert (Großschachtanlagen, Zentralkokereien: bekanntestes Beispiel Zeche Zollverein in Essen). Eine konsequente Bereinigung der Strukturkrise im Bergbau hätte allerdings die Aufgabe zahlreicher weiterer Zechen und den Verlust von zahlreichen Arbeitsplätzen bedeutet. Die großen Konzerne, allen voran die Vereinigten Stahlwerke als größter Zechenbetreiber des Ruhrgebietes, waren hierzu auch bereit, doch blockierten Politik (Kohlengemeinwirtschaft) und Gewerkschaften aus sozialen Gründen eine Kapazitätsbereinigung. Das in Krieg und Inflation zusammengebrochene Rheinisch-Westfälische Kohlensyndikat wurde in der zweiten Hälfte der 1920er Jahre mit staatlicher Unterstützung gegen den Willen der Hüttenkonzerne wiederbelebt, um das Überleben vieler sog. Grenzzechen zu sichern, die durch die Syndikatsumlage, die von den produktiven Großanlagen zu zahlen war, alimentiert wurden. Hatten die Rationalisierungs- und Kostensenkungsmaßnahmen der Abteilung Bergbau der Vereinigten Stahlwerke durchaus Erfolg, so vermochten sie die Strukturkrise des Reviers nicht zu lösen. Die Handlungsmöglichkeiten eines Einzelunternehmens, und sei es wie die Vereinigten Stahlwerke noch so bedeutend, erwiesen sich als beschränkt.

Marktbereinigung der Stahlindustrie

Deren Gründung selbst war letztlich ein Fehlschlag. Angesichts der großen Strukturprobleme der Nachkriegszeit und der offensichtlichen Überkapazitäten in der deutschen und der gesamten europäischen

Stahlindustrie entstanden bereits während des Krieges, vor allem aber danach Pläne, die Stahlindustrie des Ruhrgebietes zu einem Konzern zusammenzufassen und den Markt durch Kapazitätsabbau und Rationalisierung grundlegend zu bereinigen. Die ohnehin nicht sonderlich gut funktionierende Kartellierung der Produkte der Eisen- und Stahlindustrie brach in der Inflation zusammen und machte einer scharfen Preiskonkurrenz Platz. Nach dem Ende der Inflation war klar, dass eine Marktbereinigung erfolgen musste und dass eine erneute Kartellierung allein keine Lösung war. Tatsächlich versuchte man nur auf europäischer Ebene mit der Bildung der Internationalen Rohstahlgemeinschaft (IRG) und der Internationalen Rohstahlexportgemeinschaft (IREG), in denen sich die deutsche und französische Stahlindustrie unter luxemburgischer und belgischer Vermittlung auf Quoten und Preise verständigten, durch Kartelle das jeweilige Überleben zu sichern. Im Inland war an eine derartige Lösung bei der Vielzahl der Anbieter und der Inhomogenität der Produkte in der Weiterverarbeitung nicht zu denken. Trustbildung schien die Alternative.

Vereinigte Stahlwerke

Gleichwohl gelang es 1925 mit dem Zusammenschluss von Thyssen, den Rheinischen Stahlwerken, der Rheinelbe-Union, der Phönix und der Stahlwerke van der Zypen zu den Vereinigten Stahlwerken lediglich die Hälfte der Stahlindustrie-Kapazität des Ruhrgebiets in einem Unternehmen zusammenzufassen. Krupp, Hoesch, Mannesmann, die Gutehoffnungshütte (GHH) und Klöckner blieben dem Zusammenschluss nach intensiven Verhandlungen fern. Trotzdem war der neue Koloss eindrucksvoll genug. Nach Belegschaftsziffern, Produktion, Eigenkapital und Umsatz war der größte deutsche Konzern (vor der I. G. Farbenindustrie AG) entstanden, der sich trotz aller organisatorischen und finanziellen Probleme in den folgenden Jahren relativ erfolgreich um die Senkung der Produktionskosten und die Rationalisierung der Fertigung bemühte.

Probleme der Branche

Nur beseitigte der Zusammenschluss nicht die Probleme der Branche, da die übrigen Konzerne, die ihren Eigenständigkeitswillen in den Vordergrund gestellt hatten, eine ähnliche Strategie verfolgten und insofern zu große Kapazitäten am Markt vorgehalten wurden. Die Auslastung selbst der modernen Anlagen blieb unter der 80 %-Marke und die erwünschten Kostensenkungen traten wegen ausbleibender Skaleneffekte nicht ein. Die hochverschuldeten Konzerne, die ihre Rationalisierung über Auslandsanleihen finanziert hatten, standen in der Weltwirtschaftskrise vor dem Zusammenbruch. Dass gerade diese Unternehmen nachhaltig gegen das staatlich garantierte Tarif- und Schlichtungssystem vorgingen und auch vor kalkuliertem Rechtsbruch im Ruhreisenstreit 1928 nicht zurückscheuten, hat weniger mit deren reaktionärer Verbohrtheit zu tun, wie es die ältere Sozialgeschichtsschreibung behauptete, sondern vielmehr mit den spezifischen wirtschaftlichen Problemen Ende der 1920er Jahre.

Struktur-wandel des Bank-gewerbes

Die Branche, die in der Nachkriegszeit den größten Strukturwandel durchmachte, war das Bankgewerbe. Vor 1914 hatte sich zwar eine Handvoll Berliner Großbanken als entwicklungsbestimmend durchgesetzt, jedoch war eine Vielzahl von mittleren und kleinen Bankgesellschaften sowie zahllose Privatbankiers erhalten geblieben und hatte sich in Marktnischen etabliert. Die große Inflation brachte der Masse dieser kleinen Bankhäuser den Ruin, was allerdings den Berliner Großbanken die Chance bot, durch die Übernahme zahlloser kleiner Konkurrenten endgültig zu reichsweit präsenten Filialbanken zu werden. Diese Ausdehnung in der Fläche war indes der einzige Erfolg der Großbanken, die in der Inflation ebenfalls ihr Kapital verloren hatten. Sie mussten in erheblichem Maße ausländische Kredite aufnehmen, um überhaupt wieder handlungsfähig zu werden. Die ehemalige Bankenherrlichkeit war nach 1924 jedenfalls vorbei.

Weltwirt-schaftskrise

Die Weltwirtschaftskrise deckte die Probleme der deutschen Unternehmen schonungslos auf. Sie traf nicht alle gleich; insbesondere die Produktions- und die Investitionsgüterindustrie hatten Produktionsrückgänge von mehr als 50 % zu beklagen, während die Konsum- und Gebrauchsgüterhersteller „nur“ Einbußen von 20–30 % hinnehmen mussten. Aber die Krise traf eine stark geschwächte Unternehmenslandschaft, in der viele Unternehmen längst ihre Substanz aufgezehrt bzw. sich von den Folgen der Kriegswirtschaft und der Inflation nicht erholt hatten und zudem nicht selten hohe Auslandsschulden aufwiesen. Besonders betroffen war der Bankensektor, der im Sommer 1931 faktisch zusammenbrach und nur durch massive Staatseingriffe aufrechterhalten wurde. Die Schwäche des deutschen Geld- und Kapitalmarktes nach der Inflation hatte die Hereinnahme amerikanischer Kredite begünstigt, die in der Krise zurückgeführt wurden. 1931 waren die Berliner Großbanken faktisch zahlungsunfähig; Dresdner Bank und Commerzbank wurden vom Staat übernommen, der sich auch in der Deutschen Bank engagierte. Große Namen verschwanden; die Deutsche Bank und die Disconto-Gesellschaft vereinigten sich bereits 1929, die Dresdner Bank wurde in der Bankenkrise mit der Darmstädter und Nationalbank zwangsfusioniert, um nur die prominentesten Beispiele zu nennen. Ähnlich schlecht erging es in der Krise der AEG, deren Übernahme durch den Erzkonkurrenten Siemens ernstlich erwogen wurde.

Schwäche des deutschen Geld- und Kapitalmarktes

Ausnahme I. G. Farben

Unter den großen Unternehmen nahm lediglich die I. G. Farbenindustrie AG eine Ausnahmestellung ein, da das Unternehmen trotz erheblicher Umsatzeinbußen in seiner Substanz nicht gefährdet war. Hier zeichnete sich indes eine ganz andere Entwicklung ab. Anders als die zuvor geschilderten Entwicklungen war der Zusammenschluss zur I. G. Farbenindustrie AG 1925 auch der Startschuss zur Neuausrichtung des Unternehmens. Zwar hatten traditionelle Unternehmensteile wie Bayer oder Hoechst auch ein Kosten- und Rationalisierungsproblem; der Gesamtkonzern unter der Leitung von Carl Bosch, der aus der BASF-Tradition kam, setzte aber auf den massiven Ausbau der Syntheseproduktion, vor allem von Methanol sowie von Benzin.

Benzinsynthese

Die Entscheidung für die Benzinsynthese war unter den Bedingungen der 1920er Jahre nachvollziehbar; die I. G. besaß die nötigen Lizenzen und Patente. Der Konzern entwickelte nach und nach die Fähigkeiten, um die Synthese-Produktion großtechnisch zu beherrschen, zumal man hiermit seit dem Krieg (Ammoniak-Synthese in Leuna) umfangreiche Erfahrungen gesammelt hatte. Der Preiszusammenbruch infolge des texanischen Ölbooms entzog dem Benzinprojekt jedoch die wirtschaftliche Basis: Seitdem war klar, dass Synthesebenzin auf absehbare Zeit nicht zu konkurrenzfähigen Preisen zu produzieren war und sich damit ein Teil der großen Investitionen im Synthesebereich nicht rentieren würde. In der Weltwirtschaftskrise saß die I. G. mithin auf großen Investitionen, deren Verwertbarkeit mehr als fraglich war.

Ende der Krise

Obwohl erste Indikatoren im Laufe des Jahres 1932 das Ende der großen Krise erahnen ließen, obwohl die Mehrzahl der Unternehmen durch Kostensenkungen und Rationalisierungen die Voraussetzungen profitabler Produktion geschaffen hatte, obwohl die Lohn- und Sozialkosten nicht zuletzt durch amtlich verordnete Tarifkürzungen und die Aufweichung des Schlichtungsrechtes 1932 auf einen Tiefstand gesunken waren, kam die Masse der deutschen Unternehmen angeschlagen aus der Krise. Eigenkapitalreserven waren verbraucht, in zahlreichen Fällen war der Staat Anteilseigner, ja Besitzer der Firmen geworden: Die Zukunftsaussichten waren alles andere als rosig, zumal in der Weltwirtschaftskrise die mühsamen Versuche zur Wiederherstellung einer funktionierenden weltwirtschaftlichen Arbeitsteilung durch die Abkehr vom Goldstandard und den grassierenden Protektionismus zahlreicher westlicher Länder zunichte gemacht worden waren.

Vermeintliche Chance des Nationalsozialismus

Im Winter 1932/33 sah es demnach nicht gut aus; der Wunsch und die Hoffnung vieler Unternehmen, eine handlungsfähige Regierung möge die Initiative übernehmen und die Rahmenbedingungen für eine erfolgreiche wirtschaftliche Entwicklung schaffen, erklärt sich vor diesem Hintergrund. Dem „Mitmachen“ im Nationalsozialismus lag bei der Masse der Großunternehmen keine eigentlich strategische Entscheidung zugrunde. Vielmehr ergriff man, von der Krise geschwächt und ermüdet, die vermeintliche Chance eines politisch verstärkten Aufschwungs. Dass, wie die Forschung eindrücklich gezeigt hat, nach und nach die Margen stiegen, war kein Entscheidungsmotiv, da diese „Verbesserungen" als Folge und nicht als Entscheidungsprämisse eintraten. Ihr verlässliches Steigen dürfte gleichwohl späterhin Zweifel an der Rüstungspolitik des Regimes beseitigt haben. Die Unterstützung des Regimes und die Nutzung der durch das Regime geschaffenen „Möglichkeiten" fiel folgerichtig dort besonders ausgeprägt aus, wo die Krise existenzbedrohende Ausmaße angenommen hatte: Die Geschichte der Dresdner Bank ist in dieser Hinsicht lehrreich. Dennoch war die Orientierung an den eigenen Interessen das Ausschlaggebende; selbst die Dresdner Bank und andere „regimenahe" Unternehmen, die sehr aktiv in der Ausnutzung der „Arisierungschancen", später in der Expansion in die besetzten Länder waren, suchten die eigene Unternehmenssubstanz zu stärken und die jeweiligen Handlungsmöglichkeiten zu vergrößern, freilich um den Preis der Beteiligung an Handlungen, die jeder Common-Sense-Moral, die man doch ansonsten hochhielt, Hohn sprach.

Rüstungsboom

Vom Rüstungsboom profitierten keineswegs alle Unternehmen. Im Gegenteil: Während in den kriegswichtigen Bereichen insbesondere der Investitionsgüterindustrie die Investitionen stark anstiegen, kann von einem vergleichbaren Aufschwung in der Konsum- und Verbrauchsgüterindustrie nicht gesprochen werden. Gleiches gilt für das Baugewerbe. Insgesamt erreichte die Investitionsquote nicht einmal das Niveau der guten Weimarer Jahre. Hauptprofiteure des Rüstungsbooms waren neben der I. G. Farbenindustrie AG, die seit 1933 über den Benzinvertrag an das Regime gebunden war und einen großen Teil des „Autarkieprogramms" zum Aufbau strategischer inländischer Rohstoffquellen trug, die Hersteller von Waffen und Waffensystemen sowie deren Zulieferindustrien. Der Flugzeugproduzent Junkers stieg nach seiner faktischen Verstaatlichung bis 1945 zum größten deutschen Industriekonzern auf. Messerschmidt und Heinkel erlebten eine ähnliche, wenn auch weniger groß dimensionierte Expansion. Die Automobilhersteller, allen voran Daimler-Benz, BMW, Opel und Ford profitierten von der starken Nachfrage nach Motoren und Transporttechnik. Siemens und die AEG waren zentraler Zulieferer für Waffen- und Nachrichtensysteme. Die nach dem Krieg untergegangene HASAG in Leipzig wurde als Unternehmen der Sprengmittelherstellung ein Großbetrieb. Die Liste der Beispiele ließe sich ohne Weiteres fortführen.

Entwicklung der Schwerindustrie

Interessant und bezeichnend ist hingegen die Entwicklung der Schwerindustrie, die vor 1914 den Ton angegeben hatte und auch in der Weimarer Zeit noch erheblichen Einfluss besaß. Sie partizipierte nur unterdurchschnittlich am Rüstungsboom: Das Ruhrgebiet war angesichts moderner Waffentechnik eben nicht mehr die „Rüstungsschmiede" des Reiches. Die Arbeitslosigkeit im Steinkohlenbergbau ging nur sehr zögerlich zurück; der Aufschwung der Eisen- und Stahlindustrie hinkte der allgemeinen Entwicklung hinterher. Als das Regime 1935 und 1936 den Aufbau neuer Kapazitäten in der Eisen- und Stahlindustrie zur Verhüttung der mageren einheimischen Eisenerze verlangte, weigerten sich die Stahlkonzerne der Ruhr, denen das gerade überwundene Problem der Überkapazitäten lebhaft vor Augen stand, neue Kapazitäten aufzubauen und die unwirtschaftliche Verhüttung deutscher Erze in Angriff zu nehmen. In der Konsequenz wurden die Erzfelder der Konzerne bei Salzgitter enteignet; das Regime begann mit den Reichswerken „Hermann Göring" einen eigenen schwerindustriellen Komplex auf die Beine zu stellen, der in den kommenden Jahren eine rabiate Expansionsstrategie verfolgte. Die rheinisch-westfälische Schwerindustrie tat sich aber nicht nur schwer mit der wirtschaftlich unsinnigen Verhüttung deutscher Raseneisenerze. Generell schmeckte den Konzernleitern der Wiedereinstieg in die Rüstungsproduktion und deren absehbare Dominanz wenig, da ihnen die Konversionsprobleme der Jahre nach 1918 deutlich in Erinnerung waren. Krupp beteiligte sich daher nur sehr zögerlich an der Wiederaufnahme der Rüstungsproduktion, was indes nicht als Widerstand interpretiert werden darf.

Unternehmen in der NS-Diktatur

Generell kann man das Verhalten der Unternehmen in der NS-Diktatur als den Versuch kennzeichnen, ihre ökonomische Eigenständigkeit zu erhalten und Zukunftschancen zu wahren. Nach den Erfahrungen der Weltwirtschaftskrise war man grundsätzlich zu pragmatischer Kooperation bereit, die jedoch die Überlebensfähigkeit der Unternehmen nicht gefährden durfte. Insofern war die Autarkie- und Rüstungspolitik des Regimes für die Masse der Unternehmen janusköpfig. Sie eröffnete Chancen, entwickelte aber eine Dynamik, die den Unternehmen mehr und mehr Handlungsspielräume nahm. Solange das Regime erfolgreich war, schienen diese Verluste an Handlungsmöglichkeiten hinnehmbar, auch wenn man jeweils massiv auf die Wahrung der eigenen Autonomie drängte.

Aufrechterhaltung ziviler Produktionslinien

Spätestens ab der Jahreswende 1942/43 wurde klar, dass das Regime in einer Katastrophe enden würde. Die ohnehin stets mitverfolgten, zum Teil hartnäckig gegen das Regime verteidigten Maßnahmen zur Aufrechterhaltung ziviler Produktionslinien und Marktzugangschancen sowie zur Sicherung einschlägiger Produktionsverfahren und einschlägigen Produktionswissens traten nun verstärkt in den Vordergrund. Dies hatte indes den paradoxen Effekt, dass gerade diese Maßnahmen eine Teilnahme an der Rüstungs- und Kriegswirtschaft voraussetzten. Ohne diese Teilnahme wären die Unternehmen vom Zugang zu Roh- und Hilfsstoffen, Vorprodukten, Investitionsmitteln und Arbeitskräften ausgeschlossen worden, die Ressourcen für eine spätere Wiederaufnahme der zivilen Produktion hätten gefehlt. Unter Umständen drohte gar die Schließung des Unternehmens in den sich im Kriegsverlauf häufenden Auskämmaktionen. Um das Ende der Rüstungs- und Kriegswirtschaft zu überleben, musste man also aktiv an ihr teilhaben.

VW und I. G. Farben

Die Geschichte von VW im Dritten Reich kann diese Konstellation illustrieren. Dem Unternehmen, das bei Kriegsausbruch nicht einmal annäherungsweise ausgebaut war, drohte der Entzug der Ressourcen und der Arbeitskräfte, der nur durch den Nachweis der eigenen Kriegswichtigkeit vermieden werden konnte. Die immer tiefer gehende Verstrickung des Unternehmens bis zur barbarischen Fernwaffenproduktion durch KZ-Häftlinge nahm im Bemühen ihren Anfang, durch Aufnahme einer kriegswichtigen Produktion der Schließung zu entgehen. Ähnlich ist die Geschichte der I. G. Farbenindustrie AG zu sehen, die sich zunächst, obwohl „verjudet“ und kosmopolitisch orientiert, vom Regime eine kostendeckende Auslastung ihrer Benzinsynthese garantieren ließ, um danach ein politisch motiviertes Geschäft nach dem anderen zu betreiben. Schließlich konnte man sich dem politischen Druck, eine weitere Synthesefabrikation (Buna IV) in „luftsicherer Lage“ zu bauen, nicht mehr entziehen, obgleich man sie aus wirtschaftlichen Gründen nicht wollte und auch den ins Auge gefassten Standort (Auschwitz) nur widerwillig akzeptierte.

Eingeschränkte Unternehmensautonomie

Generell beseitigte das NS-Regime zwar nicht die Unternehmensautonomie, schränkte aber die Möglichkeiten ihrer Nutzung drastisch ein. Nach und nach wurden die Märkte zwangsreguliert und die Unternehmensautonomie in Bezug auf alternative Produktions- und Absatzmöglichkeiten ausgehöhlt. Ohne Handlungsalternativen bestand die Unternehmensautonomie schließlich nur noch auf dem Papier. Dies bedeutete jedoch nicht, dass man im Rahmen der Rüstungs- und Kriegswirtschaft keine Handlungsspielräume besessen hätte. So ist heute zwar unstrittig, dass die seit 1941 zunehmende Zwangsarbeit in der Regel durch das Regime veranlasst war und den Betrieben, wollten sie rüstungswichtig bleiben, wenig Alternativen zur Arbeit von Ausländern und Kriegsgefangenen blieben. Wie man jedoch mit diesen Beschäftigten umging, wie das innerbetriebliche Klima war und wie die Vorgesetzten den Zwangsarbeitern gegenüber auftraten, war eine Folge freier Entscheidungen in den Unternehmen. So beachtete man etwa bei Daimler-Benz exakt die Vorschriften von Regime und SS – mit schlimmen Folgen für einen Teil

Zwangsarbeit

der Zwangsarbeiter, wohingegen die berühmte Siemens-Schnitte auch auf andere Möglichkeiten des Umgangs mit den zur Arbeit gezwungenen Menschen hinweist. Dabei zeigte sich, dass Zwangsarbeiter und Kriegsgefangene aus Westeuropa in der Regel vergleichsweise human und gleichberechtigt behandelt wurden. Dagegen verlangten nicht nur die Vorschriften gegenüber Ostarbeitern, russischen Kriegsgefangenen und schließlich Sklavenarbeitern aus Konzentrationslagern rigides Verhalten.

Unabhängig davon führte auch der alltägliche Rassismus vieler Vorgesetzter zu einer Brutalisierung im Umgang mit den Zwangsarbeitern. Dabei war die Zwangsarbeit im Übrigen nicht, wie man zeitweilig glaubte, besonders gewinnträchtig, da die Produktivität der erzwungenen Arbeit gewöhnlich niedriger als bei freiwilliger Arbeit lag. Der Hauptgrund für die Teilnahme der Unternehmen bestand in der oben erwähnten Tatsache, dass keine anderen Arbeitskräfte zur Verfügung standen und ohne Zwangsarbeit der überlebensnotwendige Status der Kriegswichtigkeit bedroht war.

Planen mit der Niederlage

Dieser Zusammenhang bedingte eine andere frappierende Widersprüchlichkeit. Seit 1943 begannen Unternehmen und ihre Verbände (i. e. die Gruppenorganisation der gewerblichen Wirtschaft) zunächst zaghaft, dann immer ausgeprägter mit einer deutschen Kriegsniederlage zu kalkulieren. Obwohl man offensichtlich davon ausging, dass Hitlers Krieg in einer Katastrophe enden würde, beteiligte man sich kaum am Widerstand gegen das Regime, sondern stützte es durch Teilnahme an der Kriegswirtschaft bis zum bitteren Ende.

Im Lichte der Funktionsweise der Wirtschaft jener Jahre erscheint dieses Verhalten allerdings nicht mehr so widersprüchlich, wie lange angenommen. Die DDR-Geschichtswissenschaft hatte das Unternehmensverhalten über das Motiv der imperialistischen Profitgier erklärt, konnte dann aber nicht plausibel machen, warum Unternehmen im Zweifel den eigenen Untergang bewusst herbeiführten.

Nachkriegsplanungen

Die zwischenzeitlich recht gut erforschten Nachkriegsplanungen der Verbände und einzelner Unternehmen zeigen hingegen ein anderes Bild: Während man sich weiterhin an der Rüstungswirtschaft beteiligte und erst die Gefolgschaft verweigerte, als Hitler mit den berüchtigten Nero-Befehlen die Vernichtung der Werksanlagen vor den heranziehenden Alliierten verlangte, betrieb man intern und gegen das Regime abgeschottet eine Erhebung von Bestand, Kriegszerstörungen und realen Möglichkeiten und überlegte, welche Maßnahmen unmittelbar nach Kriegsende zu ergreifen seien und welche wichtigen Weichenstellungen grundsätzlich den Wiederaufbau ermöglichen würden. Von den Sowjets versprach man sich nichts Gutes; die Hoffnungen ruhten auf den Amerikanern, sodass die Flucht bzw. Verlagerung von Unternehmen entsprechend von Ost nach West verlief. Die Planungen selbst, die sich vor allem mit Fragen des Schuldenabbaus, der Kompensation der Kriegsschäden, dem Ersatz für die nach Kriegsende ausbleibenden Rüstungsaufträge, der Frage des Zugangs zum Export sowie auch mit grundlegenden Problemen der zukünftigen Wirtschaftsordnung befassten, zeigten die ungeheure Fülle von Problemen, die auf die Unternehmen zukamen.

Einstimmung auf den Wiederaufbau

Ein Hauptproblem bestand in der, so befürchtete man, völlig verzerrten Struktur des Anlagekapitals, die wesentlich von den hohen Rüstungsinvestitionen der Jahre 1942 bis 1944 bestimmt war und nun die Gefahr riesiger Überkapazitäten barg. Angesichts des Kriegsverlaufs kamen die hier angestellten Überlegungen nicht zu definitiven Ergebnissen, zumal seit Jahresbeginn 1945 klar war, dass auf absehbare Zeit keine handlungsfähige deutsche Regierung als Ansprechpartner existieren würde. Ihr Wert lag daher nicht in der unmittelbaren Vorbereitung der Nachkriegszeit, sondern mehr in der mentalen Einstimmung auf die Probleme des Wiederaufbaus und – das ist nicht zu unterschätzen – in der Bildung von eng verbundenen Expertennetzen zwischen Unternehmen und Politik. Dass der „Chefplaner" der Reichsgruppe Industrie, Ludwig Erhard, schließlich Bundeswirtschaftsminister wurde, ist daher mehr als nur symbolisch zu sehen.

Kriegsende

Das Kriegsende 1945 traf die meisten deutschen Unternehmen nicht unvorbereitet, aber doch in ganz unterschiedlicher Weise. In Mitteldeutschland, der späteren Sowjetischen Besatzungszone (SBZ), gingen Ende 1945 die Unternehmenslichter aus, nachdem die sowjetischen Truppen in Berlin bereits den größten Teil des Anlagekapitals der dortigen Unternehmen direkt nach Kriegsende hatten abtransportieren lassen. In der SBZ folgten dann umfangreiche Reparationen sowie die Verschleppung zehntausender Arbeitskräfte. Die Verstaatlichung der Großunternehmen sowie die Durchsetzung planwirtschaftlicher Kompetenzen bei den neu geschaffenen Ländern und der zonalen Wirtschaftskommission beendeten schließlich zu Beginn der 1950er Jahre die Unternehmensgeschichte in diesem Gebiet, wenngleich noch einige verbleibende kleine Privatbetriebe bis zum Beginn der 1970er Jahre unter schikanösen Bedingungen geduldet wurden.

Westzonen

Die Unternehmen in den Westzonen trafen es besser, wie viele Unternehmensleiter und leitende Angestellte schon vor Kriegsende vermutet hatten, wodurch eine entsprechende Fluchtwelle aus der späteren SBZ ausgelöst wurde. Da sich in den Nachkriegsjahren rasch herausstellte, dass die entscheidende Ressource im Wiederaufbau die Verfügbarkeit von Humankapital war, mit dessen Hilfe zum Teil sogar der vollständige

Verlust von Anlagen und Gebäuden ausgeglichen werden konnte, ließen sich zudem viele mitteldeutsche Unternehmenstraditionen im Westen fortsetzen (Zeiss in Oberkochen etc.).

Prekäre Lage

Gleichwohl war auch die Lage der westdeutschen Unternehmen in den unmittelbaren Nachkriegsjahren prekär. Zahlreiche Großunternehmen (Eisen- und Stahlindustrie, Bergbau, I. G. Farbenindustrie AG, Flick, Berliner Großbanken bzw. deren westdeutsche Teile etc.) waren beschlagnahmt; ihre Zerschlagung stand auf der Tagesordnung. An eine Wiederaufnahme der Produktion war auch bei den nicht unmittelbar durch die Besatzungsmächte kontrollierten Unternehmen keineswegs zu denken. Alliierte Produktionserlaubnisse (Permits) wurden zum Teil verzögert und nur mit Auflagen erteilt; detaillierte Produktionsvorschriften wurden erlassen. Die Rohstoff- und Energieversorgung blieb unzureichend und verschlechterte sich 1946/47 weiter. Zugang zu den internationalen Märkten gab es nur in geringem Umfang und unter direkter alliierter Kontrolle. 1946 kamen Industriepläne und Demontagelisten hinzu, die nicht nur den Abbau von Rüstungskapazitäten, sondern ganze Industrien (Flugzeugbau, Synthese) betrafen und insgesamt eine Obergrenze der industriellen Produktion auf dem Niveau von 1932 vorsahen. Überdies verschärften die Besatzungsmächte die Einkommens- und Körperschaftssteuern prohibitiv. Die Briten liebäugelten gar mit einer Form von Sozialisierung, welche die Eigentumsverhältnisse dauerhaft ändern sollte. Viele Industrielle verloren zudem ihre einstmals leitenden Stellen, nicht wenige waren interniert und die Prominentesten von ihnen warteten wegen der vermeintlichen Unterstützung von Kriegsverbrechen auf ihren Prozess.

Währungsreform und Weststaatgründung

Wie katastrophal die Lage war, zeigte sich am deutlichsten daran, dass bis zur Währungsreform der Spielraum der erlaubten Produktion nicht einmal ausgeschöpft wurde. Mit deren Ankündigung und der damit verbundenen Weststaatgründung war allerdings zugleich eine Weichenstellung verbunden, die die Rahmenbedingungen der Unternehmensentwicklung geradezu schlagartig verbesserte. Da insbesondere die USA und in ihrem Gefolge auch viele westeuropäischen Staaten zu der Auffassung kamen, dass eine ökonomische Stabilisierung Westeuropas ohne die westlichen Besatzungszonen des untergegangenen Deutschen Reiches nicht möglich sein würde, änderte sich die restriktive Haltung und machte einer pragmatischen Politik der Wiederherstellung einer funktionierenden europäischen Arbeitsteilung Platz.

Rolle der Bundesregierung

In diesem Rahmen wurden die Spielräume für die westdeutschen Unternehmen größer, da sie gebraucht wurden. Vor allem jedoch war die neue Bundesregierung von entscheidender Bedeutung. Diese nutzte einerseits jeden nur erdenklichen Spielraum, um die wirtschaftliche Entwicklung anzukurbeln, ging 1948/9 im Sturmschritt zu einer liberalen Wirtschaftsordnung über und förderte die private Kapitalbildung massiv. Andererseits bemühte sie sich zäh, die gleichberechtigte Mitwirkung deutscher Unternehmen in der internationalen Arbeitsteilung zu ermöglichen und die Kriegsfolgenabwicklung insbesondere bei Demontagen und Entflechtungen zu begrenzen. Da die Beschränkungen zur Herstellung von Rüstungsgütern aber aufrechterhalten wurden, gewannen die Unternehmen der Bundesrepublik zu Beginn der 1950er Jahre sogar einen zusätzlichen Vorteil, weil sie für die starke internationale Nachfrage nach zivilen Konsum- und Gebrauchsgütern Kapazitäten frei hatten.

Wachstum westdeutscher Unternehmen

Die 1950er Jahre sahen entsprechend ein stürmisches Wachstum fast aller westdeutschen Unternehmen, das sich ganz in den gewohnten Bahnen der vorherigen technischen Produktionsentscheidungen bewegte. Dabei verlief der Wachstumsprozess ganz unterschiedlich. Die einstigen Pioniere aus der Schwerindustrie fielen rasch zurück: Der Ruhrbergbau geriet 1958 in eine Strukturkrise, von der er sich nicht mehr erholte. Die Eisen- und Stahlindustrie hielt sich besser, doch auch hier begann die Schrumpfung in den 1960er Jahren. Die chemische Industrie wies im Bereich der chemischen Grundprodukte ein hohes Wachstum auf, Kunstfasern und besonders Kunststoffe waren ein Renner. Allerdings verlangte die Konkurrenz auf den Weltmärkten eine Umstellung der Chemie von Kohle auf Öl, die aufgrund der vorgegebenen technologischen Produktionskapazitäten und -systeme erst Ende der 1950er Jahre gelang.

Pharmaindustrie

Im Bereich der Pharmaindustrie verpasste Deutschland den Anschluss endgültig. Schering war die Ausnahme, die die Regel bestätigte. Die Pharmabranchen von Bayer und Hoechst, bis 1945 ganz auf Chemotherapie fixiert, standen angesichts der neuen biochemischen Ausrichtung der Pharmazie (Penizillin) in den 1950er Jahren im Abseits. Sie mussten sich mit Lizenzproduktionen über Wasser halten, bis man erst in der zweiten Hälfte der 1960er Jahre, und dann auch nur zeitweilig wieder Anschluss fand. Da die Chemie boomte, schien die latente Krise der Pharmazie verkraftbar. Die Investitionsgüterindustrie gehörte insgesamt zu den Gewinnern der Wiederaufbaujahre, allen voran Siemens, die AEG, aber ebenfalls die Maschinenbauer sowie zugewanderte Unternehmen wie Carl Zeiss.

Automobilbranche

Die überragende Erfolgsgeschichte der Nachkriegsjahre jedoch schrieb die Automobilbranche, namentlich VW. Mit dem Käfer brach man in den 1950er und 1960er Jahren nicht nur alle Produktionsrekorde: Das Unternehmen wurde zum Inbegriff des Wirtschaftswunders und, da das Auto sich als ein Exportschlager Nummer 1 erwies, zum international sichtbaren Symbol des Nachkriegserfolges der westdeutschen Wirtschaft.

Entflechtung

In den 1960er Jahren waren auch die Kriegsfolgen beseitigt. Die Demontagen wurden bereits 1949 eingestellt, die Entflechtung kam 1952 mit der Gründung von zahlreichen Nachfolgegesellschaften für die I. G. Farbenindustrie AG (Bayer, BASF und Hoechst), für die ehemaligen Berliner Großbanken und die Schwerindustrie des Ruhrgebietes zum Abschluss, ohne dass die Alliierten eine Reverflechtung der zerschlagenen Unternehmen mit wirksamen Maßnahmen zu behindern suchten. Zu Beginn der 1960er Jahre waren die alten Konzernstrukturen dort wiederhergestellt, wo es wirtschaftlich vernünftig erschien. In der Chemie blieb es bei der dauerhaften Trennung. Auch in der Schwerindustrie wurden die alten Konzentrationsgrade der Vorkriegszeit nicht wieder erreicht, doch gelang es Thyssen, einen Großteil der alten Vereinigten Stahlwerke zu reintegrieren. Die Banken indessen hatten nie einen Hehl daraus gemacht, dass sie die Regionalisierung ihrer Institute für finanzwirtschaftlichen Unfug hielten. Sie betrieben gezielt ihre Wiederherstellung, nun nicht mehr in Berlin, sondern in Frankfurt (Dresdner und Deutsche Bank) und zunächst Düsseldorf (Commerzbank).

Rückkehr zur traditionellen Struktur

Mitte der 1960er Jahre wies die deutsche Unternehmenslandschaft wieder ihre traditionelle, seit den 1870er Jahren gewachsene Struktur auf, wobei das Gewicht der Schwerindustrie verringert und das der Investitions- und Gebrauchsgüterindustrie gestiegen war. Neben einer großen Anzahl kleiner und mittlerer Unternehmen existierte weiterhin eine großindustrielle Unternehmenslandschaft, in der zwar Kapitalgesellschaften den Ton angaben, die aber nicht eigentlich durch den Kapitalmarkt kontrolliert wurden.

Der Boom der Nachkriegszeit war (wie der Boom des Wilhelminismus) von den Unternehmen zu großen Teilen aus thesaurierten Gewinnen finanziert worden. Die Beziehungen zu den Kreditinstituten waren eng: Die Banken sahen ihr Engagement unter strategischen Gesichtspunkten, so dass sie ihren Einfluss aus eigenem Aktienbesitz und dem Depotstimmrecht in der Regel an die langfristigen Erfolgschancen der Unternehmen banden. Der Kapitalmarkt und besonders die Börse spielten im Vergleich zu diesen dauerhaften Kreuzverflechtungen von Industrieunternehmen, Banken und Versicherungen eine relativ geringe Rolle.

Für die Expansion der Unternehmen entlang ihrer klassischen Produktlinien war diese Konstellation nicht ungünstig, zumal sie eine Art Stake-Holder-Kapitalismus ermöglichte, in den auch die Beschäftigten durch die Gewerkschaften und die Mitbestimmung eingebunden wurden. So gelang es, die Produktions-, insbesondere jedoch die Lohnstückkosten relativ niedrig zu halten und der hohen Nachfrage der internationalen Märkte durch Ausbau der Kapazitäten entsprechend der vorhandenen Linien ohne Inflationsdruck nachzukommen.

Ende des Erfolgs

Ende der 1960er Jahre war das Ende des Erfolgs absehbar. Die internationalen Marktstrukturen gerieten ins Wanken, die Expansionsdynamik der Nachkriegszeit verflog und neue ausländische Konkurrenten drängten auf die Märkte für Massenprodukte. Sinkende Zuwachsraten und erste Unternehmenskrisen – VW, Krupp sowie AEG, um nur einige zu nennen – deuteten darauf hin, dass sich die Zeiten änderten. Damit war klar, dass die Organisationsstrukturen, die die deutschen Unternehmen die letzten hundert Jahre getragen hatten, in die Diskussion kommen würden.

Die organisatorische Entwicklung der Unternehmen

Structure follows strategy

„Structure follows strategy." Dieser einfache Satz aus der Feder von Alfred D. Chandler ist zu einer Art Glaubensgewissheit der Unternehmensforschung geworden. Da in historischen Momenten die Akteure in der Regel gleichzeitig über Strategie und Organisationsstruktur entscheiden, teilweise diese Entscheidungen sogar in eins fallen, besitzt der Satz Chandlers eine theoretische Klarheit, die ihm praktisch jedoch nicht zukommt. Auch unterschätzt Chandler die Unsicherheit der Entscheidungssituation: Wie man sich entschieden hat, weiß man erst, wenn man sich entschieden hat. Das Ungewissheitsproblem ist zentral: Keine Unternehmensleitung weiß im Normalfall, ob ihre Entscheidungen schließlich strategische Bedeutung erlangen, da dies immer erst im Nachhinein beurteilt werden kann. Jede „strategische" Entscheidung verlangt von Anfang an nach organisatorischen Entsprechungen, die zeitgleich unter Ungewissheit durchgeführt werden müssen.

Verbürokratisierung

Die organisatorische Ausdifferenzierung der Unternehmen in Deutschland seit den 1870er Jahren kann man daher nicht als Folge strategischer Entscheidungen ansehen: Vielmehr führten wirtschaftliche und organisatorische Entscheidungen zusammen zur Konstituierung des spezifischen Wachstumspfades, den die Mehrzahl der deutschen Großunternehmen seit den 1870er Jahren einschlug. Die organisatorischen Entscheidungen wurden dabei prägend für die Entwicklung der deutschen Großunternehmen in den kommenden einhundert Jahren. Wegen der starken Expansion der Unternehmensverwaltungen und ihrer funktionalen Ausdifferenzierung hat man mit kritischem Unterton von der Verbürokratisierung der deutschen Wirtschaft gesprochen. Dieser kritische Blick erweist sich bei genauerem Hinsehen als unscharf:

Die Ausdifferenzierung einer bürokratischen Organisationsstruktur war die zwangsläufige Voraussetzung und Folge des wirtschaftlichen Expansionsmusters; die Übernahme alternativer, weniger bürokratischer Organisationsmodelle bot sich weder an, noch hätten sie eine reibungslosere Entwicklung der Unternehmen garantiert. Ganz abgesehen davon waren deutsche Unternehmen nicht mehr, sondern vor allem anders „bürokratisiert" als ihre ausländischen Konkurrenten. Dass deutsche Unternehmer nicht aus ideologischen Gründen zur Bürokratie neigten, zeigt sich darin, dass die große Masse der kleinen und mittleren Unternehmen keineswegs derartige Tendenzen aufwies. Klar ist mithin, dass die Bürokratisierung der Unternehmensverwaltung koevolutiv zur Unternehmensexpansion erfolgte, ja sie überhaupt erst ermöglichte, während kleine und mittlere Unternehmen an ihren bisherigen, weniger umfangreichen Leitungsstrukturen festhielten. Was waren nun die Ecksteine der Ausdifferenzierung der Unternehmensorganisation nach 1870?

Governance Structure

Zunächst änderte sich das, was heute als Governance Structure bezeichnet wird. Die Unternehmen der Zeit vor 1870/80 hatten eine Leitungsstruktur, in der Eigentum und Kontrolle in der Regel noch nicht voneinander getrennt waren. Erst einige Aktiengesellschaften hatten angestellte Unternehmensleiter (Manager), die alleine und verantwortlich das Geschäft führten. Im Normalfall kontrollierten die Gründer- und Geldgeberfamilien die Unternehmen und nahmen direkt an deren Führung teil. Die starke Expansion und der wachsende Kapitalbedarf zwangen mehr und mehr Unternehmen in die Rechtsform der Aktiengesellschaft (bzw. der bergrechtlichen Gesellschaft) oder nötigten zur vermehrten Aufnahme von Fremdkapital.

Trennung von Aufsicht und Kontrolle

Die Zunahme des Streubesitzes an Aktien, die bei Kapitalerhöhungen erfolgte, lockerte zwangsläufig das Verhältnis von Eigentum und Kontrolle; die aktienrechtlichen Vorschriften nach dem Gründerkrach verlangten zudem eine Trennung von Aufsicht und Kontrolle. Zwar hielt sich der Aufsichtsrat, in dem in der Regel die großen Eigentümer- und Gründerfamilien neben den Vertretern der Banken persönlich vertreten waren, nicht aus der täglichen Geschäftspolitik heraus, doch erhielten die Direktoren mehr und mehr Handlungsautonomie. Zwischen den 1880er und den 1930er Jahren etablierte sich auf diese Weise eine Leitungsstruktur, in der Vorstand und Aufsichtsrat gemeinsam die Grundlinien der Geschäftspolitik festlegten. Von den Investitionsentscheidungen bis hin zur Personalpolitik gab es Ausschüsse, in denen teilweise Vertreter sowohl des Aufsichtsrates wie des Vorstandes gemeinsam die anstehenden Fragen entschieden.

Nachteile unklarer Arbeitsteilung

Nach der Gründung der I. G. Farbenindustrie AG und der Vereinigten Stahlwerke zeigten sich allerdings die Nachteile dieser unklaren Arbeitsteilung deutlich. So waren die einschlägigen Gremien zu groß und zu unübersichtlich geworden. Dementsprechend mussten neue Entscheidungsgremien gebildet werden, die im Gesetz gar nicht existierten, wie beispielsweise der Zentralausschuss der I. G. Farben. Aufsichtsrat und Vorstand der Vereinigten Stahlwerke hatten bis 1934 zusammen mehr als 100 Mitglieder; ähnlich lagen die Dinge zunächst bei der I. G. Farben. Erst das Aktiengesetz von 1937 beseitigte diese unklare Struktur.

Familiärer Einfluss

In den Vorständen bzw. Direktionen saßen in den 1880er Jahren entsprechend der Eigentumsverhältnisse nicht selten Angehörige der Gründer- bzw. Eigentümerfamilien. Die unklare Arbeitsteilung zwischen Aufsichtsrat und Vorstand wurde also durch deren personelle Zusammensetzung nur verstärkt, zumal es zulässig war, dass Vorstandsmitglieder auch im Aufsichtsrat saßen. Im Laufe der Zeit aber ging die Anzahl der Angehörigen von Gründer- und Eigentümerfamilien sowohl in den Vorständen als auch in den Aufsichtsräten zurück, da mit der Zunahme des Streubesitzes einerseits die Bedeutung einzelner Aktionäre sank, andererseits die Unternehmen mehr und mehr professionalisierte Karrierestrukturen favorisierten und entsprechende Karrierewege institutionalisierten. Zwar blieb in manchen Unternehmen der familiäre Einfluss lange bestimmend (Siemens zum Beispiel; im Falle Krupps sollte mit dem Kruppgesetz aus den 1940er Jahren der Familienbesitz und -einfluss verewigt werden), jedoch verschwanden die familiären Momente zunehmend aus der Unternehmensleitung. In den 1920er Jahren etwa spielten die Gründerfamilien in den Vorständen der I. G.-Gründerunternehmen keine Rolle mehr; auch in den Aufsichtsräten besaßen sie kein entscheidendes Gewicht, und mit der Gründung der Vereinigten Stahlwerke verlor die Thyssen-Familie in der Stahlindustrie ebenfalls ihren unmittelbaren Einfluss.

Manager

Prägend für die deutsche Unternehmensentwicklung nach 1880 wurden hingegen angestellte Unternehmensleiter, für die sich seit den 1950er Jahren der Begriff „Manager“ einbürgerte: Männer, denn es waren durchweg solche, wie Emil Kirdorf (Gelsenkirchener Bergwerks AG), Emil und Walther Rathenau (AEG), Carl Duisberg (Bayer), Carl Bosch (I. G. Farben), Albert Vögler (Deutsch-Lux, Stinnes, Vereinigte Stahlwerke), Paul Reusch (GHH), Albert Ballin (HAPAG), Hugo Stinnes (Stinnes, Rheinelbe), Wilhelm und Richard Merton (Metallgesellschaft), Georg von Siemens, Arthur von Gwinner (Deutsche Bank) und andere wurden zum Inbegriff dieser Garde von Generaldirektoren oder Wirtschaftskapitänen, die große Kapitalgesellschaften leiteten, selbst aber keine

Kapitalisten im Wortsinne mehr waren. Der Nationalsozialismus brachte wegen der mit ihm verbundenen hohen Fluktuation von Führungskräften zudem einen weiteren Schub der personalen Entflechtung.

Entzerrung der Geschäftsleitung

In den 1950er und den 1960er Jahren war daher klar, dass der Vorstand das operative Geschäft in eigener Verantwortung leitete und die strategischen Entscheidungen zwar durch den Aufsichtsrat genehmigt werden mussten, von diesem jedoch keineswegs erwartet wurden. Das vormals unübersichtliche Verhältnis von Aufsichtsrat und Vorstand war nun entzerrt, was allerdings keine Entfremdung zwischen diesen Gremien nach sich zog. Beide begriffen sich vielmehr als Stake-Holder des Unternehmens, wobei es das Ziel des Aufsichtsrates war, der Direktion möglichst günstige Arbeitsbedingungen zu schaffen.

Corporate Governance

Das deutsche Modell der „Corporate Governance", in dem die Vertreter der Eigentümer weniger an (spekulativen) Steigerungen des Unternehmenswertes (vulgo: des Börsenkurses) als vielmehr an dessen langfristig stabiler Entwicklung interessiert waren, die Vorstände entsprechend einsetzten und ihnen den Rücken freihielten, entstand mithin aus den spezifischen Problemen des Gründerkrachs und des dort akut werdenden Anlegerschutzes und behauptete sich zumindest bis zum Ende der 1960er Jahre. Seine Funktionalität bestand aber nicht nur in der gleichzeitigen Arbeitsteilung und engen Kooperation von Aufsichtsrat und Vorstand, sondern ebenso in der „Bürokratisierung" der großen Unternehmen, die mit dem Übergang zur professionalisierten Unternehmensleitung einen entscheidenden Schub erfuhr.

Differenzierungs- und Bürokratisierungsschub

Mit der Trennung von Eigentum/Kontrolle und Leitung vollzog sich zugleich ein Differenzierungs- und Bürokratisierungsschub in der inneren Organisation großer Unternehmen. Den letzten Schritt zur „Entmachtung" der autokratischen Eigentümer hatte ja nicht selten die unklare Finanzlage, die undurchsichtige Kostenstruktur innerhalb der Unternehmen sowie das berechtigte Interesse der Gläubiger/Aktionäre an einer transparenten Geschäftspolitik veranlasst. Die rudimentäre Finanzbuchhaltung und Kostenrechnung der frühen Jahre hatte eine derartige Transparenz verhindert. Alfred Krupp beispielsweise dürfte die Kosten in seinem Unternehmen kaum gekannt haben und konnte dessen Rentabilität daher auch nicht beurteilen. Sein Expansionskurs hatte in der wirtschaftlichen Lage des Unternehmens schließlich keine Basis mehr, was zu seiner faktischen Entmachtung führte.

Fabrikkontore

Der Ausbau der „Unternehmensbürokratie" seit den 1870er Jahren hatte daher in diesem Bereich einen Schwerpunkt. Es entstanden bzw. expandierten die sog. Fabrikkontore. Hier wurden die Zahlungsströme im Unternehmen aufgelistet, gebündelt und summiert, so dass Kosten,

Erlöse und Kassenhaltung sowie das entsprechende Verhalten gegenüber den Banken, bei denen Giroverkehr betrieben wurde und Kreditlinien bestanden, rational beurteilt werden konnte. Man darf indes diese betriebswirtschaftlichen Vorgänge nicht mit einer effektiven Kostenkontrolle gleichsetzen. In den Fabrikkontoren wurden die Zahlungsströme zusammengefasst, doch keinesfalls deren Angemessenheit genau geprüft. Bestenfalls der gesunde Menschenverstand kam hier zum Einsatz. So ließen sich zwar die Preise für Rohstoffe und Vorprodukte, die extern bezogen wurden, exakt benennen sowie die Kosten von Bau- und Anlageinvestitionen kalkulieren, aber die intern entstehenden Kosten blieben für die meisten Unternehmen vor 1914 ein Buch mit sieben Siegeln.

Lohnkosten

Als Beispiel seien die Lohnkosten herangezogen: In der chemischen Großindustrie wurden die Löhne durch die Meister festgesetzt. Es gab einige allgemeine Richtlinien und Budgetbeschränkungen, doch innerhalb dieser Vorgaben nahmen die Meister die Einstellungen und Entlassungen vor, entschieden über die individuelle Lohnhöhe und über die in der Chemie zahlreichen Zuschläge. Im Ergebnis kannte die Werksleitung die Gesamtkosten, konnte diese allerdings nicht so auf den Produktionsprozess aufteilen, dass er unter Kostengesichtspunkten planbar wurde. Ganz ähnlich erging es den Forschungsabteilungen, die im Rahmen fester Budgets im Grunde tun konnten, was sie wollten. Der Forschungsleiter berichtete jährlich, war aber ansonsten Herr im Labor. Da vor 1914 die Margen hoch und die Ergebnisse in der Regel günstig waren, wurde diese intern sehr unzureichende Kontrolle meist toleriert.

Kostenkontrolle im Bergbau

In Bereichen wie dem Kohlenbergbau, in dem die Lohnkosten einen extrem hohen Anteil an den Gesamtkosten hatten und die Margen wegen der Konjunkturabhängigkeit der Branche und der Konkurrenz stärker schwankten, war die Kostenkontrolle härter. Zwar war auch im Bergbau eine kostenorientierte Überprüfung der Arbeitsabläufe nicht möglich, doch sorgte hier ein rigider Stückakkord (Gedinge) für die gewünschten Ergebnisse.

In kleineren und mittleren Betrieben waren die Verhältnisse transparenter, da die Leitungsebene hier noch nahe am eigentlichen Produktionsprozess war. Insgesamt wurde die interne Buchhaltung vor 1914 zwar ausgebaut und erleichterte nunmehr eine Beobachtung der Zahlungsströme im Unternehmen und mit den Märkten; eine wirkliche Kostenrechnung, die diesen Namen verdient hätte, gab es jedoch faktisch noch nicht.

Kostendisziplin

Nach dem Ersten Weltkrieg erzwang die wirtschaftliche Lage einen Sparkurs in den Unternehmen, der nur über eine große Kostendisziplin durchsetzbar war. Zugleich war das betriebswirtschaftliche Wissen für die

Neuorganisation der Unternehmen unter Kostengesichtspunkten gewachsen. Die sog. Rationalisierung der 1920er Jahre war häufig nichts anderes, als eben diese Neuorganisation der Produktionsprozesse. Hierbei half einerseits der technische Fortschritt: Das Fließband wurde zum Inbegriff der Rationalität. Andererseits erlaubten neue betriebswirtschaftliche Methoden sowie arbeitswissenschaftliche Erkenntnisse eine Durchforstung der Lohnsysteme und Arbeitsabläufe.

Arbeitsbüros

Das Fließband, dessen technische Verwendbarkeit beschränkt war, bekam in der wissenschaftlichen Arbeitsorganisation und dem Akkordsystem eine sehr viel weiter verbreitete Ergänzung. Bei den Fabrikkontoren wurden Arbeitsbüros eingerichtet und mit einschlägig ausgebildeten Ingenieuren besetzt, deren Aufgabe in der Neuorganisation der Arbeit und der Lohnsysteme bestand, um die Arbeiter über ausgeklügelte Lohnanreize zu erhöhten Leistungen zu zwingen.

Fortschritte der Arbeitsorganisation

So umstritten die technische Rationalisierung auch war, wurden im Bereich der Arbeitsorganisation und der entsprechenden Kostenkontrolle in den 1920er und den 1930er Jahren entscheidende Fortschritte gemacht. Hatte man bei Bayer zum Ende des Ersten Weltkrieges feststellen müssen, dass die Werksleitung selbst das eigene Lohnsystem nicht mehr begriff, war auf dem Höhepunkt der Weltwirtschaftskrise die Durchsetzung neuer Lohnsysteme und damit eine effiziente Kontrolle der Arbeitsabläufe in weiten Bereichen Realität. Das beim Fabrikkontor, das heißt bei der zentralen Buchhaltung, eingerichtete Arbeitsbüro war erfolgreich, auch wenn die Arbeiter die Refa-Ingenieure hassten, und die Chemiker ebenfalls nicht wollten, dass „diese Herren“ in der chemischen Produktion selbst eine Rolle spielten.

Der Nationalsozialismus sorgte dafür, dass die vornehmlich in den Großunternehmen durchgesetzten neuen Systeme der Arbeitsorganisation und der Kostenkontrolle breite Anwendung fanden. Das 1942 neu eingeführte Lohnsystem der Metallindustrie wurde geradezu zu einem Meilenstein der kostenmäßigen Durchdringung der Arbeitsprozesse. Die hier gelegten Grundlagen wurden in den 1950er und 1960er Jahren fortgeführt und den neuen technischen Bedingungen angepasst.

Leitungsstrukturen und Hierarchieebenen

Die Durchdringung der Arbeits- und der Produktionsprozesse und damit die Verbesserung der Informationsgewinnung war der wesentliche Bestandteil des internen Bürokratisierungsprozesses der Unternehmen. Neben der entstehenden und immer weiter verbesserten Kostenkontrolle spielten dabei die Leitungsstrukturen und die Hierarchieebenen eine wichtige Rolle. Die verschiedenen Produktionsprozesse waren in der Regel linienförmig organisiert; das war die naheliegende Form, in der die Gründerunternehmer ihre Geschäfte geführt hatten. Seit den 1870er

Jahren aber wurde die Linienorganisation ausdifferenziert, und zwar sowohl durch eine funktionale Differenzierung der Unternehmensleitung (kollektive Leitung durch einen Generaldirektor und andere Direktoren, die ihre jeweiligen Bereiche in der Linie leiteten) als auch durch Differenzierungen in der Linie (Direktor, Abteilungsleiter, Werkmeister, Vorarbeiter, Arbeiter). Bei Einproduktbetrieben wie dem Bergbau bereitete diese Struktur keine Probleme; umfassten Unternehmen hingegen mehrere Produktionsstufen sowie Energie- und Versorgungsbetriebe, wurde das Liniensystem trotz seiner scheinbaren Klarheit schnell undurchsichtig.

Reintegration der Linien

Bei Bayer in Leverkusen gab es neben den Farbstoffbetrieben die Vor- und Zwischenproduktabteilungen sowie die Handwerks- und die Energiebetriebe, die jeweils in der Linie geführt wurden. Die notwendige Reintegration der Linien wurde durch Konferenzen der Abteilungsleiter und durch für bestimmte Fragen gebildete Ausschüsse gewährleistet, ergänzt um Handbücher, in denen Direktoren, Abteilungsleiter und Werkmeister zum Teil detaillierte Hinweise für die Steuerung der betrieblichen Abläufe, für Formen und Inhalte der Kooperation sowie für das Verhalten untereinander erhielten.

Linien in der Schwerindustrie

Dieses wesentlich durch Carl Duisberg bestimmte „technokratische" System, das zudem Schriftlichkeit für jede Form der Kommunikation verlangte, fand man in anderen Unternehmen weniger ausgeprägt. Faktisch war es in allen komplexen Unternehmen wie etwa Siemens, der AEG oder im Bereich der Metallverarbeitung ähnlich. In den großen Unternehmen der Schwerindustrie dominierte ebenfalls die Linie, jedoch war deren Ausdifferenzierung und technokratische Reintegration bei weitem nicht so ausgeprägt. Statt Schriftlichkeit herrschte hier zumeist das gesprochene Wort. Feste Konferenzen gab es kaum, zumal jeder Bergassessor oder Hüttendirektor davon ausging, selbst über alle technischen Kompetenzen zu verfügen, um den Produktionsprozess überschauen und beherrschen zu können. Diese Einstellung fand sich in den Spitzen der Chemie oder der Elektroindustrie nicht. Entsprechend war die Ausdifferenzierung der Linie im Montansektor durch eine „autoritäre" Reintegration gekennzeichnet: im Bergbau ging es vom Zechendirektor über den Betriebsleiter und Grubeninspektor zum Fahrsteiger, der noch über Tage saß, und dann unter Tage über die Reviersteiger hin zu den Kameradschaften. Auch hier dominierte der mündliche Stil des Befehls und der Anweisung.

Meisterebene

Die Verantwortung in der Linie war geteilt. Die Hauptlast der Arbeits- und Produktionsorganisation lag in den Industrieunternehmen vor 1914 auf der Meisterebene, die als Scharnier zwischen Management und Belegschaft fungierte. Sie musste deren jeweilige Vorstellungen und

Interessen ins Gleichgewicht bringen: Zu scharfe Vorgaben waren ebenso abzumildern wie zu langsames Arbeiten zu sanktionieren war. Im Ersten Weltkrieg wurde die Rolle der Meister entscheidend geschwächt, da es ihnen nicht mehr gelang, einen Ausgleich zwischen den Forderungen der Werksleitungen und dem Aufbegehren der unter Mangel und langen Arbeitszeiten leidenden Arbeiterschaft herzustellen. Zwar wurde nach dem Krieg mangels Alternative an der Linienorganisation unverändert festgehalten, die Produktionsorganisation jedoch auf „wissenschaftliche Füße" gestellt und das subjektive Element der „Meisterwirtschaft" sukzessive zurückgedrängt.

Funktionsmeister

Verstärkt wurde diese Tendenz der „Objektivierung" der Leitungsstrukturen durch die Praxis des 1920 verabschiedeten Betriebsrätegesetzes, das die Werksleitungen in den nunmehr formalisierten Aushandlungsprozessen zum Verzicht auf Willkür zugunsten „rationaler" Methoden brachte. In der Praxis verlief diese Verdrängung unterschiedlich: In der Chemie ging die Bedeutung der Meister deutlich zurück; in anderen Bereichen (Eisen- und Stahlindustrie, Metallverarbeitung) konnte sie sich gut halten, erfuhr allerdings selbst funktionale Differenzierungsprozesse entsprechend der technischen Änderungen des Produktionsprozesses. Der allzuständige Meister machte mehr und mehr dem Funktionsmeister Platz, der für bestimmte Tätigkeiten Verantwortung und Führung in seiner Person vereinte. Das endgültige Aus der in der Linie über die Meister und Vorgesetzten organisierten Produktion brachten erst die Prozesse der Automatisierung der Produktion in den 1960er Jahren: immer mehr Teile der Produktion verliefen jetzt in geschlossenen, parametergesteuerten automatischen Prozessen ab; die Kombination einfacher oder komplizierterer manueller Arbeit durch unmittelbar beteiligte Vorgesetzte (Meister) verschwand. Die Zahl der unmittelbaren Produktionsarbeiter ging mehr und mehr zurück, die Anlagentechniker traten in den Vordergrund. Die alte Welt der Industriearbeit verschwand.

Organisation von Produktionsprozessen

Mit dem Größenwachstum der Unternehmen stellten sich aber nicht nur Probleme der Leitung, der Buchhaltung und Kostenkontrolle sowie der Organisation von Produktionsprozessen und Arbeitsabläufen. Die starken technischen Änderungen und die sich verschärfende Weltmarktkonkurrenz in den letzten Jahrzehnten des 19. Jahrhunderts konfrontierten die Unternehmen, insbesondere in der chemischen, der feinmechanischen und der elektrotechnischen Industrie, mit der Frage der Organisation von Innovationsprozessen: Sollten die Unternehmen auf Neuerungen warten, diese dann kaufen und in Produkte umsetzen oder sollte man von sich aus gezielt die produktbezogene Forschung vorantreiben?

Forschungslabore und Versuchswerkstätten

Die deutschen Unternehmen dieser Branchen entschieden sich, wenn auch in unterschiedlicher Form, für Letzteres. Seit den 1870er Jahren wurden firmeninterne Forschungslabore und Versuchswerkstätten eingerichtet, akademisch qualifiziertes Forschungspersonal rekrutiert und in großem Rahmen Forschungsinfrastrukturen (Bibliotheken, Nachwuchsausbildung etc.) aufgebaut, so dass die Unternehmen bald zu regelrechten Patentschmieden wurden. Den deutschen Unternehmen kam dabei der Ausbau der naturwissenschaftlichen und technischen Universitätsinstitute entgegen, der bereits in der ersten Hälfte des 19. Jahrhunderts begonnen hatte und die Gewinnung qualifizierten Personals erleichterte. Hier ergaben sich enge Kooperationsmöglichkeiten, die etwa im Falle der Farbwerke Hoechst systematisch genutzt wurden, während Bayer zwar das Personal an den Universitäten rekrutierte, ansonsten jedoch firmeninterne Entwicklungen favorisierte. Enge Symbiosen mit einzelnen Universitäten oder Universitätsinstituten blieben dennoch keineswegs auf Hoechst beschränkt. Ähnliches vollzog sich zwischen der Universität Jena und Carl Zeiss oder in Berlin zwischen den dortigen Elektrounternehmen bzw. Maschinenbauern und der TU Charlottenburg, um nur einige weitere Beispiele zu nennen.

Grundlagenforschung

Durch die Einrichtung von Forschungs- und Entwicklungsabteilungen wurde die vorhandene funktional differenzierte und spezifisch reintegrierte Linienorganisation stabsförmig ergänzt. Da die einzelnen Produktionsabteilungen in der Regel zu kleine Mengen bzw. zu geringe Serien, teilweise gar Einzelstücke und Sonderanfertigungen produzierten, wurden die Forschungs- und Entwicklungseinrichtungen nicht bei den einzelnen Produktionen, sondern zentral angelegt. In den zentralen Forschungslaboren erfolgte dann die entsprechende Forschung für die einzelnen Unternehmensbereiche. Hier betrieb man aber auch – den deutschen Universitätsgepflogenheiten entsprechend – Grundlagenforschung, von der man sich eine allgemeine Verbesserung der eigenen Innovationsfähigkeit versprach. Dass in der deutschen Chemie Nobelpreise erworben wurden, war insofern keine große Überraschung.

Vertriebs-/Verkaufsabteilungen

Mit der Gründung von Forschungs- und Entwicklungsabteilungen als zentralen Stäben war es jedoch nicht getan. Mehr und mehr drängte auch das Problem des Absatzes in den Vordergrund. Da indes im deutschen Fall die Großserienproduktion für homogene Märkte anders als in Nordamerika nicht als Produktionsform dominierte, entstanden keine Marketingabteilungen im eigentlichen Sinne. Vielmehr wurde relativ produktnah über Möglichkeiten der Kundenbetreuung nachgedacht, sei es über die Pflege der Kontakte zu den Apothekern, zu denen die chemisch-pharmazeutische Industrie zunächst in direkter Konkurrenz stand, sei es durch die Einrichtung von Servicebüros, die den Kunden bei Kauf und Nutzung der entsprechenden Produkte halfen. Es entstanden mithin Vertriebsabteilungen/Verkaufsabteilungen, die im Laufe der Zeit ihre eigenen, regional ganz unterschiedlichen Vertriebswege schufen, vor allem eben über die Einrichtung von Servicebüros (z. B. Technische Büros im Falle Siemens).

Zunahme des Büropersonals

Durch die Ausdifferenzierung der Linienorganisation einerseits, durch das starke Wachstum der zentralen Stabsabteilungen andererseits (Buchhaltung, Kostenkontrolle, Finanzen, Forschung, Entwicklung, Beschaffung, Absatz und Vertrieb, betriebliche Sozialpolitik) wuchs die Zahl der Arbeitsplätze für Angestellte überproportional rasch. Diese nannten sich zunächst – in Anlehnung an den öffentlichen Dienst – Privatbeamte und waren gegenüber der Arbeiterschaft in verschiedener Hinsicht bessergestellt. Mit der starken Zunahme des Büropersonals verwischten sich die Unterschiede in materieller Hinsicht mehr und mehr; eine weibliche Schreibkraft stand nicht besser da als ein Arbeiter, eher schlechter. Gleichwohl bedingte die funktionale Ausdifferenzierung der Unternehmensbürokratie auch eine soziale Heterogenisierung der Belegschaften. Die Unternehmen, insbesondere die industriellen Unternehmen, verloren zumindest teilweise ihren rein proletarischen Charakter – der „Stehkragenproletarier“ änderte das Bild.

Unternehmensbild

In den 1920er Jahren war das Bild des großen deutschen Unternehmens damit eindeutig geprägt. Im Kaiserreich war es rasch gewachsen, besaß die Rechtsform der Aktiengesellschaft und wurde von einem professionellen Management geleitet, das sich auf eine ausdifferenzierte Stab-Linienorganisation stützte. Die Organisation war komplex und noch nicht nach Produktgesichtspunkten aufgeteilt: die Stabsfunktionen wurden zentral für das gesamte Unternehmen erbracht, so dass sich im Kern der Unternehmen eine recht umfangreiche, stark hierarchisch gegliederte Bürokratie fand, die zwar von Branche zu Branche anders aussah, in ihren Grundzügen jedoch gleich war.

Stab-Linien-Organisation

Die Reintegration der ausdifferenzierten Stab-Linien-Organisation erfolgte je nach den technischen Bedingungen des Produktionsprozesses in technokratischer oder autoritärer Weise. Je komplexer und technisch differenzierter, aber auch je kundenorientierter ein Unternehmen war, desto wahrscheinlicher waren technokratische Formen der Integration (Ausschüsse, Konferenzen, Schriftlichkeit). Je einfacher Produktion und Produktionsprozess, je weiter vom Kunden entfernt das Produkt, umso eher fanden sich autoritäre Züge von Befehl und Gehorsam. Beide Reintegrationsformen fungierten im Übrigen vor 1914 weitgehend reibungslos, so dass es schwerfällt, einer der beiden Varianten eine höhere ökonomische Effizienz zuzusprechen, etwa im Sinne ihres Einflusses auf die Transaktionskosten im Unternehmen.

Kritik an autoritären Formen

Nach 1918 waren autoritäre Formen des Umgangs Anlass heftiger sozialer Auseinandersetzungen; hier entstanden die größten Probleme durch das Betriebsrätegesetz und die betriebliche Mitbestimmung, da sich die traditionelle Kommunikationsstruktur schlecht mit den neuen Partizipationsrechten der Belegschaft vertrug. Dass aber autoritäre Organisationsstrukturen grundsätzlich ökonomisch ineffizient seien, lässt sich empirisch nicht zeigen. Ebenso wenig stichhaltig sind Annahmen, deutsche Unternehmen hätten sich in ihrer Organisation stark an der staatlichen Bürokratie orientiert und seien insofern weniger modern gewesen als ihre amerikanischen Pendants. Für die Organisationsform war weniger bürokratisches Modelldenken als vielmehr die spezifische Marktlage verantwortlich. Eine Divisionalisierung der Unternehmen und damit eine Auflösung der zentralen bürokratischen Einrichtungen hätten nur dann Sinn ergeben, wenn einzelne Produktbereiche dauerhaft ein genügend großes Gewicht (d. h. auch entsprechend große Absatzmengen) erzielt hätten, um eine dezentrale Organisation entlang einzelner Produktionslinien zu rechtfertigen.

Divisionale Organisationsstrukturen

Vor dem Ende der 1960er Jahre war das nur selten der Fall. Dass deutsche Unternehmen im Zweifel vor divisionalen Organisationsstrukturen keine Scheu hatten, zeigen die Beispiele der I. G. Farbenindustrie und der Vereinigten Stahlwerke. Beide Konzerne beruhten seit ihrer Gründung gleichzeitig auf der horizontalen Zusammenfassung wichtiger Produktionsstufen (Farben, Pharmazeutika, Stahl, Walzprodukte etc.), griffen von hier aus aber ebenso stark vertikal in vor- und nachgelagerte Produktionen aus, so dass die Frage nach der zukünftigen Organisationsstruktur drängend war. Eine reine Addition der Unternehmensstrukturen erwies sich als krisenhaft und ineffizient; beide neuen Konzerne nahmen in der Weltwirtschaftskrise Reorganisationsmaßnahmen vor, die faktisch auf eine divisionale Organisationsstruktur hinausliefen. Die Alternative hätte im Aufbau einer riesigen Zentralbürokratie bestanden, die den Bedürfnissen der jeweils sehr großen Teilbereiche nicht mehr hätte gerecht werden können.

Holding vs. Unternehmenssparten

Die Vereinigten Stahlwerke entschieden sich für eine Art Holdingstruktur, in deren Rahmen dann der Bergbau, einzelne Eisen- und Stahlwerke sowie Weiterverarbeitungsbetriebe faktisch verselbständigt wurden, also ebenfalls ihre eigene Bürokratie besaßen, während die Zentralbürokratie in Düsseldorf vor allem die Finanzkontrolle betrieb und ansonsten relativ klein blieb (Vorstandsstäbe und -ausschüsse). Bei der I. G. Farbenindustrie AG wählte man eine Aufteilung der Produktionsbetriebe in vier Sparten mit je einem Leitstandort (Synthese, Pharma, Chemie, Fasern), denen dann entsprechend die jeweiligen Bürokratien zugewiesen wurden (so wurde z. B. der Pharmaverkauf von Bayer zur Verkaufsabteilung für die gesamte Sparte; entsprechend musste Hoechst den Pharmaverkauf aufgeben). Gleichwohl blieb die Selbständigkeit der Sparten eingeschränkt, da die Buchhaltung, der Einkauf und andere bürokratische Tätigkeiten zentral von Frankfurt am Main aus abgewickelt wurden. Die Forschung und Entwicklung wurde bis auf geringe Reste ebenfalls dezentralisiert. Mitte der 1930er Jahre waren die I. G. Farben und die Vereinigten Stahlwerke auf dem Wege zu divisionalen Organisationsstrukturen, doch der Krieg und die Entflechtung in der Nachkriegszeit machten alle bisherigen Anstrengungen in diese Richtung obsolet.

Entflechtungsmaßnahmen der Nachkriegszeit

Durch die alliierten Entflechtungsmaßnahmen wurde die kritische Größe der Unternehmen, von der an eine Divisionalisierung der Organisation sinnvoll erschien, deutlich unterschritten: Die Vereinigten Stahlwerke wurden in mehrere Unternehmen aufgebrochen, von denen keines auch nur annähernd die einstmals starke Marktposition der Vereinigten Stahlwerke erreichte. Der I. G. Farbenkonzern wurde faktisch in vier gleich große Teile aufgeteilt, die sich jeweils darum bemühten, die alten Organisationsstrukturen von Bayer, BASF und Hoechst wiederherzustellen. Dies war Mitte der 1950er Jahre gelungen. Seit der Mitte der 1950er Jahre setzte im Rahmen der rekonstruierten Stab-Linien-Organisation unter bewusster Anlehnung an US-amerikanische Vorbilder nach und nach ein Prozess der weiteren Differenzierung der Organisationsstrukturen ein. Die rasche Expansion der Konsumgütermärkte begünstigte dabei nicht nur das Wachstum der entsprechenden Unternehmen, sondern unterstützte auch Bemühungen zum Neuaufbau von Marketing-Abteilungen und zur Neubestimmung des Marktverhaltens von Unternehmen.

Differenzierung der Organisationsstrukturen

Moderate „Amerikanisierung“

War man hier bei der Einrichtung von Marketing-Strukturen und der Nutzung amerikanischer Marketing-Konzepte durchaus offen sowie überdies bereit, überlegene amerikanische Techniken und Produkte zu übernehmen, achtete man andererseits in den Unternehmen sehr genau auf die Nützlichkeit derartiger Änderungen. Im Bereich der Human Relations etwa lehnte man US-Konzepte ebenso ab wie man mit der Managementausbildung und Führungskräfterekrutierung im Rahmen der eigenen Traditionen verblieb. So sahen die 1950er und 1960er Jahre zwar zahlreiche Neuerungen in den Unternehmen, die auf eine Art „Amerikanisierung“ schließen lassen könnten; faktisch fand dies noch alles im Rahmen der historisch entstandenen Organisationsstrukturen statt.

Lange Traditionslinien

Ein Besucher, der mit den Strukturen aus der Zeit um die Jahrhundertwende vertraut gewesen wäre, hätte sich in der Masse der deutschen Unternehmen der 1960er Jahre ohne größere Schwierigkeiten zurechtgefunden. Bei den kleinen und mittleren Unternehmen hatte man an der persönlichen Leitung und Kontrolle festgehalten: Hier war der Bürokratisierungsgrad (Anteil der Angestellten an der Gesamtbeschäftigung) relativ gering, hier war der familiäre Einfluss weiterhin groß, hier war von funktionaler Differenzierung mit Tendenz zur Divisionalisierung nichts zu spüren, hier herrschte eine im Grunde autoritäre Struktur (im Sinne der Organisationstypen!) unbeirrt weiter fort. Aber auch in den Großunternehmen war die alte, funktionale Stab-Linienorganisation seit nunmehr fast 100 Jahren in Gebrauch; sie war größer und differenzierter geworden und hatte über den Ausbau der Mitbestimmung in den 1920er Jahren und erneut seit den 1950er Jahren eine soziale Ergänzung erfahren, die insgesamt autoritäre Kommunikationsstrukturen in den Hintergrund drückte, ohne sie ganz zu verdrängen. Die durch die Organisation vorgegebenen Karrieremuster waren die gleichen wie früher, und auch die Karrierewege und die verlangten Qualifikationen unterschieden sich nicht wesentlich.

Einfluss des Nationalsozialismus

Der Nationalsozialismus hatte in den Organisationsstrukturen der Unternehmen kaum Folgen, abgesehen von der Beschleunigung der Personalfluktuation und der hierüber sich noch mehr ausbreitenden technokratischen Leitbilder. Das Führerprinzip, das die kollektive Unternehmensleitung ersetzen sollte, blieb in den großen Aktiengesellschaften ohne Bedeutung. In den kleinen und mittleren Betrieben war es lediglich ein neues Etikett für die ohnehin auf den Inhaber zugeschnittenen Entscheidungsprozesse. Insgesamt war der Nationalsozialismus unternehmenshistorisch ohne langfristigen Einfluss, zumal er die spezifische „Corporate Governance-Struktur" der Arbeitsteilung zwischen Eigentum und Leitung bei gleichzeitiger enger personeller und institutioneller Verflochtenheit von Eigentum und Kontrolle nicht in Frage gestellt hatte.

Erfolgsmodell

Der bürokratische Konzern mit eingebauter Mitbestimmungssozialpartnerschaft und einer gegenüber den Schwankungen des Kapitalmarktes abgeschotteten Corporate Governance, der mit seinen Produkten und Dienstleistungen auf den Märkten stand, selbst aber nicht zur Verfügungsmasse der Märkte wurde und gerade deshalb eine langfristig-stetige Unternehmensentwicklung ermöglichte – dies war, zumindest auf der Ebene der großen Unternehmen, das Erfolgsmodell der deutschen Unternehmensgeschichte seit den 1870er Jahren, mit dem auch die politisch-militärischen Katastrophen der ersten Hälfte des 20. Jahrhunderts überwunden wurden. Gemeinsam mit der „Kultur" der familiengestützten Klein- und Mittelunternehmen bestimmte er für fast 100 Jahre die deutsche Unternehmenslandschaft und deren Erfolg. Doch das Ende der Erfolgsgeschichte zeichnete sich Ende der 1960er Jahre ab.

4. Finanzkonzern und Netzwerk (seit den 1970er Jahren)

Inter- und intrasektoraler Strukturwandel

Mit dem Ende der 1960er Jahre kam erhebliche Bewegung in die westdeutsche Unternehmenslandschaft. Der inter- und intrasektorale Strukturwandel beschleunigte sich; nun begann auch der industrielle Anteil an der wirtschaftlichen Gesamtleistung zu schrumpfen. Der Weltmarkt wuchs zwar weiterhin, doch änderten sich seine institutionellen Strukturen mit dem Fall des Bretton-Woods-Systems grundlegend. Politisch bedingte Störungen (Ölpreiskrisen) kamen hinzu. Die Wachstumsdynamik der Wiederaufbaujahre flachte ab. Zwar suchte der Staat weltweit mit mehr oder weniger keynesianischen Mitteln das Abflachen der Wachstumskurven zu korrigieren und die wieder ausgeprägter auftretenden konjunkturellen Zyklen zu glätten, jedoch führten diese Versuche nach nur wenigen Jahren in das Phänomen der Stagflation und einer sich rasch beschleunigenden Staatsverschuldung. In deren Gefolge gerieten die Sozialstaatsmodelle zunächst in den USA und Großbritannien, später auch auf dem europäischen Kontinent in massive Finanzierungsschwierigkeiten.

Geänderte Rahmenbedingungen

Für die Unternehmen, die in den zwanzig Jahren der Nachkriegskonjunktur hohe Zuwachsraten und steigende Erlöse gewohnt waren, änderten sich die Rahmenbedingungen: Es wurde fraglich, ob die neue Dynamik der (Welt-)Märkte auf hergebrachte Weise zu bewältigen war. Folgerichtig gerieten Strategien und Strukturen der bisherigen Unternehmensentwicklung in die Diskussion. Verstärkt wurde diese Entwicklung durch den Generationenwechsel in der Mehrzahl der Führungsetagen Ende der 1960er Jahre, der die Chancen zur Neuausrichtung vergrößerte. So viel war den deutschen Großunternehmen zu Beginn der 1970er Jahre jedenfalls klar: Das bisherige Expansionsmuster sowie die traditionellen Unternehmensstrategien und -organisationen bedurften einer grundlegenden Überprüfung, da man ansonsten den neuen weltwirtschaftlichen Herausforderungen nicht gewachsen sein würde. Dass in diesen Jahren in der Bundesrepublik das Beratergewerbe groß und zu einem konstitutiven Bestandteil der Unternehmenslandschaft wurde, kann zugleich als Indikator wie als Faktor des sich in diesen Jahren abzeichnenden Umbruchs und der durch ihn verursachten Verunsicherung gesehen werden.

„Modell Deutschland“

Die Bundesrepublik Deutschland schien zunächst mit den wachsenden strukturellen Problemen der wirtschaftlichen Entwicklung vergleichsweise leicht fertig zu werden. Zwar schrumpfte 1967 erstmals in der Nachkriegsgeschichte das Sozialprodukt, doch setzte sich bereits 1968 der Boom fort; der zurückgehende Wachstumstrend schien keine Bedrohung zu sein. Die Krise von 1974/5, das Hochschnellen der Arbeitslosigkeit und die spürbare Zunahme der Staatsverschuldung änderten allerdings in der zweiten Hälfte der 1970er Jahre das Klima. Der Wirtschaftsaufschwung der zweiten Hälfte der 1970er Jahre blieb belastet, da weder die Arbeitslosigkeit noch die Staatsverschuldung entscheidend sanken. Zwar stand die Bundesrepublik zum Ende der 1970er Jahre im Vergleich mit den USA und Großbritannien noch gut da („Modell Deutschland"); lediglich die japanische Wachstumsdynamik machte Angst. Zu Beginn der 1980er Jahre aber war die Krise offensichtlich. In den kommenden Jahren gab es positive Anzeichen (sinkende Verschuldung, sinkende Staatsquote), und das Wirtschaftswachstum zog wieder an, dennoch blieb die Arbeitslosigkeit hoch und die absehbaren Finanzprobleme des Sozialstaates wurden verdrängt, zumal nach 1989 die Wiedervereinigung Deutschlands und die Einigung Europas nach dem Kalten Krieg die politische Tagesordnung bestimmten und zugleich unverhoffte Wachstumschancen zu bescheren schienen. Doch das Gegenteil trat ein. Deutschland wurde spätestens seit den 1990er Jahren von hartnäckigen ökonomischen und sozialen Strukturproblemen geplagt, die keine eindeutigen Ursachen haben, sondern wohl eher aus der Kumulation unterschiedlicher Traditionen, Strukturen und Problemlagen erwachsen. Erst nach den wirtschafts- und sozialpolitischen Reformen der Regierung Schröder (Agenda 2010) und der Renaissance des industriellen Gewerbes im Gefolge der Finanzkrise von 2007/08 scheint sich die deutsche Wirtschaft wieder erholt zu haben.

Institutionelle Rahmenbedingungen

Das Ende des Wiederaufbaubooms und der Strukturwandel der Weltwirtschaft erhöhten den Druck auf die Unternehmen ungemein. Die institutionellen Rahmenbedingungen traten als ein weiterer Unsicherheitsfaktor hinzu. Die Wirtschaftspolitik der Nachkriegsjahre war liberal gewesen und hatte sich der Aufrechterhaltung einer liberalen Marktordnung untergeordnet. Angesichts der wachsenden Strukturprobleme nahm seit den 1960er Jahren weltweit der Ruf nach dem Staat zu, und auch in der Bundesrepublik signalisierte der Abgang Ludwig Erhards als Bundeskanzler 1966 das Ende der liberalen Jahre der Nichtintervention. Unter Erhards Nachfolger im Amt des Bundesministers für Wirtschaft Karl Schiller wurde das Konzept der Globalsteuerung Gesetz. Unter Schillers Nachfolgern wiederum wurden Fragen der Wirtschaftspolitik als sozialpolitische Fragen behandelt: Nun kam es vorrangig darauf an, die Institutionen der Wirtschaft zu „demokratisieren" und sie zum Abbau sozialer Ungleichheit zu nutzen.

Rolle der Gewerkschaften

Die Unternehmen wurden zum Gegenstand der Kritik und folgerichtig von Veränderungsvorstellungen, da in ihnen soziale Ungleichheit und Machtasymmetrie festgeschrieben schienen. Die Reform des Betriebsverfassungsrechtes 1972 sowie die Mitbestimmungsgesetzgebung von 1976 (auch in ihrer schließlich durch das Verfassungsgericht entschärften Form) griffen unmittelbar in die Unternehmensautonomie ein und unterwarfen sowohl strategische wie auch Einzelentscheidungen in Unternehmen neuen Entscheidungsprozeduren, in denen Gewerkschaften bzw. Gewerkschaftsvertreter eine wichtige Rolle spielten. Eine Fülle weiterer Regelungen erhöhte den Einfluss der Gewerkschaften, vom Kündigungsschutz über das Weiterbildungswesen bis hin zu mittelbaren Eingriffen in das Streikrecht, indem ausgesperrten bzw. wegen bestimmter Streikfolgen unbeschäftigten Arbeitern Ersatz aus der Kasse der Arbeitsverwaltung geleistet wurde.

Eingeschränkte Unternehmensautonomie

Insgesamt wurde in den 1970er Jahren die Unternehmensautonomie erheblich eingeschränkt. Diese Einschränkung folgte zugleich aus den ökonomischen Konsequenzen der allgemeinen Wirtschafts- und Sozialpolitik. Die Vorstellung der sozialliberalen Koalition, der Staat habe nicht nur die Voraussetzungen des alltäglichen Lebens der Bürger zu garantieren, sondern gleichzeitig soziale Ungleichheit weitgehend zu beseitigen, ging in den 1970er Jahren eine wirtschaftlich zweifelhafte Allianz mit der Überzeugung ein, eine Ausdehnung der staatlichen Nachfrage habe, selbst bei stark wachsender Staatsverschuldung, positive konjunkturelle Folgen. Daher etablierte sich die für die 1970er Jahre prägende Vorstellung, eine Expansion des Staatsanteils am Sozialprodukt finanziere sich wegen steigender Wachstumsraten letztlich selbst. Die Illusion der Philipps-Kurve, also des Sinkens der Arbeitslosigkeit bei moderater Inflation, zerplatzte in der zweiten Hälfte der 1970er Jahre, als trotz steigender Staatsverschuldung das Wachstum nicht zunahm, die Arbeitslosigkeit nicht entscheidend sank, aber sich die Inflation beschleunigte. Da war es jedoch schon zu spät: Der Staatsanteil am Sozialprodukt war Ende der 1970er Jahre auf fast 50 % gestiegen (von knapp 30 % im Jahr 1960).

Lohn-Zins-Relation

Da vor allem die Kosten der Arbeit als Vehikel der Staatsfinanzierung dienten, verschob sich die Lohn-Zins-Relation kontinuierlich; das Schlagwort von der Wegrationalisierung insbesondere der einfachen Arbeitsplätze wurde zu einer Tatsache. Die neue Regierung der christlich-liberalen Koalition, die 1982 das sozial-liberale Kabinett unter Helmut Schmidt ablöste, änderte an dieser Konstellation wenig, obwohl die Dynamik der Verschuldung und der Ausdehnung der Staatsaufgaben nach 1983 zurückging. Mit der Wiedervereinigung jedoch wurde der alte Mechanismus, gesellschaftspolitische Aufgaben über eine Erhöhung der Arbeitskosten zu finanzieren, wieder in Gang gesetzt. Die Lohn-Zins-Relation änderte sich dramatisch; die arbeitsintensive Produktion einfacher Güter und Dienstleistungen wurde in Deutschland im Rahmen der regulären Institutionen faktisch unmöglich.

Öffnung der Weltmärkte

Die Auswirkungen dieser eigenartigen Wirtschafts- und Sozialpolitik wurden durch parallele Maßnahmen der Wirtschaftsordnungspolitik unabsichtlich verstärkt. Die Freigabe der Wechselkurse Ende der 1960er und Anfang der 1970er Jahre führte zu einer deutlichen Aufwertung der D-Mark. Die Währungsschwankungen nahmen zeitweilig stark zu, obschon in den kommenden Jahren durch verschiedene europäische Institutionalisierungsschritte (von der Währungsschlange über das Europäische Währungssystem bis hin zum Euro) das Währungsrisiko zumindest teilweise wieder eingefangen wurde. Es gab allerdings keinen Schutz fester Währungsmauern mehr. Die Öffnung der Weltmärkte über das Freihandelsabkommen (GATT) und die Internationale Handelsorganisation (WTO) schritt voran; die Konkurrenz der Standorte erhöhte sich deutlich. Da zugleich die technologische Überlegenheit der Bundesrepublik zurückging, wurde es eine Standortkonkurrenz um die jeweiligen Kosten der Produktion.

Standortkonkurrenz

Diese Konkurrenz traf nicht alle Branchen und Unternehmen gleichermaßen, doch dort wo sie traf, waren die Folgen verheerend; in den 1960er, vor allem aber in den 1970er Jahren fielen ganze Branchen dem Strukturwandel zum Opfer (Textilindustrie, Feinmechanik, Optik, Unterhaltungselektronik etc.). Die technischen Neuerungen der 1980er und 1990er Jahre verstärkten die Tendenz einer zunehmenden Globalisierung der Märkte bei sich gleichzeitig intensivierender Konkurrenz. Spätestens seit den 1980er Jahren befand sich die Wirtschaftspolitik daher in dem Dilemma, die Kostenkonkurrenz der internationalen Standorte und die hohen deutschen Arbeitskosten vereinbaren zu müssen. Die Bonner und später Berliner Politik ist an der Aufgabe, dieses Dilemma zu bewältigen, zumindest bis Anfang der 2000er Jahre gescheitert; seither haben verschiedene Faktoren, namentlich die von der Regierung Schröder betriebene Politik der inneren Abwertung, die Konkurrenzfähigkeit der deutschen Wirtschaft wieder verbessert.

Halbherzige Deregulierungsmaßnahmen

Zwar begannen in den 1980er Jahren halbherzige Deregulierungsmaßnahmen, doch folgten diese den technischen Möglichkeiten und den ökonomischen Implikationen der neuen Informationstechnologien nur halbherzig. Im Ergebnis entstand in der zweiten Hälfte der 1990er Jahre bis in das erste Jahrzehnt des neuen Jahrhunderts eine unklare institutionelle Mischung aus liberalisierten Verhaltensregeln, restriktiver

Sozialpolitik und unklarer Produktethik (Umweltschutz, Biotechnologie, Gentechnik etc.), die eine Kalkulation der jeweiligen institutionellen Regeln für die absehbare Zukunft unmöglich macht. Als ein Beispiel mag die Nutzung der Kernenergie dienen, die in den 1950er und 1960er Jahren vom Staat stark forciert, in den 1970er Jahren – nachdem sich die Industrie engagiert hatte – nicht zuletzt vom Staat gegen öffentlichen Widerstand durchgesetzt wurde, um danach aus politischen Gründen fallen gelassen zu werden. Die schließlich gefundene Auslaufregelung stand explizit unter dem Vorbehalt ihrer zukünftigen Revision, die nach Fukushima überstürzt vollzogen wurde: Mittel- und langfristige Investitionsplanung ist unter derartigen Bedingungen zweifellos nicht einfacher geworden.

Rolle der EU

Kennzeichen der institutionellen Regeln der Unternehmensentwicklung war jedoch in diesen Jahren ein Rückgang der Bedeutung nationalstaatlicher Regeln. Die Europäischen Institutionen drängten langsam in den Vordergrund, was sich nach der Finanz- und Wirtschaftskrise weiter beschleunigte: Gegenwärtig bestimmen sie mehr als 50 % der einschlägigen Regeln, wobei die Bedeutung der EU vor allem in den letzten Jahren seit dem Vertrag von Maastricht (1992) und der Einführung des Euro (2001), insbesondere aber seit den hektischen Maßnahmen zur Rettung der Gemeinschaftswährung nach der Finanzkrise stark zugenommen hat. Doch wird die Reichweite der Europäischen Union, namentlich ihre wirtschaftliche Bedeutung in der Regel politisch begründet überschätzt, zumal Deutschland (nach Finnland) das Land mit der zweitniedrigsten Binnenintegration ist (gemessen an den Außenhandelswerten). Das weltwirtschaftliche Gewicht der EU jedenfalls ist relativ gering und dürfte mit dem bevorstehenden Austritt Großbritanniens noch weiter sinken. Zumindest für die Großunternehmen ist der Weltmarkt das eigentliche Feld, und genau dieses Feld ist im Wesentlichen unreguliert bzw. richtet sich nach den Regeln, die sich evolutionär durchsetzen. Der Einfluss des US-amerikanischen Zivilrechts auf das Alltagsverhalten der Großunternehmen und jener Unternehmen, die auf den globalen Märkten eine Rolle spielen wollen, ist keineswegs zu unterschätzen; der chinesische Markt, mittlerweile auf dem Weg zum größten Auslandsmarkt deutscher Unternehmen, unterliegt wiederum seinen eigenen Gesetzen.

Institutionelle Veränderungen

Institutionell hat sich die Lage seit den 1960er Jahren mithin dramatisch verändert – und zwar in einer nicht vorhersehbaren Weise. Die nationalstaatlichen Regeln in Deutschland sind vom Dilemma des Widerspruchs zwischen Standortkonkurrenz und Aufrechterhaltung des Sozialstaates geprägt, auf der EU-Ebene gibt es zwar Regulierungsabsichten, an die sich aber nur je nach Kassenlage gehalten wird, während global eine

Art „Wolfsgesetz“ herrscht, das jeweils situativ durch die Möglichkeiten zivilrechtlicher Sanktionierung begrenzt wird. Hinzu kommt die Verschiebung der globalen Strukturen ökonomischer Arbeitsteilung durch den sich derzeit vollziehenden Aufstieg der großen ost- und südasiatischen Volkswirtschaften, wohingegen die Implosion des Sowjetimperiums am Ende der 1980er Jahre kaum strukturelle Folgen hatte. Wie die Regeln einer nicht zuletzt durch China und Indien stark bestimmten Weltwirtschaft aussehen werden, vermag derzeit niemand zu sagen, obwohl die Frage aktuell ist: Die Frage der „neuen Seidenstraße“ kann für die exportorientierten deutschen Unternehmen existentielle Bedeutung bekommen. Dass angesichts einer derartigen Lage insbesondere die US-amerikanische Regierung trotz aller Bekenntnisse zur Freiheit der Weltmärkte mehr oder weniger offen protektionistisch agiert, verwundert nicht.

Konsumkonjunktur

Die sich seit den 1970er Jahren abzeichnende institutionelle „Unübersichtlichkeit“ wurde zu nicht unwesentlichen Teilen durch den Strukturwandel wenn nicht hervorgerufen, so doch verstärkt. In den 1950er und den 1960er Jahren war die Landwirtschaft geschrumpft, die Industrie gewachsen und der Dienstleistungsbereich expandiert. Zugleich hatte sich die Nachfrage völlig verändert; aus der Bundesrepublik (ebenso wie aus vielen anderen europäischen Ländern) war eine Massenkonsumgesellschaft geworden, in der die Konsumkonjunktur zu einer entscheidenden Frage wurde. Von dieser veränderten Lage profitierten nicht alle Wirtschaftssektoren gleichermaßen; es gab Gewinner wie die Automobilindustrie, die Investitionsgüterhersteller oder die Produzenten von Konsumgütern. Verlierer waren die Pioniere der deutschen Industrialisierung, der Bergbau und – zumindest relativ – die Eisen- und Stahlindustrie. Seit dem Ende der 1960er Jahre wurde der industrielle Sektor insgesamt zum Verlierer; nur wenige Branchen schafften es, sich dem Negativsog unterdurchschnittlichen Wachstums zu entziehen. Bestimmte Bereiche im Bau- und im verarbeitenden Gewerbe verschwanden bis auf geringe, zum Teil allerdings hochprofitable Reste (Bergbau, Eisen- und Stahl, Textil, Feinmechanik und Optik); andere Bereiche hatten starke Wachstumsverluste hinzunehmen (Elektroindustrie, Chemie, Maschinenbau). Insgesamt schrumpfte die Industrie trotz mancher Erfolgsgeschichten deutlich. Nutznießer waren zunächst die Dienstleistungen aller Art, später die wirtschaftsnahen und privaten Dienstleistungen, während der öffentliche Dienst, der in den 1970er Jahren eine historisch einzigartige Expansion erlebte, seit den 1980er Jahren wieder zurückgeht, sich aber auf hohem Niveau hat behaupten können.

Unternehmensentwicklung

Für die Unternehmensentwicklung hatte diese Konstellation (sinkendes gesamtwirtschaftliches Wachstum, institutionelle Unübersichtlichkeit bei zunehmender Globalisierung, starker Strukturwandel mit negativen Auswirkungen bei den traditionellen Stärken der deutschen Industrie) drastische Folgen. Zwar waren nicht alle Unternehmen betroffen, doch die Großunternehmen und die im Exportgeschäft starken Mittel- und Kleinunternehmen gerieten zusehends unter Druck. Sinkende Gewinnmargen, hohe Volatilität der Märkte, scharfe Konkurrenz und hohe Produktionskosten im Inland bedingten einen weiteren Rückgang der Investitionsquote, die seit der Mitte der 1970er Jahre immer weiter schrumpfte! Die Unternehmensstrategien der Wirtschaftswunderjahre, vorwiegend auf interne Expansion durch Wachstum der Binnen- und Exportnachfrage zu setzen, gingen nun nicht mehr ohne Weiteres auf. Spätestens seit Ende der 1960er Jahre gerieten die erprobten Strategien der Wiederaufbaujahre unter Druck.

Übernahmen und Fusionen

Zugleich kam mit Beginn der 1970er Jahre das Modell des deutschen „kooperativen Kapitalismus" langsam ins Gerede, also der Abschirmung der Unternehmensentwicklung vor der „Unberechenbarkeit" der Kapitalmärkte und der Orientierung an langfristigen Entwicklungspfaden. Diese Abschirmung bot sicherlich einen gewissen Schutz, der allerdings nur dann nutzte, wenn man mit langfristiger Produktentwicklung eine reale Marktchance besaß. Ansonsten konnten gerade dadurch auch Wachstumschancen verloren gehen, die umso mehr schmerzten, je stärker die Margen in der traditionellen Geschäftstätigkeit sanken. Denn wenn die Märkte insgesamt nicht mehr stark expandierten, dann musste es darum gehen, die Marktanteile zu steigern und die Produktion auf die Standorte zu konzentrieren, an denen die Produktionskosten niedrig waren. Eine derartige Expansion war aber nur selten über internes Wachstum realisierbar: Übernahmen und Fusionen häuften sich entsprechend mit dem Ziel, auf fremden Märkten Marktanteile zu erobern und auf den bereits besetzten Märkten die Marktanteile zu steigern. Übernahmen und Fusionen, zumal die sich in den 1980er Jahren ausbreitende feindliche Übernahme, verlangten jedoch nach finanzieller Begleitung und hatten daher folgerichtig noch einen ganz anderen Effekt: Sie erwiesen sich selbst als gutes Geschäft, insbesondere für Banken und Beratungsunternehmen!

Diversifikation und Divisionalisierung

Dieser „neue" Typus der Unternehmensentwicklung setzte sich in Deutschland insgesamt nur langsam durch. Die traditionellen Überkreuzverflechtungen zwischen Industrieunternehmen, Banken und Versicherungen sowie die historisch erklärbare geringe Bedeutung des Kapitalmarktes bei der Unternehmensfinanzierung bedingten, dass die ersten strategischen Neuausrichtungen und die zugehörigen Strukturanpassungsmaßnahmen noch ganz in traditionellen Bahnen verliefen. Zudem unterschieden sich die „Beratermoden" zu Beginn der 1970er Jahre noch völlig vom Mergers- und Acquisitions-Boom seit den 1980er Jahren. Im Vordergrund standen Anfang der 1970er Jahre zwei Gesichtspunkte: Diversifikation und Divisionalisierung. Da die Strategie der Wiederaufbaujahre (internes Wachstum über bestimmte Massenprodukte; Extremfall VW mit einem Produkt) keine hinreichenden Zukunftschancen mehr zu haben schien, empfahlen die Berater den Großunternehmen, nicht nur zu diversifizieren, um dadurch zusätzliches Wachstum zu erzielen und die Anfälligkeit für konjunkturelle bzw. strukturelle Krisen zu senken. Da der Diversifikation in Form internen Wachstums und interner Aufnahme neuer Produktionslinien deutliche Grenzen gesetzt waren, blieb im Wesentlichen nur die Strategie der Akquise, d. h. des Zukaufs von Unternehmen, in der Mehrzahl der Fälle mit verwandten Produktionslinien, teilweise mit bisher völlig fremden Geschäftsfeldern. Zum Inbegriff dieser Expansionsstrategie wurde Daimler-Benz, das schließlich unter Edzard Reuter den Weg zum umfassenden Technologiekonzern einschlug und neben dem Automobilbau bald auch die Luftfahrtindustrie, den Turbinenbau und den Rüstungssektor umfasste.

Stahlkonzerne

Einen ähnlichen Weg nahmen die ehemaligen Stahlkonzerne an der Ruhr, die alle Ende der 1960er, Anfang der 1970er Jahre aus der engen, konjunkturreagiblen Bindung an den Stahl herausdrängten. Nachdem man die Steinkohle 1970 endgültig an die Ruhrkohle AG (RAG) abgegeben und damit eine fast hundertjährige Verbindung aufgegeben hatte, drängte man mit Macht in die Weiterverarbeitung. Auch hier war der gewählte Weg – mangels interner Wachstumsmöglichkeiten – die Akquise. Aus den vormals durch den Stahl geprägten Konzernen wurden nun Mischunternehmen, von denen manche schließlich ganz untergingen (wie die GHH), andere seit den 1990er Jahren ihren Charakter völlig änderten (wie Mannesmann).

Chemische Industrie

In anderen Bereichen, etwa der chemischen Industrie, verliefen die Diversifikationsprozesse ruhiger, waren aber gleichwohl ausgeprägt. Die BASF versuchte in das Pharma-Geschäft einzusteigen; Bayer und Hoechst rundeten ihre Geschäftsbereiche zusehends ab. Neben die Produktdiversifikation trat als zweite Komponente der Änderung die regionale Diversifikation der großen Unternehmen. Die deutschen Unternehmen hatten 1918/9 und 1945 ihre gesamten ausländischen Rechte, ihren Besitz, ihre Produktionsanlagen und ihre Vertriebsnetze verloren. In den 1950er Jahren war der Vertrieb zum Teil rasch wieder aufgebaut worden; seit den 1960er Jahren stieg die Produktion im Ausland an, so dass schließlich Ende der 1960er, Anfang der 1970er Jahre Überlegungen zur Gründung internationaler Tochtergesellschaften realisiert wurden. Zwischen 1964 und 1974 gründete Bayer beispielsweise entsprechende Töchter in Italien, Thailand und den USA, in anderen Fällen war die Entwicklung ähnlich.

Bankensektor

Eine gewisse Ausnahme machte zunächst der Bankensektor. Hier hielt man nicht nur bis in die 1980er Jahre an der traditionellen Universalbankstrategie fest, sondern achtete lange die nationalen Grenzen auch als Geschäftsgrenzen. Die Internationalisierung blieb begrenzt; statt eigener Geschäftstätigkeit im Ausland wurden Kooperationen mit Auslandsbanken angestrebt. Von einer Globalisierung der Finanzmärkte, insbesondere der Finanzdienstleistungen, konnte noch keine Rede sein.

Japanische Konkurrenz

Die Diversifikationswelle als Unternehmensstrategie war indes rasch vorüber. Die deutschen Großunternehmen waren den US-amerikanischen Konzernen (und den Empfehlungen ihrer Berater) in dieser Mode gefolgt, doch Ende der 1970er Jahre geriet ein US-Konzern nach dem anderen gegenüber der rasch expandierenden japanischen Konkurrenz ins Hintertreffen. Die großen, unübersichtlichen Konzerne konnten offenbar mit den schlanken und sehr kostenbewusst arbeitenden japanischen Unternehmen nicht Schritt halten. Die Margen waren niedrig, die Innovationskraft gering, die Bürokratie ineffizient und der Markterfolg ließ zu wünschen übrig. Konglomerate wie IBM oder General Electric waren offensichtlich dabei, den Anschluss zu verlieren. Ganze Industriebereiche wie die Unterhaltungselektronik und große Teile des Fahrzeugmarktes fielen an die Konkurrenz aus Fernost, die im Übrigen ebenso bei der Nutzung der neuen Informationstechniken die Nase vorn hatte.

Aufstieg der Mikroelektronik

Dass aus dieser Krise der diversifizierten Konzerne relativ rasch eine völlig neue „Strategie" entstand, die schließlich in die „New Economy" der 1990er Jahre mündete, lag indes nicht nur daran, dass die Konglomerate zu schwerfällig waren. Dies war der Grund ihres Scheiterns, aber hierin lag keine neue Strategie begründet. Die Neuausrichtung erfolgte aus anderen Quellen. Zum Teil konnte man von den Japanern lernen; dies lief auf Kostensenkung hinaus (just in time, lean production etc.) und brachte gelegentlich bessere Produkte hervor (Qualitätsoffensive). Die Chance in der Krise rührte allerdings aus dem Aufstieg der Mikroelektronik und der damit einhergehenden Änderung der Informationstechniken, die ein erhebliches Innovationspotential sowohl auf der Ebene der Produkte, der Ebene der Produktionsprozesse wie schließlich im gesamten Bereich der Unternehmensorganisation beinhalteten. Mit deren Nutzung wurden zum Teil einhundert Jahre alte Konzern- und Truststrukturen verflüssigt und bis dato unumstrittene Regulierungsregime, etwa im Bereich von Post, Nachrichtenübermittlung und Infrastruktur, in Frage gestellt.

Expansionsschub des Kapitalmarkts

Diese Verflüssigung der gewachsenen Infra- und Unternehmensstrukturen hatte weitere Konsequenzen. Zunächst bescherte sie dem

Kapitalmarkt und dessen Akteuren, namentlich den Investmentbanken und den Börsen, einen ungeahnten Expansionsschub, weil sich die historisch gewachsenen Konglomerate auflösten bzw. aufgelöst werden konnten. Hiervon profitierten folgerichtig auch die Unternehmensberater, da eine sich verflüssigende Unternehmenslandschaft das Problem einer angemessenen (d. h. im Interesse der Prinzipale effizienten) Organisation wirtschaftlicher Aktivitäten aufwarf, ohne dass bereits in den 1980er und 1990er Jahren ein alternatives Organisationsmodell unbestritten zur Verfügung gestanden hätte. Vielmehr scheint seit jener Zeit der ständige Wechsel zum eigentlichen Dauerkennzeichen der Unternehmenslandschaft zu werden.

Der Wechsel als Konstante

Mit der Verflüssigung der Unternehmensstrukturen, ihrer Mobilisierung, die sicher zum Teil durch das Eigeninteresse von Banken, Beratern und Börsenmanagern noch angeheizt wurde, fielen auch bis dato scheinbar sicher geglaubte Überzeugungen weg: Die Unternehmenspolitik musste sich – nolens volens – an diesem raschen Wechsel orientieren, da anderenfalls die Zerschlagung oder Übernahme des eigenen Hauses drohte. Die bis in die 1970er Jahre selbstverständliche Vorstellung, für sinnvoll empfundene Strategien unter Inkaufnahme von Margenverfall und zeitweiligen Unternehmenskrisen ggf. mit der Unterstützung der Banken durchhalten zu können, musste aufgegeben werden. Mit der im deutschen Fall vorrangig technisch bestimmten Produktorientierung als Kern des Unternehmens verschwand auch die Vorstellung dauerhafter und stabiler industrieller Beziehungen; vor allem zerbrach das über ein Jahrhundert aufgebaute „Treueverhältnis“ zwischen Unternehmen und Stammbelegschaft, da derartige Bindungen die Unternehmen in der globalen Konkurrenz nach Auffassung des Managements zu unflexibel machten.

Leitbilder der Unternehmensentwicklung

Wenn auch in der Praxis vorläufig vieles beim Alten blieb, so änderten sich die Leitbilder der Unternehmensentwicklung. Die Bedeutung des Kapitalmarktes nahm zu und junge Unternehmen, die mit neuen Produkten in deregulierten Marktsegmenten aktiv waren, konnten rasche Expansionsschübe erleben, die sich schließlich zur Blase der New Economy 2001 aufschaukelten: Im Ergebnis waren nicht nur die Produkte der Unternehmen wirtschaftliche Güter, die entsprechend ihres Preises angeboten und nachgefragt wurden, sondern die Unternehmen selbst wurden zur Handelsware, die an den Kapitalmärkten gemäß ihres Preises unter Vermittlung von Investmentbankern und Beratern angeboten und nachgefragt wurden. Entsprechend rückte in den „Unternehmensstrategien“ die Preisbildung in einem fundamental neuen Sinn in den Mittelpunkt: Es ging und geht nicht mehr allein um die Preise der Produkte, sondern zugleich um den im Regelfall an der Börse gemessenen Preis des eigenen Unternehmens. Die Manager wurden von bezahlten Leitern ihrer Unternehmen zu deren Broker. Der heute viel beklagte Wandel der Mentalität in den Vorstandsetagen der Unternehmen hat hierin seinen Grund: Unter den Bedingungen des gegenwärtigen Kapitalismus sind Unternehmen selbst eine Handelsware; und dies müssen ihre Manager berücksichtigen, wobei ihre individuellen Vorteile so oder so eintreten können – es ist für Manager nicht unbedingt rational, das eigene Unternehmen zu erhalten! Dies gilt im Übrigen nicht allein für die klassischen Konzerne des verarbeitenden Gewerbes. Hier war es nur wegen der langen Tradition ihrer Organisationsstrukturen und der großen Bedeutung einzelner Konzerne besonders auffällig. Banken und Beratungsunternehmen sind ebenso betroffen: Auch sie können jederzeit „verflüssigt" werden. Die Betonung liegt dabei auf „jederzeit". Hieraus gibt es keinen Ausweg, da der selbstreflexiv gewordene Kapitalismus keine Stabilität außer der des ewigen Wechsels kennt.

Vom Manager zum Broker

Umstellung der Entwicklungsrichtung

Diese Umstellung der Entwicklungsrichtung, die eindeutig aus der US-amerikanischen Reaktion auf die japanische Herausforderung im Rahmen der institutionellen und technischen Möglichkeiten der 1980er Jahre herrührte, war im deutschen Fall von nachgerade grundstürzender Bedeutung, da hier die Entwicklung seit den 1870er Jahren die Abschottung der Unternehmen gegenüber dem Kapitalmarkt bezweckt hatte. Die Erfahrungen des Gründerkrachs hatten die spekulativen Tendenzen des Kapitalmarktes zurückgedrängt; die Masse der Unternehmen hatte danach das Interesse, vom Kapitalmarkt unabhängig zu sein und den Zugang hierzu über Hausbankbeziehungen stabil und kontrollierbar zu halten. Die Banken selbst betrachteten ihr industrielles Engagement als strategisch und nutzten ihre zum Teil bedeutenden Aktienbestände nicht spekulativ, sondern betrachteten sie nüchtern als Einnahmequelle. Im Ergebnis entstand jener „kooperative Kapitalismus" deutscher Prägung („Deutschland AG"), der die Unternehmen selbst aus der Kapitalmarktspekulation heraushielt.

Entsprechend differenzierten sich Unternehmensorganisationen und Karrieremuster aus, die auf Langfristigkeit hin angelegt waren, womit sie nicht zuletzt wegen der Förderung technisch anspruchsvoller Produktlinien lange vergleichsweise erfolgreich waren. Die Diversifikationswellen der 1970er Jahre entsprachen zumindest teilweise noch dieser Tradition und selbst die sehr viel stärkere Internationalisierung der Konzerne bedrohte deren traditionelle „Corporate Governance" noch nicht. Diese Situation begann sich indes in den 1980er Jahren langsam zu ändern, als offensichtlich wurde, dass die deutschen Unternehmen technologisch und zum Teil auch wirtschaftlich den Anschluss an die internationale Konkurrenz zu verlieren schienen; das Expansionsmodell Daimler-Benz führte in die offene Krise. Überdies erwies sich die im traditionellen Sinne durchaus funktionsfähige Struktur des deutschen Kapitalmarktes als unattraktiv für die neuen Entwicklungen der kurzfristig orientierten Finanztransaktionen und Unternehmenskäufe bzw. -verkäufe: Der Finanzplatz Frankfurt am Main, über Jahrzehnte hinweg boomend, verlor plötzlich an Boden und das deutsche Universalbankmodell geriet in die Kritik, da es mit den schlanken und auf Kapitalmarktgeschäfte spezialisierten US-Investmentbanken nicht mehr mithalten konnte. Deutsche Unternehmen mit ihrer unterdurchschnittlichen Kapitalmarktperformanz drohten nun plötzlich zu Opfern ihrer eigenen Pfadabhängigkeit zu werden, zu einfachen Objekten von Übernahmeprozessen, sollten sie ihre eigene Strategie nicht deutlich ändern und sich angloamerikanischen Gepflogenheiten einer kapitalmarktsensiblen Unternehmensführung annähern.

Opfer der Pfadabhängigkeit

Den Schritt aus der deutschen Unternehmenstradition heraus wagten dabei zunächst nur wenige. Im Vordergrund standen vielmehr Anpassungen in der Unternehmensstrategie, vor allem der Verzicht auf die Konglomeratstruktur und die „Besinnung auf das Kerngeschäft". Die Änderungen der Organisationsstrukturen in den 1970er Jahren erleichterten diese Schritte ganz wesentlich. Die traditionelle Unternehmensorganisation war seit dieser Zeit einer neuen Struktur gewichen, in der sich die eigentliche Konzernspitze als Holding mehr und mehr aus dem operativen Geschäft zurückzog, das man vielmehr divisionalisierten Geschäftsbereichen überließ. An die Spitze traten in der Regel Finanzholdings, die die einzelnen zum Konzern gehörenden Teilunternehmen finanziell kontrollierten und sich die strategischen Entscheidungen vorbehielten. Bayer wählte Anfang der 1970er Jahre eine derartige Organisationsform, Thyssen folgte einige Jahre später, ebenso Siemens und Daimler-Benz, um nur einige Beispiele zu nennen. Das Abstoßen von Unternehmensteilen wurde so erleichtert. Die dadurch gewonnenen Spielräume nutzte man, um das Kerngeschäft durch entsprechende Zukäufe zu stärken, die in aller Regel im Ausland stattfanden.

Änderungen der Organisationsstrukturen

Das Abrücken von der Diversifikation und die Verstärkung der horizontalen Integration durch Zukäufe auf Fremdmärkten begann das Bild der deutschen Großunternehmen schon bald entscheidend zu prägen. Zwar war man traditionell im Ausland vertreten, doch handelte es sich hierbei meist um Verkaufseinrichtungen. Später errichtete man Produktionsstätten, die eng an das Mutterhaus angebunden waren. Mit dem Kauf ausländischer Unternehmen änderte sich das Bild. Der Auslandsumsatz stieg drastisch an, die ausländischen Unternehmensteile blieben viel

Zukäufe auf Fremdmärkten

autonomer, obschon sie im Laufe der Zeit in die deutschen Konzerne integriert wurden; selbst hiervon aber nahm man Ende der 1990er Jahre Abstand. Hatte die Deutsche Bank das Investmenthaus Morgan Grenfell noch in die eigene Struktur einbezogen, so ging man diesen Schritt im Falle von Bankers Trust anfangs bewusst nicht.

Milieu in deutschen Großunternehmen

Insgesamt änderte sich das Milieu in deutschen Großunternehmen, die fast durchweg ihre eigene Unternehmenstradition aufgaben: Man übernahm stattdessen angloamerikanische Verhaltensweisen und Traditionen und begriff sich als Akteur auf globalen Finanzmärkten. Man hatte in der Tat völlig neue Konkurrenten und sah sich gar global herausgefordert. Die Herausforderung war insofern wirklich global, als auch die Expansion nach Asien immer konkreter wurde: War man nun Teil eines weltweiten Verbundes horizontal integrierter Unternehmen, so stellte sich zwangsläufig die Frage, was aus den zumeist historisch gewachsenen, durch Vielfalt sich auszeichnenden Mutterhäusern werden sollte. Sollte die Deutsche Bank, die nun unmittelbar in Konkurrenz zu den schlanken, aber leistungsfähigen Investmentbanken mit hohen Gewinnmargen stand, an ihrer traditionellen Universalbankstruktur mit relativ niedrigen Gewinnmargen festhalten? Sollten die integrierten Chemiekonzerne wie Bayer, BASF und Hoechst nicht besser ihre nationalen Konglomerate aufgeben und Teil weltweit agierender, hochprofitabel arbeitender Spezialunternehmen werden? Drohte nicht die Gefahr einer feindlichen Übernahme und einer Zerschlagung der Konzerne, wenn man nicht selbst die Initiative ergriff und den Unternehmenswert durch eine Restrukturierung deutlich erhöhte, wie es die feindliche Übernahme von Mannesmann durch Vodafone dramatisch zeigte?

Auflösung der „Deutschland AG“

Die Entscheidung zugunsten drastischer Schritte, die schließlich zur Auflösung der „Deutschland AG“ führten, wurden den Unternehmensspitzen durch eine steuerliche Maßnahme der Regierung Schröder von 1998 erleichtert, nach der die Veräußerungsgewinne von fremden Unternehmensanteilen steuerfrei gestellt wurden. Plötzlich war es möglich, die Anteile an fremden Unternehmen zu veräußern, ohne die Kursgewinne versteuern zu müssen, und die Masse der betroffenen Unternehmen trennte sich rasch von ihren Beständen, um die dadurch gewonnenen finanziellen Spielräume für die eigene strategische Neuausrichtung nutzen zu können. Das Tempo der Liquidierung der durch ihre Überkreuzbeteiligungen gekennzeichneten „Deutschland AG“ und auch die Auflösung der mit ihr verbunden Netzwerke traf den einen oder anderen Akteur unvorbereitet; es war aber keineswegs von den zweifellos vorhandenen Einkommenswünschen der beteiligten Manager bestimmt. Vielmehr zeigt das Beispiel der Deutschen Bank, dass man froh war, endlich die Fesseln los zu sein, die das Bankhaus daran hinderten, eine international angemessene Rolle zu spielen und sich in der Wettbewerbslandschaft nach der Jahrtausendwende behaupten zu können. Übergreifende Weltfinanzmärkte und nationale Traditionsnischen – das passte nicht mehr und wurde folgerichtig emotionslos aufgegeben.

Abkehr von Unternehmens-traditionen

Gleichwohl verlief diese Anpassung bei weitem nicht einheitlich. Der Schritt in die USA bedeutete im Fall der Deutschen Bank explizit das Verlassen der eigenen Unternehmenstradition. Auch die Unternehmensleitung der Hoechst AG, die sich in den 1990er Jahren selbst aufgab, zerstörte bewusst die eigene Unternehmenstradition, an der die BASF hingegen, mit einer anderen Struktur zweifellos, festhielt, um nur diese Beispiele zu nennen. Die Entscheidungen im Einzelnen waren jedenfalls weder vom Markt noch vom Prozess der Globalisierung erzwungen. Es war und ist vielmehr eine Frage der Entscheidungsmilieus und der hiervon geprägten Entscheidungen, welche die weitere Entwicklung der Unternehmen beeinflussen. Dabei gab es bisher keine Automatismen, zumal die Erfahrungen mit den neuen Leitbildern alles andere als eindeutig sind. Manches deutet daraufhin, dass die Kosten von Traditionsbrüchen unterschätzt und die Chancen der „Globalisierung" von Unternehmen überschätzt wurden. Für die Masse der Unternehmen stellte sich die Frage ohnehin nicht; sie waren auf den deutschen Markt fixiert und hatten insofern kaum Handlungsbedarf. Viele kleine und mittlere Unternehmen hatten überdies nicht die gewachsenen Konzernstrukturen, die nunmehr zur Debatte standen, sondern definierten sich vor allem über ihre technisch anspruchsvollen Produkte. Hier bestand bestenfalls die Gefahr der Übernahme durch einen Konzern im Zuge von dessen Expansionsstrategie. Die „Globalisierung" war (und ist) ein Problem der deutschen Großunternehmen und der stark exportorientierten „Mittelständler". Und selbst bei diesen Unternehmen ist eine flächendeckende Entscheidung bislang nicht gefallen, obwohl es eine Tendenz gibt, sich dem angloamerikanischen Modell anzunähern und mit wenigen Produkten große Weltmarktanteile zu erzielen.

Wankende Gewissheiten

Überhaupt ist es nicht leicht, derzeit einheitliche Tendenzen auszumachen, denn spätestens seit der Weltfinanz- und Wirtschaftskrise sind viele Gewissheiten der 1990er und 2000er Jahre wieder ins Wanken geraten. Insgesamt, so scheint es, hat die Bereitschaft stark zugenommen, das eigene Unternehmen je nach Marktlage rasch zu verändern, was zu einer deutlich größeren Flüssigkeit der Unternehmensstrukturen beigetragen hat, die keinen historischen Bestandsschutz mehr genießen, wie er in der alten deutschen Unternehmenstradition üblich war. Das ist für die beteiligten Kapitalmarktakteure, namentlich die Investmentbanken und die entsprechenden Institutionen wie Hedge- und Private-Equity-Fonds eine Geschäftsmöglichkeit, die auch virtuos genutzt wird. Die damit einhergehende Bedeutungszunahme der Kapitalmärkte sowie das Interesse an möglichst vielen Unternehmenszerlegungen bzw. -käufen dürfte in Zukunft kaum nachlassen und zumindest dazu führen, dass die verflüssigte Unternehmenslandschaft sich nicht erneut zur Dominanz eines Modells verfestigt. Wie gesagt: Die Paradoxie des beständigen Wechsels scheint jetzt die Entwicklung eines großen Teils der deutschen Unternehmenslandschaft zu kennzeichnen.

Starke Veränderungen

Die Unternehmensgeschichte der großen Konzerne des letzten Drittels des 20. Jahrhunderts ist mithin von starken Änderungen gekennzeichnet: Nach einer kurzen Phase der Diversifikation konzentrieren sich die Unternehmensstrategien auf das Kerngeschäft, dessen Bezug der Weltmarkt ist. Die bereits vorhandene Internationalisierung wurde durch Verkäufe von Randfeldern und internationale Zukäufe im Kernbereich zur Globalisierung hin verdichtet; zumindest ein Teil der Konzerne verlor seine nationale Prägung. Die Bedeutung des Kapitalmarktes und seiner Akteure hat parallel und kausal stark zugenommen, wobei die zunächst aus der Krise der diversifizierten Konglomerate entstandene Aufwertung der Kapitalmärkte in eine veränderte Lage mündete, in deren Ergebnis sich jetzt neben dem Markt für Produkte und Dienstleistungen ein realer Markt für Unternehmen etabliert hat, auf dem entsprechend der jeweiligen relativen Preise Unternehmen gehandelt werden. Auf diese Weise ist die zunächst krisenbedingte Verflüssigung der Unternehmensstrukturen ein selbsttragendes Geschäft geworden, von dem Banken und Unternehmensberatungen leben, die ihrerseits selbst Teil dieses Geschäftsfeldes sind. Diese komplexe Verflüssigung von Unternehmensstrukturen hat das Entscheidungsverhalten des Managements wesentlich verändert, das jetzt nicht mehr allein die Komplexität der Märkte für Waren und Dienstleistungen, sondern auch die Komplexität der Unternehmensmärkte bewältigen muss. Dies ist jedoch kaum noch möglich, so dass die Aufwertung des Managements und die relativ hohen Gehälter und Tantiemen, die hier gezahlt werden, offensichtlich dazu dienen, genau diese Lage unsichtbar zu machen. Es wird Verantwortlichkeit fingiert, gerade weil sie faktisch unmöglich geworden ist.

Wandel der Organisationsstrukturen

Der Wandel der Organisationsstrukturen zeigt dies klar an. Traditionell besaßen die deutschen, nicht diversifzierten Unternehmen ihre in der Linie organisierte Produktion und die stabsmäßig aufgebauten Verwaltungs-, Forschungs- und Entwicklungseinheiten. Kommunikativ wurde diese funktionale Differenzierung vor allem über gemeinsame Ausschüsse und festgelegte Entscheidungsprozeduren reintegriert, so dass sie die nichtbürokratische Spitze mit den notwendigen Entscheidungsvorbereitungen versorgen konnten. Mit dem rasanten Größenwachstum erwiesen sich indes zentralisierte Entscheidungsvorbereitungsapparate als zu ineffizient, da viele Entscheidungen dezentral zu treffen waren. Die Divisionalisierung, welche die Produktion und die Stabsorganisation um Produktgruppen herum zusammenfasste und autonomisierte, trug dieser Entwicklung Rechnung. Die nichtbürokratische Spitze konnte damit aus dem eigentlichen Produktions-, Entwicklungs- und Vermarktungsprozess herausgehalten werden und sich auf die strategische sowie die Finanzkontrolle des Unternehmens konzentrieren. Die Organisationsform der Holding über rechtlich relativ eigenständige Töchter entsprach dieser Lage. Diese divisionale Organisation unter einem Holdingdach, die sich seit den 1970er Jahren in der Mehrzahl der deutschen Großunternehmen durchgesetzt hatte, begünstigte in den 1980er und 1990er Jahren die Verflüssigung der gewachsenen Strukturen des deutschen korporativen Kapitalismus, da die Unternehmen leichter zerlegt werden konnten und die Verbesserung der Finanzkontrolle mit der wachsenden Bedeutung der Kapitalmärkte positiv zusammenwirkte.

Entscheidungs- und Handlungsfähigkeit

Nur: Die strategische Entscheidungs- und Handlungsfähigkeit der Unternehmen gegenüber der sich verändernden Lage wurde dadurch letztlich nicht gesteigert. Traditionelle Fehler blieben weiterhin möglich, wobei die Krise der Metallgesellschaft nur das herausragendste Beispiel war. Die Unternehmensspitzen konnten nunmehr die Kosten in ihren Häusern genauer in die Entscheidungen einbeziehen, doch gerade der entscheidende Bereich, nämlich der Preis des eigenen Unternehmens, war nicht mehr beeinflussbar. Im Grunde konnte er früher im Kontext des deutschen Modells gemeinsam mit den Banken festgelegt werden; nun war er Ergebnis der Börsenentwicklung, die sich jeder einfachen Beeinflussung entzieht, auch wenn es zahlreiche kriminelle Versuche der Zahlenmanipulation gab und gibt. Sie markieren nur das grundlegende Problem, dass eben der Preis des Unternehmens durch das Unternehmen selbst faktisch nicht mehr beeinflussbar ist.

Ökonomische Bedeutung der Mitbestimmung

Während mithin die „Auslieferung" der Unternehmen an die Finanzmärkte die Handlungs- und Entscheidungsfähigkeit des Managements entscheidend verringerte, tat dies eine andere institutionelle Regelung, der genau dies nachgesagt wurde, gerade nicht: Die Mitbestimmung. Sie mochte letztlich teuer und nutzlos sein; ihre praktischen Auswirkungen jedoch sind relativ schlecht erforscht, so dass eine Diskussion über die ökonomische Bedeutung der Mitbestimmung im Vagen bleiben muss. Für den Wiederaufbauzyklus wird unterstellt, dass sie einen positiven Beitrag zur raschen Steigerung der Produktivität geleistet habe. Für die Jahre nach 1970 ist ihre praktische Bedeutung umstritten; die Unternehmensmitbestimmung wird in der Regel als teuer und ineffizient bezeichnet, aber im Grunde nicht als hinderlich, während die betriebliche Mitbestimmung über den Betriebsrat in aller Regel eher positiv beurteilt wird, da die Betriebsräte de facto als Teil des Unternehmens fungierten.

Kleine und mittlere Unternehmen

Die Geschichte der Zerstörung des deutschen kooperativen Kapitalismus und seine Ersetzung durch „Global Player", die über die Finanzmärkte einer ganz anderen, unberechenbaren Form der Kontrolle unterworfen sind, ist nur eine Seite der jüngeren Unternehmensgeschichte. Die andere Seite betrifft die Masse der kleinen und mittleren Unternehmen, die bis heute das Rückgrat der deutschen Unternehmenslandschaft bilden; sie stellten die Masse der Arbeitsplätze; hier wurde die Masse des Umsatzes gemacht. Diese kleinen und mittleren Unternehmen wiesen dabei eine vergleichsweise stabile Corporate Governance auf, die sich in der Regel aus der Verbindung von Unternehmen und Familie ergab, die zu Beginn der deutschen Unternehmensgeschichte eine zentrale Rolle spielte.

Rückzug der Familienunternehmen

Seit den 1970er Jahren nimmt die Anzahl der kleinen und mittleren Unternehmen (KMU), namentlich der Familienunternehmen, ab. Alle Branchen sind betroffen; offensichtlich ist der Schwund vor allem im Handel und Handwerk, wo einstmals von kleinen Handels- und Handwerksbetrieben geprägte städtische Wirtschaftslandschaften durch große Filialbetriebe ersetzt werden. Ursache ist häufig die mangelnde Rentabilität von Kleinstbetrieben. Das größte Problem für kleine und mittlere Unternehmen bildet neben der Konjunkturanfälligkeit aufgrund in der Regel niedriger Kapitalreserven und der Unfähigkeit, nennenswerte Skalenerträge erwirtschaften zu können, ein soziales und demographisches.

Folgen fehlender Nachfolge

Da in der Vielzahl dieser Unternehmen Eigentum und Kontrolle nicht getrennt sind, wurde die Nachfolgeentscheidung im Rahmen der Familie getroffen. Zwischen einer bestimmten Familienstruktur und der Überlebenswahrscheinlichkeit von KMU bestand (und besteht) offensichtlich eine positive Korrelation, die mit dem beschleunigten gesellschaftlichen Strukturwandel seit den 1960er Jahren verlorengegangen ist. Viele Unternehmer haben entweder keine Kinder; oder diese sind nicht daran interessiert, die häufig anstrengende, zeitaufwendige und riskante Tätigkeit der Väter (seltener: der Mütter) fortzusetzen. Fehlende Nachfolge bedeutet, wenn nicht rechtzeitig familienfremde Geschäftsführer gefunden werden, häufig Liquidation oder Auszahlung der Erben, mithin Auflösung oder doch ernsthafte Krise des Unternehmens.

Die Lage der KMU ist schließlich durch die Änderungen in der Geschäftspolitik der Banken betroffen, insofern diese die Finanzierung von KMU nicht mehr unbedingt als gewinnträchtiges Geschäftsfeld betrachten. Vielen Banken erscheint es lukrativer, die KMU in größere Unternehmensverbünde zu überführen und hohe Provisionen zu kassieren, als sich mit mageren Kreditzinsen zufrieden zu geben.

Netzwerkstrukturen

Eine völlig neue Unternehmensstruktur hat sich überdies im Bereich von Medien, IT-Kommunikation, Dienstleistungen und Beratung etabliert, wobei SAP das herausragende Beispiel ist. Die Deregulation der Kommunikationsmärkte in den 1980er Jahren, die Möglichkeiten der neuen Techniken bei der Restrukturierung der Unternehmen sowie schließlich das zunächst vorhandene Desinteresse der Großen und die zu Beginn relativ niedrigen Marktzugangsbarrieren für Neulinge bedingten, dass in diesem Bereich nachgerade ein Treibhausklima für Unternehmensgründungen entstand. Auch wenn der Zusammenbruch der New Economy letztlich zu einer deutlichen Konsolidierung und Marktbereinigung in der Branche führte, entstand hier doch im Vergleich mit den traditionellen Unternehmensmodellen ein neuer Typus des Unternehmens und der Unternehmensführung. Hier kristallisierte sich die einzige neue Organisationsvorstellung von einigem Gewicht: Die sich hinter der Metapher des Netzwerkes verbergende polyzentrische, flache Organisationsstruktur mit relativ durchlässigen Außengrenzen. Das Netzwerk ist kein Modell, da eine entsprechende Organisationskonzeption nicht existiert. Es markiert vielmehr metaphorisch eine Entwicklungsrichtung, die von allen Akteuren mit einschlägigen Organisationsproblemen in der Zwischenzeit genutzt wird. Aus der Sicht der Unternehmensorganisation könnte man dies eine Art hybride Organisationsform nennen, die wesentlich schwächer ist als feste Organisationsstrukturen, Kartelle, Syndikate und Absprachen, allerdings fester als der normale Geschäftsverkehr, der ja auch stets mit Informationsaustausch einhergeht. Offensichtlich rechnen sich lose, durch informelle wie formelle Kanäle gespeiste Informations- und Arbeitsteilungsstrukturen, da sie die einzelne Organisationseinheit nicht überfordern (weder technisch, noch kapitalmäßig), aber adäquate Leistungen ermöglichen. Sie hängen damit jedoch an bestimmten informellen Voraussetzungen, stellen mithin nachgerade eine kulturelle Institution dar, die auch als solche wahrgenommen und respektiert werden will, wenn der gewünschte Nutzen entstehen soll.

5. Zusammenfassung

Gesichtspunkte und Zeitphasen

Zusammenfassend lassen sich für die deutsche Unternehmensgeschichte im 19. und 20. Jahrhundert folgende Gesichtspunkte und Zeitphasen benennen. Produktions- und Informationstechniken sowie Marktbedingungen waren die entscheidenden Determinanten der Unternehmensentwicklung. Sie bestimmten die Größe und damit zumindest dem Rahmen nach die formalen Organisationsstrukturen der Unternehmen. Innerhalb dieses Rahmens blieben aber Organisations- und Verhaltensvarianten, die dem Management Entscheidungsspielräume ließen: Eine deterministische Beziehung von Technik und Markt über Unternehmensgröße und -politik hin zu den formalen und schließlich informellen Unternehmensstrukturen lässt sich empirisch nicht feststellen. Hier liegt damit der entscheidende Untersuchungsansatz der Unternehmensgeschichte, der es um die Analyse und Interpretation von Handlungs- und Entscheidungsprozessen in komplex organisierten Unternehmen bei variierenden technischen und ökonomischen Umweltbedingungen geht. Bisher lassen sich grob gesagt vier Phasen der Unternehmensgeschichte (empirisch auf spätere Großunternehmen bezogen) erkennen:

- eine Phase des Durchbruchs der Unternehmung mit wenig ausdifferenzierter, noch nicht professionalisierter, im Wesentlichen familial gestützter Organisationsform 1800 bis etwa 1870.
- eine Phase der Durchsetzung und Verbreitung des Großbetriebes unter spezifischen, hochriskanten Marktbedingungen mit professionalisierter, vom Eigentum sukzessive abgelöster Unternehmensleitung durch bezahlte und einschlägig qualifizierte Manager, die zur Durchsetzung der Unternehmenszwecke vor allem funktionale Organisationsformen favorisieren.
- eine Phase der Diversifikation und Divisionalisierung zwischen den 1960er und 1980er Jahren, in der auf die sinkende Wachstumsdynamik und die sich verstärkende internationale Konkurrenz durch Zukäufe und regionale Expansion reagiert wurde, wodurch divisionale Organisationsformen begünstigt wurden.
- schließlich eine Phase der Auflösung der traditionellen Unternehmensstrukturen in Folge der sich global durchsetzenden Konkurrenzformen, der Änderung der Informationstechnologien und der Aufwertung der Kapitalmärkte mit einer Präferenz für „flexible“, d. h. jederzeit neu konfigurierbare Organisationsformen.

Deutsche Spezifika

Im deutschen Fall war es insbesondere die Zeit zwischen dem späten 19. Jahrhundert und den 1970er Jahren, die spezifische Strukturentscheidungen begünstigte (enge Verbindung von Banken und Industrie,

Sozialpartnerschaft, Qualitätsproduktion, starke Zentralorganisation), da den sich bildenden und expandierenden deutschen Großunternehmen keine derart großen und homogenen Märkte offenstanden wie ihrer amerikanischen Konkurrenz. Eine Vielzahl unterschiedlicher nationaler Märkte mit zum Teil erheblichen Marktzugangsbarrieren erforderte eine entsprechende Produktions- und Organisationsstruktur. Die starke Unternehmensbürokratie und die risikoaverse Verbindung von Banken und Industrie, welche die Unternehmen gegenüber den Kapitalmärkten abschottete, war mithin keine „ideologische“ Entscheidung, sondern folgte den gegebenen Marktkonstellationen. Mit deren globaler Öffnung seit den 1970er Jahren entfielen die deutschen Spezifika nach und nach, da sie keinen funktionalen Grund mehr besaßen.

II. Grundprobleme und Tendenzen der Forschung

1. Geschichte der Unternehmensgeschichtsschreibung

Jubiläums- und Festschriften

Unternehmensgeschichte ist zwar – als akademische Teildisziplin – ein recht junges Fach, doch verfügt sie über eine alte Praxis und damit zumindest eine lange Tradition. Unternehmen als Organisationen haben Gründungsdaten und damit runde Geburtstage, die in der Regel zu resümierender (Selbst-)Betrachtung herausfordern. Als Jubiläumsschriften waren (und sind) diese Arbeiten dabei literarische Texte eines besonderen Typs: Sie sind vom Stolz auf das Erreichte geprägt und sie stellen die scheinbar wichtigsten Entscheidungen und deren Träger in den Mittelpunkt ihrer Erzählungen.

Diese Festschriften sind im Übrigen, wie mehr oder weniger alle literarischen Texte, ihrer Zeit verpflichtet und atmen deren Geist: Die großen Festschriften aus der Zeit des Wilhelminismus etwa sind insofern nicht nur von den wirtschaftlichen Erfolgen der Zeit vor dem Ersten Weltkrieg bestimmt; sie atmen auch das „Kolossale" jener Jahre in Stil und Aufmachung. Die Festschriften der Zwischenkriegszeit und der Jahre nach dem Zweiten Weltkrieg kommen nüchterner daher, sind aber gleichwohl noch vom Persönlichkeitskult ihrer Zeit geprägt bzw. tragen die Mythen und Legenden der Wiederaufbauzeit und des Wirtschaftswunders ebenso vor sich her, wie sie die Zeit des Nationalsozialismus beschönigen oder beschweigen [Brünger 2017].

Die Konjunkturen und die Rahmenbedingungen haben sich seither geändert; doch die Gattung der Festschrift hat sich bis heute kaum verändert, wenngleich ihre mediale Präsentation zwangsläufig den jeweiligen technischen Möglichkeiten folgt. Dieser Literaturgattung vorzuwerfen, dass sie wissenschaftlichen Ansprüchen nicht genüge, ist so wohlfeil wie müßig, da sie nie etwas anderes zu sein beanspruchte als eben Festschriftenliteratur. Ihre Anfänge reichen in das frühe 19. Jahrhundert zurück; in den Jahren vor dem Ersten Weltkrieg erlebte sie – angesichts der Vielzahl von fünfzigjährigen Jubiläen nicht verwunderlich – einen ersten Höhepunkt. Seit dieser Zeit existiert ein breiter Strom von ein-

https://doi.org/10.1515/9783486841442-002

schlägigen Publikationen [Pierenkemper 2000a, 28–39], die als Gattung insgesamt leider bisher nur ansatzweise erforscht sind [Markus 2002].

Anfänge

Die wissenschaftliche Beschäftigung mit dem Phänomen „Unternehmen" im eigentlichen Sinne begann im deutschen Sprachraum während des letzten Drittels des 19. Jahrhunderts. Auch wenn es zuvor bereits interessante Auseinandersetzungen mit der Frage der Funktion des Unternehmers und den Quellen seiner Entlohnung gegeben hatte [Turin 1947], wurde das Unternehmen selbst erst später Gegenstand der wirtschaftswissenschaftlichen Untersuchung. Entsprechend der vorherrschenden Richtung der deutschen Nationalökonomie waren die ersten Studien dabei historisch angelegt, so beispielsweise Gustav Schmollers Untersuchungen zur „Geschichtlichen Entwicklung der Unternehmung" [1890a]. Obgleich sich Schmollers Beispiele auf einzelne Unternehmensgeschichten, insbesondere in der Zeit vor 1800 beziehen, so ist doch klar, dass es ihm nicht um das einzelne Unternehmen an sich geht, sondern die Frage nach der konstitutiven Bedeutung des Unternehmens und seiner Entwicklung für die moderne Wirtschaft im Vordergrund steht. Zu theoretischen Verallgemeinerungen war Schmoller noch nicht bereit; auch die in seinem Umfeld entstehenden Arbeiten stellten vielmehr generalisierend den „Unternehmer" und nicht das Unternehmen als Organisation in den Vordergrund. Erst über eine Auseinandersetzung mit dieser Figur gelangte man später zum Unternehmen als spezifischer Organisation des Wirtschaftslebens in der Moderne zurück.

Bedeutung der Unternehmer

Das grundlegende Interesse bestand darin zu erklären, wie es zur historisch offensichtlich einmaligen Steigerung der Produktivität in den europäischen Volkswirtschaften kommen konnte. Im Kern sah man hinter der enormen Steigerung der Wirtschaftsleistung weniger das Unternehmen als vielmehr den rational handelnden Unternehmer, der das Unternehmen entsprechend seiner Vorstellungen schuf, um rational zu produzieren und auf diese Weise Gewinn zu erzielen. Das entsprach dem Eindruck der Zeitgenossen und sollte wirtschaftstheoretisch wie sozialhistorisch geklärt werden. Während Joseph Schumpeter im Rahmen einer Kritik der Schwächen des Marginalismus den schöpferischen Unternehmer als treibende Kraft der kapitalistischen Entwicklung identifizierte [Schumpeter 1908, 1911/12], und Ludwig Pohle [1911] den Unternehmer als den eigentlichen Schöpfer und wesentlichen Agenten der modernen Wirtschaft ansah, war es für Werner Sombart [1913] und Max Weber [1904/1918] eine spezifische Ethik, die den „Bourgeois" kennzeichnete und seinen Erfolg bedingte. Wenn man sich auch darum stritt, ob es nun die „protestantische Ethik", eine spezifisch jüdische Disposition oder Fremdheit schlechthin waren, die den Erfolg der Unternehmerschaft begünstigten, war man sich in der Grundsatzfrage, nämlich der Bedeutung des Unternehmers, ganz einig: Die wirtschafts- und sozialhistorische Forschung hatte sich entsprechend darauf zu konzentrieren, die Durchsetzung der modernen Wirtschaft als die Durchsetzung einer spezifischen Handlungsrationalität, getragen von einem entsprechenden Menschentypus, nachzuweisen.

Unternehmerforschung

Das in diesem Rahmen stehende Hauptwerk von Werner Sombart [1902–1927] zum „Modernen Kapitalismus" ist bis heute eine Fundgrube für die ältere Unternehmensgeschichte wie auch Quell mancher ihrer Irrtümer. Denn bereits Pohle kritisierte, dass Sombart mehr nach den Handlungsmotiven als nach den faktischen Handlungen der Unternehmer suche und daher deren praktische Tätigkeit (Produktion für den Markt, Organisation der Arbeitsteilung) faktisch nicht zur Kenntnis nehme. Gleichwohl ist die historische Unternehmerforschung deshalb nicht verstummt; in der Zwischenkriegszeit und in den frühen Nachkriegsjahren verband sich mit dem Namen des Schumpeter-Schülers Fritz Redlich [1959, 1964] der mehr oder weniger ernsthafte Versuch, zu einer Systematik der Unternehmerschaft zu gelangen, die aber in Ansätzen und Detailstudien stecken blieb. Dies hat sich seither insofern gewandelt, als sich vor allem mit dem Namen des britischen Ökonomen Mark Casson [1997, 2013] eine neuere Managementforschung verbindet, die recht genaue Vorstellungen von Struktur und Gehalt erfolgreicher Unternehmerschaft entwickelt hat.

Grenzen der Unternehmerforschung

Letztlich ist der unternehmenshistorische Wert derartiger Konzepte begrenzt. Zwar werden einerseits die Bedingungen der Möglichkeit erfolgreichen Unternehmerhandelns thematisiert, doch haben diese konzeptionellen Überlegungen mit der historischen Realität wenig gemein; unternehmenshistorische Studien können sie nicht ersetzen, ja nicht einmal anleiten. Sie bieten bestenfalls Hinweise zur Ordnung des empirischen Materials, sind als generalisierte Anmerkungen zur Unternehmerschaft aber nicht selten fast trivial. So zeigt sich auch, dass es eine Theorie der Unternehmerschaft vom Gegenstand her kaum geben kann, da sie in geradezu „natürlicher" Weise singulär ist, zumal sich bei näherem Hinsehen auch soziologische Klassifikationen (Unternehmerklasse, Bourgeoisie etc.) empirisch nicht bestätigen lassen. Unternehmer sind weder eine Klasse noch haben sie ansonsten homogene soziale Merkmale, wenn man nicht die Tatsache eines gewissen Einkommens und Vermögens zur ausschlaggebenden Kategorie machen möchte, was zu der irreführenden Gleichsetzung von Unternehmerschaft und Reichtum führen würde. Nein: Unternehmer sind Individuen [Plumpe 2014], obschon die zahlreichen prosopographisch angelegten Studien zu sozialen Merkmalen von Angehörigen der Unternehmerschaft [Kocka 1975; Pierenkemper 1979; Ziegler/Unger/Berghahn 2003] und des Wirtschaftsbürgertums [u. a. Budde/Gebhardt/Conze/Rauh 2010] durchaus verdienstvoll sind. Sie tragen aber letztlich wenig zur Aufklärung der eigentlichen Unternehmertätigkeit bei, die nur singulär rekonstruiert werden kann. Hier liegt das eigentliche Feld der biographischen Rekonstruktion, die für die deutsche Unternehmensgeschichte in den vergangenen Jahren beeindruckende Erfolge erzielt hat.

Das Unternehmen als Organisation

Die in dieser Tradition bzw. diesem Umfeld sich etablierende unternehmenshistorische Forschung [etwa Strieder 1925] trug maßgeblich zur Sicherung der Quellen der älteren Unternehmensgeschichte und zur Aufklärung der großen alteuropäischen Unternehmensgeschichten (Fugger, Welser u. a.) bei. Doch bereits bei Weber und Sombart, später auch bei Schumpeter war spürbar, dass die Rolle des Unternehmers keineswegs den Schlüssel zum Verständnis des modernen Unternehmens enthielt, welches offensichtlich viel stärker als „Organisation" zu verstehen war – ein Gedanke, den Pohle sehr frühzeitig gegen Sombart ins Gespräch gebracht hatte. Spätestens in den 1920er Jahren sah auch Sombart im Großunternehmen des Spätkapitalismus einen autonomen Organismus, der sich von den Intentionen und Verhaltensweisen seiner Schöpfer vollständig emanzipiert habe und seinen eigenen, technokratischen Gesetzmäßigkeiten folge [Sombart 1929].

Weber und Sombart

Wenngleich Max Weber die Katastrophen der Zeit nach dem Ersten Weltkrieg nicht mehr miterlebte, hatte er mit dem Konzept der bürokratischen Herrschaft dennoch ein wesentliches Stichwort zur Analyse des nunmehr „stahlharten Gefäßes" des bürokratisierten Großunternehmens gegeben [Weber 2002 (1921, 1922)]. Auch hier traten die Intentionen der Schöpfer in den Hintergrund. Schumpeter schließlich sah den „Unternehmer" in den Tendenzen zur Konzentration und Zentralisation des Kapitals untergehen [Schumpeter 1928, 1942], wie überhaupt die deutsche nationalökonomische (und damit auch die unternehmenshistorische) Debatte der Zwischenkriegszeit in eigentümlicher Weise durch Grundsatzdiskussionen und pessimistische Prognosen bestimmt war: Die empirische Forschung litt unter einer Überfrachtung mit Gegenwartsproblemen, während die grundsätzliche Spekulation Urständ feierte. Fortschritte wurden in den 1920er Jahren vor allem im Bereich betriebswirtschaftlicher Grundlagenforschung geleistet, doch strahlte diese noch nicht in die Unternehmensgeschichtsschreibung aus.

Nationalsozialismus

Im Nationalsozialismus änderte sich die Konstellation; zumindest eine Zeitlang machte sich wieder Optimismus breit – nicht zuletzt, weil manche glaubten, nach einem gewonnenen Krieg werde der „deutsche

Unternehmer" wieder das Feld bestimmen [Herbst 1982]. Empirisch dominierte entsprechend der politischen Vorgaben die Handwerksforschung und das Interesse für den „deutschen Unternehmer", zumal der Nationalsozialismus mit den großen, „kosmopolitischen" Unternehmen ohnehin seine ideologischen (nicht praktischen) Schwierigkeiten hatte: Unternehmensgeschichte wurde hier und da in Zeitschriften verfolgt, und mit der Gründung des Westfälischen Wirtschaftsarchivs 1937 bemühte man sich auch um die Sicherung einschlägiger Quellen kleinerer Unternehmen; größere Arbeiten aber entstanden – von einigen Festschriften abgesehen – nicht [Brinkmann 1942]. Der bereits vor 1914 erreichte Stand der Diskussion, welcher sich vor allem bei Pohle findet, nämlich das Unternehmen als spezifische ökonomische Organisation unter Marktbedingungen zu sehen, welches sich mittels eigener Entscheidungen durch den Markt navigiert, wurde entsprechend der allgemeinen geistigen und wirtschaftlichen Bedingungen in Deutschland nach dem Ersten Weltkrieg mithin nicht wieder erreicht.

US-Forschung

In den USA verlief die Entwicklung vollständig anders. Seit den 1920er Jahren liegt hier das Zentrum anspruchsvoller unternehmenshistorischer Forschung, wohingegen Deutschland im Gefolge des verlorenen Ersten Weltkrieges und der Umbrüche in seiner Wirtschaft und Gesellschaft seine ehemalige Pionierrolle verlor. Dabei wurden auch europäische Traditionen [etwa der Institutionalismus der deutschen historischen Schule: Schumpeter 1926; Reuter 1994] bewusst aufgegriffen und auf intelligente Weise weiterentwickelt. Aber es war nicht nur die Fortsetzung dieser Traditionen, sondern auch die Art und Weise des offenen und unkomplizierten Umgangs mit der eigenen, imposanten Unternehmenswirklichkeit, welcher der nordamerikanischen Unternehmensforschung die führende Rolle ermöglichte.

Von großer Bedeutung war dabei zweifellos, dass die Universitäten frühzeitig Forschung und Lehre im Bereich der Unternehmensforschung an – wie man seinerzeit sagte – besonderen inneruniversitären Handelshochschulen, also *business schools*, konzentrierten und hier frühzeitig Unternehmensgeschichte zum regulären Unterrichtsfach und Forschungsgegenstand machten [Gras 1928].

Arbeits- und Betriebssoziologie

Neben der aus den 1920er Jahren stammenden Tradition der *business schools* spielte des Weiteren die ebenfalls in Amerika frühzeitig große Erfolge feiernde Arbeits- und Betriebssoziologie eine herausragende Rolle. Spätestens seit den berühmten Hawthorne-Experimenten, in denen die soziale Dynamik von Arbeitsgruppen für deren Produktivität offensichtlich wurde, trat der Betrieb als spezifische soziale Organisation in den Blick [Lutz/Schmidt 1977]. In den USA kamen auch die ersten Zweifel an der

These auf, dass ein Unternehmen entsprechend der relativen Preise jeweils rational die günstigste Kombination der Produktionsfaktoren wählen könne, wenn es nur wolle. Aus organisations- und entscheidungstheoretischen Gründen wurde im Gegenteil argumentiert, dass Unternehmen jeweils nur nach Maßgabe ihres begrenzten (und nicht kostenlos erweiterbaren) Wissens Entscheidungen treffen können, deren Erfolg oder Misserfolg sich wiederum der eigenen Kontrolle entzieht: statt rational zu entscheiden, würde sich die Mehrzahl der Unternehmen „durchwursteln"; statt auf maximalen Profit aus zu sein, gäben sich die meisten Unternehmen mit einer als angemessen empfundenen Kapitalrendite zufrieden.

Grundlagenforschung

Zwar drangen die grundlegenden Forschungsergebnisse von SIMON [1955] und CYERT/MARCH [1963] nicht direkt in die Unternehmensgeschichtsschreibung ein; ebenso wenig wurden die grundlegenden Anstöße berücksichtigt, die RONALD H. COASE bereits in den 1930er Jahren zur Theorie des Unternehmens formuliert hatte, doch die US-amerikanische Unternehmensgeschichtsschreibung konnte sich seit den 1950er Jahren auf ein breites Fundament empirischer und theoretischer Grundlagenforschung stützen, das in der Bundesrepublik keinerlei Entsprechung hatte. Dieses Fundament wurde zudem laufend erweitert, und zwar gerade an den Punkten, die unternehmenshistorisch von außerordentlicher Bedeutung sind, insbesondere in der Frage des statischen Charakters der sog. *mainstream economics*. Die Fragen der evolutorischen Ökonomik, die in Anlehnung an SCHUMPETER und zum Teil an die österreichische Schule entstand, zielten gerade auf das Offenlegen der dynamischen Elemente des ökonomischen Prozesses und die Klärung des Zusammenhangs von Innovation und Unternehmenserfolg [NELSON/WINTER 1982; BESCHORNER 2000].

Theorie der Unternehmung

Darüber hinaus wurden in den frühen 1970er Jahren die Überlegungen von COASE zur Theorie der Unternehmung entscheidend weiterentwickelt. Hatte COASE [1937] sich noch mit dem allgemeinen Hinweis begnügt, Unternehmen gebe es, da die Nutzung des Marktes nicht kostenlos sei und daher ggf. die Abwicklung von Transaktionen in Organisationen kostengünstiger sein könne als über Märkte, so arbeitete OLIVER E. WILLIAMSON den Coase'schen Ansatz nunmehr zu einer umfassenden Theorie aus, die Unternehmen über das Risiko hochspezifischer Investitionen plausibilisierte [WILLIAMSON 1990; WILLIAMSON/WINTER 1991]. Die Coase'schen Argumente beflügelten überdies den gesamten Bereich der institutionalistischen Ökonomie, die sich zur Neuen Institutionenökonomik nicht zuletzt unter tatkräftiger Mithilfe des Wirtschaftshistorikers DOUGLASS C. NORTH mauserte, in dessen Konzept es die Art und die Struktur der Institutionen sind, die über die Entwicklung der relativen Preise, über die Höhe der Transaktionskosten und damit letztlich auch über die Frage der Unternehmung als effizienter Organisation entscheiden [North 1988, 2005].

Alfred D. Chandler

Die amerikanische Unternehmensgeschichtsschreibung, die seit den späten 1950er Jahren untrennbar mit dem Namen Alfred D. Chandler verbunden ist, setzte an diesen theoretischen Vorgaben an, wurde von deren Weiterentwicklung stimuliert und trug teilweise selbst nicht wenig zur empirischen Prüfung der jeweiligen Konzepte und damit zu ihrer Weiterentwicklung bei. Das Chandler'sche Konzept ging von den Erfahrungen der US-amerikanischen Unternehmensgeschichte aus, generalisierte diese aber rasch zu einem umfassenden Ansatz der Unternehmensgeschichtsschreibung. Programmatisch wurde der erste Buchtitel: *The Visible Hand* [1977]. Wenn gesamtwirtschaftlich der Zusammenhang der einzelwirtschaftlichen Aktion und ihre Koordination gleichsam spontan und unsichtbar über das Wirken des Marktes vollzogen werde, so bedürfe das Unternehmen der deliberativen Entscheidung. Diese Entscheidungen, so Chandler, seien vor allem strategischer Art; sie bezögen sich auf die Nutzung von Marktchancen durch die Bereitstellung bzw. Produktion von Gütern und Dienstleistungen. Diese strategischen Entscheidungen seien grundlegend für den Unternehmenserfolg; die Ausdifferenzierung der Organisation folge ihnen mehr oder weniger zwangsläufig nach („structure follows strategy").

Chandlers Einfluss

Vor dem Hintergrund der US-amerikanischen Erfahrungen des Aufstiegs des managergeführten Großunternehmens war Chandlers Konzept plausibel und brachte auch in größerem Zusammenhang wichtige Einsichten, da nunmehr das Managementverhalten, die strategische Ausrichtung und die organisatorische Entwicklung international verglichen werden konnten. Überdies: Chandlers Modell legte nahe, dass der Erfolg des Unternehmens von den richtigen Entscheidungen des Managements abhing; daher galt es vor allem die Fähigkeit hierzu sicherzustellen [Chandler 1990]. Dieser Ansatz war bei allen später kurz anzusprechenden Schwächen außerordentlich erfolgreich; er beherrschte (und beherrscht im Grunde bis heute) die Mehrzahl der einschlägigen Studien, da die Kombination von Marktentwicklung, Management, strategischen Entscheidungen und Organisationsstrukturen relativ leicht zu fassen und darzustellen ist, zumindest zum Teil auch quantifiziert bzw. graphisch demonstriert werden kann (Unternehmensgröße, Daten zur wirtschaftlichen Entwicklung, Organigramme etc.) und – ausgesprochen wichtig – den internationalen Vergleich geradezu herausfordert.

BRD nach 1945

Die deutsche Unternehmensgeschichtsschreibung konnte nicht im Ansatz mit Vergleichbarem aufwarten. Zwar kehrte die Festschriftenliteratur nach und nach zurück und wurde in den 1960er Jahren wieder üppiger; zwar gab es hin und wieder ernstzunehmende Studien zur Geschichte einzelner Unternehmen, insgesamt aber war die Zahl der akademischen Unternehmenshistoriker gering und ihre Produkte umstritten. Zudem scharte sich dieser kleine Kreis von Unternehmenshistorikern um die in den 1950er Jahren gegründete Zeitschrift „Tradition", welche der Traditionspflege in den Unternehmen gewidmet war. Lediglich der zeitweilige Remigrant FRITZ REDLICH war mit seinen Studien, zusammengefasst zum Buch *Der Unternehmer* [1964], eine Ausnahme, da er in einer nicht sehr anspruchsvollen Weise Elemente der deutschen Tradition [SCHUMPETER] und zeitgenössische amerikanische Debatten miteinander verband und in der Bundesrepublik bekannt machte.

Betriebsgeschichtsschreibung der DDR

In der DDR hatte man ganz andere Probleme. Hier gab es zwar eine recht umfangreiche unternehmenshistorische Praxis, namentlich zur Geschichte des deutschen „Monopolkapitals", doch hatten sich die einschlägigen Studien etwa von KURT GOSSWEILER oder EBERHARD CZICHON im engen Rahmen gewünschter politischer Interpretationen zu bewegen, die allerdings wenig mit der unternehmenshistorischen Realität zu tun hatten, sondern vielmehr die großen Unternehmen gegen jede empirische Evidenz zu geradezu manichäischen Monstern eines vermeintlichen „staatsmonopolistischen Kapitalismus" aufplusterten. Die mit dem Namen FRITZ RADANDT eng verbundene neue „Betriebsgeschichtsschreibung" der sozialistischen Betriebe im realen Sozialismus war hingegen von Anfang an ein eigenartiger Zwitter, der im Grunde die Situation in der DDR widerspiegelte, in der es eben keine Unternehmen mehr gab, sondern nur noch Betriebe, die nach Plan arbeiteten. Deren Geschichte verlor sich daher auch rasch in mehr oder weniger unlesbaren Geschichten sozialistischer Kollektive, welche ihre Betriebe jeweils zu neuen Höchstleistungen führten. Mit der Gründung von Geschichtskabinetten in zahlreichen Betrieben bekam die Betriebsgeschichtsschreibung überdies einen explizit laienhistorischen Anstrich. Unternehmensgeschichtsschreibung war dies allerdings mitnichten. Glanz und Elend dieser Art Geschichtsschreibung haben sich prägend niedergeschlagen, beispielsweise in der Geschichte von Zeiss-Jena, in der 1962 durch ein Autorenkollektiv das Jenaer Zeisswerk „einst und jetzt" zum Thema wurde [SCHUMANN 1962].

Aufschwung der Wirtschafts- und Sozialgeschichte

Die, wenn man so will, gesamtdeutsche Durststrecke der Unternehmensgeschichtsschreibung kam schließlich doch an ihr Ende. Das Fach profitierte seit dem Ende der 1960er Jahre erheblich vom Aufschwung des Modefaches „Wirtschafts- und Sozialgeschichte" und der Verschiebung der Leitfragestellungen der Historiographie hin zu Problemen des sozio-ökonomischen Strukturwandels und seiner Aufklärung. Nun entstanden große Arbeiten zur Entwicklung des Managerkapitalismus in Deutschland [Kocka 1969] und eine sozialhistorisch anspruchsvolle Unternehmerforschung betrat die Szene [etwa Zunkel 1962]. In den 1970er Jahren begann überdies eine ganz eigenständige Phase der theoretischen Konzeption von Unternehmensgeschichte durch den „Organisierten Kapitalismus" und große Forschungs- und Darstellungsprojekte wurden begonnen [Horn/Kocka 1979].

Gesellschaft für Unternehmensgeschichte

Die Fülle der Literatur nahm deutlich zu und auch institutionell entstand mit der Gründung der Gesellschaft für Unternehmensgeschichte ein neuer Diskussionsfokus. Die Gründung der GUG war dabei ein doppeltes Signal, wurde sie doch explizit auch deshalb gegründet, um die zunehmenden öffentlichen Angriffe auf Unternehmen – in welchen deren Geschichte und führende Protagonisten eine prominente Rolle spielten – mit einer ebenso profilierten historischen Argumentation zurückzuweisen. Die Unternehmensgeschichtsschreibung mauserte sich von der akademischen Teildisziplin zum gelegentlich offenen Schlachtfeld, auf dem mit unterschiedlichen politischen Ansätzen und konkurrierenden wissenschaftlichen Verfahren um die jeweils richtige Unternehmensgeschichtsschreibung gerungen wurde, gelegentlich sogar vor Gericht um Forschungsergebnisse bzw. tendenziöse Darstellungen [Brünger 2017].

Aufarbeitung des Nationalsozialismus

In ihrem Kern verharrte die deutsche Unternehmensgeschichtsschreibung allerdings auch jetzt noch im vortheoretischen Raum. Die Arbeiten etwa von Jürgen Kocka zu Siemens kamen eben nicht direkt aus der Unternehmensgeschichtsschreibung. Diese sah sich auch weiterhin dem Vorwurf der Theorielosigkeit, vor allem aber der Hofhistoriographie ausgesetzt [Hanf 1977]. Erst in den 1980er Jahren begann nach und nach ein Umschwung, der viel mit der Aufarbeitung der Geschichte der großen Unternehmen im Nationalsozialismus zu tun hatte. Dieser Umschwung hatte ironischerweise mit dem Verblassen des marxistischen Ansatzes zu tun. Waren für diesen die Unternehmen selbst uninteressant, da er auf die Funktionsweise des Kapitalismus an sich abhob, so wurde im Rahmen der Aufarbeitung der Unternehmensgeschichte während des Nationalsozialismus nunmehr nach der individuellen Verantwortung einzelner Unternehmen gefragt; eine Frage, die sich nicht mit dem Hinweis auf den Systemcharakter des Kapitalismus einfach aus der Welt schaffen ließ. In der Debatte um die Zwangsarbeit in deutschen Großunternehmen entstanden daher – in noch durchaus kontroverser Weise – die ersten Studien, die sich konkret um die Rekonstruktion von Entscheidungsprozessen in einzelnen Unternehmen bemühten (Daimler-Benz-Bücher). Die juristische Dimension der Zwangsarbeit, insbesondere ihre amerikanische Variante, löste dann eine Welle von Studien aus: Sie trug maßgeblich dazu bei, dass viele Unternehmensleitungen nunmehr historische Arbeiten in ihren Häusern nicht nur nicht behinderten, sondern gezielt förderten (Deutsche Bank etc.).

Neue Institutionenökonomik

Parallel zu diesem grundstürzenden Wandel, der die deutsche Unternehmensgeschichtsschreibung in ihrer Dichte und Anzahl der Einzelstudien zu großen Unternehmen heute recht einmalig in der Welt erscheinen lässt, begannen jüngere Historiker gezielt das theoretische Setting der Unternehmensgeschichtsschreibung zu erneuern. Dabei traten sehr schnell bestimmte theoretische Impulse als maßgebend auf. Zunächst kamen sie aus der Tradition des Institutionalismus, der als Neue Institutionenökonomik in ein modernes ökonomisches Korsett gefasst wurde. Hier ging und geht es vor allem darum, Unternehmen als wirtschaftliche Organisationen über die mit ihnen verbundenen Transaktionskosten zu erklären: Jede wirtschaftliche Transaktion verursacht Kosten, wobei Markttransaktionen andere Kosten (Such-, Verhandlungs-, Kontrollkosten) haben als die Kosten der Nutzung einer hierarchischen Koordination von Transaktionen (Weisungsbefolgungskosten). Unternehmen entstehen immer dann, wenn die Hierarchie kostengünstiger ist als der Markt, wobei – und hier liegt der wesentliche Impuls für die Unternehmensgeschichtsschreibung – die Kosten der Hierarchie durch das Unternehmen selbst maßgeblich beeinflusst werden können. Der Erfolg eines Unternehmens hängt in dieser Perspektive davon ab, ob es ihm gelingt, seine internen Transaktionskosten niedrig zu halten, also das Weisungsverhältnis von Prinzipal und Agent, das den Kern der hierarchischen Koordination ausmacht, effizient zu gestalten. Damit eröffnet die Institutionenökonomik einen Schlüssel zur Erklärung von Unternehmensentwicklung, die eben als je singuläre Lösung des Transaktionskostenproblems verstanden werden kann [Plumpe 2004].

Probleme der Neuen Institutionenökonomik

Die Institutionenökonomik war und ist von der Neoklassik bestimmt und teilt mit ihr gewisse Probleme, insbesondere deren Statik. Daher verlangt sie in der Unternehmensgeschichtsschreibung nach Ergänzungen und Erweiterungen. Die theoretischen Impulse, die einerseits aus der evolutorischen Ökonomik kommen, anderseits aus dem sozialwissenschaftlichen Konzept der Mikropolitik, wurden daher in den jüngeren Theoriedebatten ebenfalls fruchtbar verarbeitet [Lauschke/Welskopp 1994]. Die evolutorische Ökonomik setzt vor allem auf die Dynamik des technischen Fortschritts und die inhärente Dynamisierungsfunktion von Konkurrenz und Wettbewerb, wodurch jeweils neue Entwicklungsimpulse ausgelöst werden. Die entwicklungshemmende Statik der Neoklassik, nach der sich schließlich allein die effiziente Lösung durchsetzt und alles zum Stillstand kommt, wird damit umgangen (Evolutorische Ökonomik).

Mikropolitik

Die Mikropolitik setzt anders an, obwohl sie im Grunde eine sozialwissenschaftliche Fassung des Prinzipal-Agent-Problems ist. Sie begreift das Unternehmen als Feld sozialer Kämpfe, auf dem die unterschiedlichen Akteure miteinander um ihren Vorteil konkurrieren und sich in diesem Kampf ihre je spezifischen Handlungschancen zu Nutze machen. Auch wenn ein Unternehmen formal asymmetrisch strukturiert ist, so besitzen die Akteure gleichwohl je spezifische Handlungsressourcen, die ihnen punktuell auch dann erfolgreiches Handeln gestatten, wenn sie formal weisungsabhängig oder gar „ohnmächtig" sind. Das Konzept der Mikropolitik bestätigt insofern die institutionenökonomische Annahme der konstitutiven Informationsasymmetrie zwischen Prinzipal und Agent, die dem Agenten in der Sicht der Institutionenökonomik die Chance zu opportunistischen (und damit transaktionskostensteigernden) Verhaltensweisen gibt. Die Mikropolitik nun würde nicht so weit gehen, den Akteuren jeweils nackten Egoismus zu unterstellen. Ihr Akteursmodell ist vielmehr auf die Gesamtheit der sozialen und kulturellen Kämpfe in einem Unternehmen abgestellt [Küpper/Ortmann 1992]. Gerade deshalb stellt dieses Konzept eine sinnvolle Erweiterung der Institutionenökonomik dar, denn die sozialen Auseinandersetzungen in einem Unternehmen besitzen stets ihre gesonderte „Kultur".

Rekonstruktion der Entscheidungsprozesse

Als Kern der so begriffenen Unternehmensgeschichtsschreibung stellt sich mithin die Rekonstruktion der Entscheidungsprozesse im Unternehmen dar, die stets zugleich auf die inneren Auseinandersetzungen wie auf die äußeren Einflüsse reagieren müssen [Plumpe 2004]. In einer entscheidungstheoretisch aufbereiteten Vorstellung von der Struktur und Entwicklung des Unternehmens liegt heute daher der konzeptionelle Boden für die im Kern weiterhin empirische Arbeit der Unternehmensgeschichtsschreibung, die ja durch die Nutzung theoretischer und konzeptioneller Überlegungen nicht überflüssig wird – im Gegenteil. Sie gewinnt hierdurch enorme Möglichkeiten, das empirische Material zu sichten und dessen Zusammenhänge zu plausibilisieren, wobei es sich beim empirischen Material gerade deshalb um singuläre Dokumente von einzelnen Entwicklungen handelt. Moderne Unternehmensgeschichtsschreibung zielt mithin darauf ab, den Einzelfall so zu plausibilisieren, dass größere Interpretamente möglich werden, die diesen Einzelfall voraussetzen und eben nicht aufheben [Plumpe 2017; generell Berghoff/Rome 2017].

Lage der Disziplin

Gegenwärtig folgt die Unternehmensgeschichtsforschung in Deutschland einer Vielzahl von Strängen und Impulsen. Die empirische Forschung kann dabei auf ein gehaltvolles Set theoretischer Überlegungen [Berghoff 2016] zurückgreifen, das es ermöglicht, das Unternehmen multiperspektivisch in den Blick zu nehmen. Angesichts der weltweit wohl einmaligen Konstellation, dass die Mehrzahl der Unternehmen über Archive verfügt und viele davon der Forschung zugänglich sind, ist die deutsche Unternehmensgeschichtsschreibung daher zurzeit in einer ausgesprochen günstigen Lage. Die Fülle der einzelnen Studien, die seit den 1990er Jahren erschienen sind, ist entsprechend überwältigend. Obwohl es weiterhin zahlreiche offene Fragen gibt, namentlich im Bereich der strukturprägenden kleinen und mittleren Unternehmen, so hat sich die Unternehmensgeschichtsschreibung inzwischen vom „hässlichen Entlein“ zum „stolzen Schwan“ gemausert.

2. Felder der historischen Unternehmensforschung

2.1 Branchen

Im Folgenden sollen einzelne Problemfelder der historischen Unternehmensforschung genauer markiert werden, ohne dass damit ein Anspruch auf Vollständigkeit verbunden sein kann. Dabei fällt in der systematischen Sichtung die inzwischen kaum mehr überschaubare Zahl von einzelnen Darstellungen zur Unternehmensgeschichte auf. Nach Branchen sortiert seien sie nachfolgend kurz (und ohne Anspruch auf Vollständigkeit!) vorgestellt, wobei hier nur auf die übergreifenden oder Gesamtdarstellungen verwiesen wird, während die Studien zu einzelnen Frage- oder Problemstellungen später, dann jedoch nicht mehr nach Branchen sortiert, vorgestellt werden sollen.

Schwerindustrie

Krupp

Die Geschichte der großen Montanunternehmen in Deutschland ist trotz ihrer herausragenden Rolle bis heute noch sehr lückenhaft. Die reichhaltigste, aber auch widersprüchlichste Literatur gibt es zur alten Ikone der deutschen Industriegeschichte, zu Krupp. Die erste Festschrift erschien hier im hagiographischen Stil bereits zur Jahrhundertwende des 20. Jahrhunderts. Nach dem Zweiten Weltkrieg war die Geschichte von WILLIAM MANCHESTER für lange Zeit die einzige größere Arbeit, die Krupp indes völlig verzerrt darstellte und insbesondere dessen politische Rolle völlig überschätzte [MANCHESTER 1968]. Vor einiger Zeit ist eine zweibändige Geschichte Krupps erschienen, deren ersten Band LOTHAR GALL verfasst hat, während im zweiten Band unter GALLS Herausgeberschaft verschiedene Autoren versammelt sind [GALL 2000, 2002].

Die Geschichte Krupps kann damit als gut erforscht gelten, zumal der Konzern in zahlreichen Detailstudien gesondert thematisiert worden ist.

Weitere Montanunternehmen

Wenn auch nur in Ausnahmefällen über eine derart lange Perspektive wie die Gutehoffnungshütte (GHH) [Bähr/Banken/Flemming 2008, womit die ältere Arbeit von Erich Maschke 1969 zumindest teilweise überholt ist], sind auch andere Unternehmen der Schwerindustrie erforscht worden: sei es über einzelne Phasen der Entwicklung wie die Frühgeschichte der Vereinigten Stahlwerke [Reckendrees 2000] oder über leitende Personen [Lesczenski 2008; Feldman 1998; Marx 2013; Gehlen 2007; Priemel 2007 etc.]. Eine jüngere Kollektivarbeit liegt jetzt auch zu Otto Wolff [Danylow/Soénius 2005] vor, die in ihren Einzelteilen so heterogen ist, dass eine geschlossene Unternehmensgeschichte nicht sichtbar wird. Eine Unternehmensgeschichte der Vereinigten Stahlwerke als Gesamtdarstellung existiert nicht; mit den Arbeiten von Hermann-Gustav Seebold und insbesondere Alfred Reckendrees sind jedoch wichtige Teile der Geschichte des Konzerns aufgearbeitet. Die Nachkriegsgeschichte der Vereinigten Stahlwerke findet zumindest teilweise ihren Niederschlag in der Geschichte der Thyssen AG, zu der jetzt eine umfassende Studie von Johannes Bähr [2015] vorliegt. Teile der Geschichte der Vereinigten Stahlwerke sind ebenso in der von Wilhelm Treue [1966, 1969] verantworteten Geschichte der August Thyssen-Hütte enthalten, die noch ganz den Stil der 1950er Jahre atmet.

Thyssen und das Ruhrgebiet

Jüngst sind in rascher Folge Darstellungen zur Geschichte von Thyssen erschienen, die eine große Bandbreite von der Sozialgeschichte der Familie bis hin zur wirtschaftlichen Entwicklung der Unternehmen wie ihrer politischen Bedeutung unter den wechselnden politischen Systemen im 20. Jahrhundert erfassen [u. a. Derix 2016]. Die Dichte der Forschung hat hier zweifellos etwas mit der Bereitschaft der Thyssen-Stiftung zu tun, einschlägige Arbeiten zu fördern – eine Konstellation, die ansonsten nicht so ohne Weiteres gegeben ist. Die Montanindustrie des Ruhrgebietes ist dabei nicht allein als Unternehmensgeschichte beschrieben worden, auch Studien zu einzelnen Entwicklungsphasen der Branche, etwa Wengenroths Arbeit [1986] zur Strategie der Branche im letzten Drittel des 19. Jahrhunderts, liegen vor. Für alle Arbeiten, auch die zur Sozial- und Arbeitergeschichte des Reviers, etwa die fundamentale Studie von Thomas Welskopp [1994] zu den Arbeitsprozessen im Hüttenwerk, bleiben die Unternehmen hingegen der Referenzpunkt. Dabei war und ist bis in die Gegenwart das Ruhrgebiet der Schwerpunkt der Forschungen.

Andere Montanregionen

Für andere Montanregionen ist der Befund auch nicht ansatzweise vergleichbar positiv. Mit dem Untergang der deutschen Großindustrie in Oberschlesien ist auch deren Geschichte zwar nicht untergegangen, aber sie hat heute kaum noch aktive Förderer. Die Unternehmen gibt es nicht mehr, die ehemaligen Eigentümerfamilien fördern entsprechende Arbeiten nur selten [jüngst Rasch 2016; früher Pierenkemper 1992]. Obwohl die schlesischen Unternehmen in der deutschen Industrialisierungs- und Unternehmensgeschichte eine maßgebliche Rolle spielten – vor dem Ersten Weltkrieg dominierten sie die vorderen Plätze der Liste der großen Firmen und der reichen Leute –, ist ihre Bedeutung heute nur noch wenigen bekannt und auch ihr Beitrag zur Unternehmensgeschichte verblasst. Etwas günstiger ist die Situation im Fall des Saarlandes [Banken 2003], doch auch hier gibt es bis dato keine der Geschichte der Ruhrkonzerne vergleichbare Geschichtsschreibung, wenngleich die Bedeutung der großen Unternehmerfamilien Röchling [Seibold 2001] und Stumm gut bekannt ist [Dülmen 1993].

Bergbau

Die größte Lücke besteht im Bereich von Unternehmensgeschichten des Bergbaus. Die Wirtschafts- und Technikgeschichte des Bergbaus in seinen verschiedenen Zweigen ist so schlecht nicht erforscht, man denke nur an die mehrbändige Geschichte des Bergbaus, die jüngst abgeschlossen wurde und eine komparative Sicht auf den globalen Bergbau ermöglicht [Tenfelde/Pierenkemper 2016; Ziegler 2013]. Die Sozialgeschichte der Bergarbeiterschaft, die ja immer auch Momente der Unternehmensgeschichtsschreibung einbezieht, war ein prominentes Forschungsthema der 1970er und 1980er Jahre, das seinerzeit zahlreiche Kontroversen auslöste, so den Streit zwischen Klaus Tenfelde und Franz Josef Brüggemeier über die Ursprünge der Bergarbeiterbewegung, die Tenfelde in älteren Knappschaftstraditionen sah, während Brüggemeier nüchtern den proletarischen Charakter der modernen Bergarbeit hervorhob [Tenfelde 1977; Brüggemeier 1983]. Dabei kamen auch zahlreiche Probleme der Unternehmensgeschichte, namentlich der Arbeitsorganisation und der industriellen Beziehungen zur Sprache [Plumpe 1999].

Fehlende Unternehmensgeschichten

Unternehmensgeschichten von Bergbaubetrieben hingegen fehlen bis in die Gegenwart. Die großen Konzerne wie z. B. die Gelsenkirchener oder die Harpener Bergwerksaktiengesellschaften, gewaltige Kohleimperien zu ihrer Zeit, haben keinen Geschichtsschreiber gefunden; ganz ähnlich geht es den anderen großen Bergbaubetrieben an der Ruhr, die nur dann Erwähnung fanden oder berücksichtigt wurden, wenn sie als Teil integrierter Montankonzerne in der Unternehmensgeschichte etwa von Krupp oder Thyssen eine Rolle gespielt hatten. Ironischerweise sind es die Schwund- und Abwicklungsformen des Ruhrbergbaus seit den späten 1950er Jahren, mit denen sich die Forschung intensiver beschäftigt hat

[Abelshauser 1984; Nonn 2001] und eben nicht mit dessen heroischer Phase vor dem Ersten Weltkrieg.

Breite statt Konzentration

Zugespitzt gesagt, war der Geschichtsschreibung die Branche stets wichtiger als das einzelne Unternehmen, sodass die Kenntnisse über Management, Unternehmensorganisation und Kostenstruktur einzelner Bergwerksgesellschaften doch sehr rudimentär geblieben sind, zumal auch große Biographien zu einzelnen herausragenden Persönlichkeiten des Ruhrbergbaus, beispielsweise zu Emil Kirdorf, bis heute nicht existieren. Eine Ausnahme ist Feldmans umfängliche Lebensschilderung von Hugo Stinnes, die den Ruhrbergbau selbst nicht im Zentrum hat [Feldman 1998]. Biographische Studien gibt es namentlich zu den Pionieren des Ruhrbergbaus wie William Thomas Mulvany [Henderson 1970], doch später wird dies alles sehr sporadisch [Abelshauser 2009 etc.]. Dafür ist die Anzahl technikgeschichtlicher Studien wiederum größer, doch überwiegt hier das Interesse an einer Branche, deren Unternehmensseite im Dunkeln geblieben ist [Burghardt 1995]. Immerhin ist jüngst mit Eva Roelevinks [2015] Arbeit zu Aspekten aus der Geschichte des Rheinisch-Westfälischen Kohlen-Syndikats (RWKS) eine wichtige Lücke geschlossen worden.

Eisenbahnwesen

In den Bereich der Schwerindustrie gehört in gewisser Hinsicht schließlich auch das Eisenbahnwesen, das ja die wesentlichen Momente des Montansektors in sich aufgenommen hat. Die Geschichte der Eisenbahnen spielt in der Unternehmensgeschichtsschreibung schon deshalb eine herausragende Rolle, weil mit den Eisenbahngesellschaften erstmals neue Formen der Corporate Governance getestet wurden, denen vor allem Alfred D. Chandler [1997] sein Interesse gewidmet hat. Die Verstaatlichung der Bahnen in Deutschland im letzten Drittel des 19. Jahrhunderts hat hier, zu Unrecht, das unternehmenshistorische Interesse verkümmern lassen [Ziegler 1996], das erst jüngst mit den Plänen zur Privatisierung der Bahn wieder gewachsen ist. Mittlerweile existiert eine Darstellung zur Unternehmensgeschichte der Bahn, eine Mischung aus wissenschaftlicher Aufarbeitung und Auftragsarbeit der Bahn, in der die wesentlichen historischen Entwicklungsetappen gut nachvollziehbar sind [Gall/Roth 1999].

Textil- und Bekleidungsindustrie

Textilindustrie

Im Bereich der Textilindustrie ist die Anzahl regelrechter Unternehmensgeschichten gering, was nicht wenig mit der Lage einer Branche zusammenhängt, die nur sehr eingeschränkt großbetriebliche Strukturen entwickelt hat. Darüber hinaus hat dieser Industriezweig in der deutschen Wirtschafts- und Unternehmensgeschichte nicht die überragende

Rolle gespielt, die sie etwa im englischen Fall hatte [Beckert 2014]. Gleichwohl ist auch in Deutschland die Textilindustrie eine frühe „Brutstätte" der Unternehmensentwicklung, an der sich der Übergang vom vorindustriellen Gewerbe zu modernen Unternehmensformen sehr gut studieren lässt [Flügel 1993; von Saldern 2009; Boldorf 2006]. Insgesamt dominieren hier, ganz ähnlich wie im Bereich des Bergbaus, Branchengeschichten, die stets auch einzelne Unternehmen betreffen, aber gerade die in der Unternehmensgeschichte zentralen internen Entscheidungsprozesse zumeist nicht berücksichtigen [etwa Kisch 1989; Schäfer 2016]. So ist der Beitrag der Textilindustrie zur frühen Industrialisierung gut untersucht und seither immer wieder einzelne Momente der Unternehmensgeschichte in dieser Branche aufgegriffen worden [z. B. Kollmer von Oheimb-Loup 1988; Teuteberg 1996; Obermüller 2006]. In einer jüngeren Arbeit schließlich stellt Stephan Lindner den Strukturwandel in der deutschen und französischen Textilindustrie in der Nachkriegszeit dar, wobei er die relative starke Anpassungsfähigkeit der deutschen Unternehmen hervorhebt [Lindner 2001], was angesichts der Tatsache des starken Schrumpfens der Branche weiterer Forschung bedarf.

Bekleidungsindustrie

Die Bekleidungsindustrie hat ebenfalls wegen der Eigentümlichkeiten ihrer Unternehmensstruktur lange im Schatten gestanden, gab es hier doch ganz ähnlich kaum große Unternehmen, ja die Mehrzahl der Anbieter war bis weit in das 20. Jahrhundert hinein hausindustriell bzw. über Heimarbeitsbeziehungen strukturiert. Mittlerweile liegen gesicherte Informationen zum Wandel dieser Branche [Vordemfelde 2015] bzw. einzelner ihrer mittlerweile größeren Unternehmen vor, jüngst ist eine umfassende Studie zur Geschichte von C&A [Spoerer 2016] erschienen. Die einschlägigen Studien sind durchweg vom Niedergang der Branche geprägt, der bereits in den 1960er Jahren einsetzte und die Unternehmen zu erheblichen Anpassungen, ja Häutungen zwang. Für die überlebenden Unternehmen der Textil- und Bekleidungsindustrie fehlen indes bis heute unternehmenshistorische Arbeiten, die dieses Überleben plausibel aufklären. Vereinzelte Arbeiten weisen hier auf große Erkenntnismöglichkeiten hin [z. B. Lesczenski/Mayer/Schneider 2016].

Maschinenbau und Metallverarbeitung

Die Fülle der Studien ist in diesem Bereich, der heute größten Einzelbranche der deutschen Wirtschaft, naheliegenderweise kaum noch überschaubar, zumal es hier neben großindustriell strukturierten Geschäftsfeldern auch ein großes Betätigungsfeld für kleine und mittlere Unternehmen mit entsprechenden regionalen und fachlichen Clustern gab und gibt. So fällt in gewisser Hinsicht ein großer Teil der Autozulieferer in diesen Bereich, deren größter Repräsentant, die Stuttgarter Bosch-Werke, mittlerweile sowohl auf der Ebene der Geschichte des Unternehmens [Bähr/Erker 2013] wie in der Lebensbeschreibung des legendären Gründers Robert Bosch umfassende Darstellungen bekommen hat [Lessing 2007; Theiner 2017]. Doch für die Branche waren auch andere Unternehmen typisch, so etwa die Vielzahl kleiner und mittlerer Maschinenbauunternehmen im sächsischen oder schwäbischen Bereich, für die hier nur stellvertretend auf Ulrike Schulzes [2013] Geschichte der Simson AG von 1856 bis 1993 hingewiesen sei. In gewisser Weise ähnlich kennzeichnend ist die Geschichte der Frankfurter Metallgesellschaft, die aus dem Nichteisenmetallhandel kommend, schließlich ein Imperium vom Metallhandel über die Metallverarbeitung und den Maschinenbau bis hin zum Finanzwesen aufbaute, bevor sie in den 1980er Jahren an Termingeschäften scheiterte [Reichel 2008]. Zur Werftindustrie gibt es eine Studie zu Blohm und Voss im Nationalsozialismus [Meyhoff 2001]; aber auch kleinere Maschinenbauer sind für diese Zeit untersucht worden [Gehrig 1996]. In der Fülle der Studien, die hier nicht annähernd skizziert werden kann, zeichnen sich keine zentralen Paradigmen ab; zu sehr sind die Unternehmen im Einzelnen dann doch unterschiedlich. In der älteren Literatur war die Metallverarbeitung aber ein prominentes Beispiel von Branchenstudien zur Geschichte der Rationalisierung, der Gewerkschaftsbewegung und der sozialen Konflikte [etwa von Freyberg 1989, 1991].

Bosch

Chemische und verwandte Industrien

Zur Geschichte der chemischen Industrie ist zunächst die nicht zuletzt naturwissenschaftsgeschichtliche Forschung, die stets unternehmenshistorische Momente umfasst, zu nennen [Teltschik 1992; Reinhardt 1997; Johnson 1990]. Umfassende Branchengeschichten finden sich nur selten, dafür gibt es umfangreiche Studien zu einzelnen Zweigen der chemischen Industrie, etwa der Petroleumverarbeitung [Karlsch/Stokes 2003] oder der Gummi- und Reifenindustrie [Erker 2004].

Chemische Großunternehmen

Im Bereich der engeren Unternehmensgeschichte dominiert die wechselvolle Geschichte der deutschen chemischen Großunternehmen das Bild, insbesondere die Geschichte der von 1925 bis 1952 bestehenden I. G. Farben. Zu den Anfängen vor 1914 ist die umfassende Arbeit von Johann-Peter Murmann einschlägig. Vor allem Murmann [2007] hebt die zentrale Rolle der Verwissenschaftlichung der Produktion hervor, die im Bereich der organischen Chemie in Deutschland frühzeitig erfolgte und die Corporate Governance der Chemieunternehmen nachhaltig prägte.

Ihre führende Stellung im Bereich der Farben und der Pharmaproduktion hing hiermit wesentlich zusammen.

I. G. Farbenindustrie AG

Aus den großen Unternehmen der Branche entstand im Ersten Weltkrieg die I. G. Farbenindustrie AG (endgültig 1925), lange Zeit Deutschlands größtes Industrieunternehmen und eine der führenden Chemiefirmen der Welt; sie hat nicht zuletzt wegen ihrer Rolle in der Wirtschaft des Dritten Reiches zahlreiche mehr oder weniger populäre, zumeist aber überaus polemische Darstellungen gefunden. Eine Unternehmensgeschichte i. e. S., die sich mit der Ökonomie und Technologie des Konzerns befasst, hat bisher nur Gottfried Plumpe [1990] vorgelegt; mit einem Schwerpunkt in der NS-Zeit ist auch die Studie von Peter Hayes [2004] einschlägig. Die Liste der polemischen Publikationen ist lang; sie beginnt mit der Darstellung von Helmut Wickel [1932], findet in der Arbeit des Mitarbeiters der Anklage in Nürnberg Joseph Borkin [1978, 1981] ihre Fortsetzung und gipfelte jüngst in der zum Teil frei erfundenen Collage von Diarmuid Jeffreys [2008, 2011]. Dass die I. G. Farbenindustrie AG zu einem der wichtigsten Rüstungskonzerne des Dritten Reiches aufstieg, ein Teil ihrer Mitarbeiter führende Aufgaben in der Kriegswirtschaft übernahm und Teile des Konzerns unmittelbar an den Verbrechen des Regimes [Pharmaforschung, Zwangs- und Sklavenarbeit] beteiligt waren, ist unstrittig, macht aber seriöse Forschung nicht überflüssig und rechtfertigt schon gar nicht unhaltbare Behauptungen, die auch noch die Geschichte des Unternehmens vor 1933 in eine Art Vorgeschichte des späteren Verhängnisses umschreiben wollen.

Nachfolger der I. G. Farben

Die Auflösung des Konzerns und die Entstehung von neuen Unternehmen aus der Masse der I. G. Farbenindustrie wurde von Ray Stokes eingehend dargestellt [Stokes 1988]. Zu ihnen liegen mittlerweile auch einige Studien vor: Die Geschichte der BASF ist jüngst unter der Verantwortung von Werner Abelshauser als Gemeinschaftswerk erarbeitet worden. Eine neuere Gesamtgeschichte von Hoechst fehlt; allerdings existiert die verdienstvolle Studie von Stephan Lindner [2005] zur NS-Zeit. Ebenso im Fall der Bayer AG; hier gibt es allerdings verdienstvolle Studien zu einzelnen Aspekten der Unternehmensgeschichte [z. B. Kleedehn 2007]. Schering hat eine Darstellung für die Vorkriegszeit gefunden [Kobrak 2002]; für die Zeit nach 1945 existieren immerhin einige kleinere Arbeiten bzw. eine Geschichte aus der Sicht des Unternehmens [Schering AG 1998].

Interesse fand auch die Geschichte der Kautschuk- und Gummiverarbeitung bzw. dort tätiger Unternehmer wie Continental oder CWH [Erker 2004; Erker/Lorentz 2003] oder verwandter Industrien wie der Lederverarbeitung [Scholtyseck 2016] oder der Kunstseideherstellung

[Wiegand 2015]. Auch der schließlich größte deutsche Industriegasehersteller Linde hat mittlerweile eine umfassende Würdigung erfahren [Dienel 2004], doch ebenso der kleinere Konkurrent Messer ist historisch untersucht worden [Lesczenski 2007]. Zur Kunststoffindustrie, insbesondere während des Nationalsozialismus, gibt es schließlich die Studie von Jochen Streb [2003].

Elektrotechnische Industrie

In der Geschichtsschreibung zur elektrotechnischen Industrie stehen aus naheliegenden Gründen ebenfalls die großen Konzerne im Vordergrund, wobei es mit Abstand die meisten Studien zum Siemens-Konzern gibt, dessen Gründer Werner von Siemens jüngst eine umfassende biographische Darstellung gefunden hat [Bähr 2016]. Auch Unternehmensgeschichten existieren [Feldenkirchen 2003] und wichtige Einzelgesichtspunkte der Geschichte des führenden deutschen Unternehmens der Elektrotechnik sind untersucht worden [Kocka 1971; Sachse 1990 etc.]. Unlängst sind einige Arbeiten zur gegenwärtigen Geschichte des Konzerns und seiner Bedeutung im gegenwärtigen ökonomischen Strukturwandel erschienen [u. a. Berghoff 2016]. Die Forschung zur AEG und den anderen Unternehmen der Branche sind hieran gemessen deutlich geringer. Der Gründer der AEG, Emil Rathenau, hat bereits früh eine biographische Studie erhalten, die bis heute überaus lesenswert ist [Pinner 1918]. Die Vielzahl der kleinen und mittleren Unternehmen in dieser Branche hat es hingegen bisher nicht zu überblicksartigen Würdigungen gebracht.

Elektrotechnik

Feinmechanische und optische Industrie

Im Bereich der feinmechanischen und optischen Industrie dominieren die Arbeiten zur Geschichte der Carl Zeiss-Stiftung und ihrer beiden Unternehmen, der Zeiss-Werke und der Schott'schen Glasfabrik [Plumpe 2014a], die bereits früher Gegenstand umfassender Studien geworden sind, sei es die umfassende Darstellung aus der DDR-Zeit zu Carl Zeiss [Schumann 1962], sei es die dreibändige Unternehmensgeschichte von 2004 oder die große Biographie von Felix Auerbach [1918] über die legendäre Figur des Stiftungsgründers Ernst Abbe, um nur die prominenteren Darstellungen zu nennen. Neben Zeiss haben auch andere Unternehmer das Interesse der (unternehmens-)historischen Forschung gefunden, so unter anderem die Firma Leitz in Wetzlar mit ihrer namengebenden Gründerfamilie (Leitz) oder Teile der Glasindustrie (Möller) bzw. die Brillen- [Schäfer 1999] und Uhrenherstellung (Deutsches Uhrenmuseum Glashütte). Dabei hat diese Branche durch-

Feinmechanik und Optik

aus zentrale Bedeutung, hat sie doch frühzeitig durch ihre von der Qualitätsarbeit geprägten industriellen Beziehungen und die damit zusammenhängende betriebliche Sozialpolitik Elemente jener Form der Sozialpartnerschaft entwickelt, die schließlich mit der Bezeichnung Rheinischer Kapitalismus beschrieben wurde und dessen Anfänge insofern weit in die Zeit vor dem Ersten Weltkrieg zurückreichen [Plumpe 1997].

Automobilindustrie

Großkonzerne

Die Automobilindustrie ist mittlerweile der größte Einzelindustriezweig in Deutschland, der von einer Handvoll weltweit tätiger Großkonzerne beherrscht wird. Das war zu Beginn dieses noch jungen Industriezweigs am Ende des 19. Jahrhunderts keineswegs so, als die Zahl der Autohersteller noch in die Dutzende ging. Doch nach und nach führten industrieökonomische, technische und Konkurrenzmomente zu einer starken Konzentration, was zur Folge hatte, dass alle großen Hersteller mittlerweile Gegenstand einschlägiger unternehmenshistorischer Untersuchungen geworden, viele der älteren Unternehmen hingegen noch relativ unerforscht sind. Die Zahl der Studien zu Daimler, Volkswagen, BMW, Opel und Audi ist entsprechend groß. Umfassende Studien haben vor allem Daimler [Feldenkirchen 2003; Gregor 1997] und Audi [Kukowski/Boch 2014] bekommen, während bei anderen Konzernen einzelne Zeitausschnitte im Vordergrund stehen [Mommsen/Grieger 1996; Heyl 1997; Seidl 2002]. Die jüngst vorgelegte Studie zu Porsche [Pyta/Havemann/Braun 2017] etwa befasst sich allein mit der Entwicklung des Konstruktionsbüros vom Ende der 1920er bis in die frühen 1950er Jahre und ist insoweit keine Unternehmensgeschichte von Porsche, sondern ein Teil von deren Vorgeschichte.

Zulieferer

Die Bedeutung der Zulieferindustrie hat im gesamten Entwicklungszeitraum stark zugenommen, doch ist deren Geschichte nur dort erforscht, wo großbetriebliche Strukturen herrschen oder ein besonderes historisches Interesse besteht, wie beispielsweise im bereits erwähnten Fall von Robert Bosch. Ansonsten existiert zur Struktur der Zulieferbeziehungen eine Fülle ökonomischer und (industrie-)soziologischer Studien, während historische Arbeiten hier selten sind. Auf die Geschichte der Reifenindustrie wurde an anderer Stelle bereits hingewiesen.

Die Automobilindustrie, namentlich der Volkswagen-Konzern, spielte sodann eine bedeutende Rolle im Rahmen der Fordismus-Diskussion, die mit der Unternehmensgeschichte bestimmter Branchen eng verbunden ist. Sie galt dabei von Anfang an als Muster dieser Art der industriellen Organisation, ja hat ihr den Namen gegeben, obwohl mittlerweile strittig ist, wie weit man insgesamt von einem fordistischen Zeitalter im 20. Jahrhundert sprechen kann [Wellhöner 1996].

Nahrungs- und Genussmittel, Agrarindustrie

Auch hier findet sich das übliche Bild: Große und bekannte Unternehmen sind bei Festschriften vertreten und haben ebenso wissenschaftliches Interesse gefunden. Bei kleinen und mittleren Unternehmen, die die Branche dominieren, spielt eher der Zufall eine Rolle. Zur Schokoladenindustrie (u. a. Stollwerck, Sprengel) gibt es immerhin einige Unternehmensgeschichten [Epple 2010; Huttenlocher 2016], in anderen Bereichen sind die historischen Informationen bisher durchaus spärlich. Größere Darstellungen finden sich hingegen im Bereich der Tabakindustrie, die generell Interesse gefunden hat, da sie lange in bestimmten regionalen Clustern in Heimarbeit betrieben wurde, aber auch große und bekannte Unternehmen wie Reemtsma hervorgebracht hat, ein Unternehmen, das in zwei großen Studien breit analysiert worden ist [Lindner 2007; Jacobs 2008]. Ganz ähnlich stand auch Dr. Oetker im Zentrum eines auf die NS-Zeit begrenzten Interesses, welches jedoch weit darüber hinaus Auskunft zu diesem mittlerweile größten deutschen Nahrungsmittelkonzern gibt [Finger/Keller/Wirsching 2013]. Die Nahrungsmittelbranche ist ansonsten wenig erforscht bzw. der Leser ist auf den Bereich knapper Selbstdarstellungen oder unternehmenseigener Broschüren verwiesen. Bahlsen etwa legte noch zum 75. Geburtstag in den 1960er Jahren eine knappe Festschrift vor [Kessler 1964]; seither ist man auf verstreute Funde angewiesen. Über Ludwig Roselius als Mäzen und Spiritus rector der Bremer Böttcherstraße ist rasch viel zu erfahren; über sein Unternehmen Kaffee HAG hingegen nur wenig. Die Kaffeeindustrie ist zumindest entlang ihrer Wertschöpfungskette gut untersucht [Rischbieter 2011], die einzelnen Unternehmen allerdings kaum.

Nahrungs- und Genussmittel

Banken und Finanzsektor

Die Literatur zum Finanzwesen, namentlich zur Geschichte von Banken und Versicherungen hat in den vergangenen Jahren geradezu rasant an Umfang gewonnen. Entscheidend war auch hier die Aufarbeitung der Geschichte der deutschen Banken während der NS-Zeit, ihre besondere Verstrickung in die Diktatur, die ohne den katastrophalen Verlauf der Finanz- und Bankenkrise von 1931 nicht begriffen werden kann, sowie deren Beteiligung an den Verbrechen des Regimes von der Finanzierung der Arisierung über die Geldbeschaffung für das Regime bis hin zur Beteiligung am Handel u. a. mit Gold aus den Konzentrationslagern. Hierzu existiert mittlerweile eine Fülle an Spezialliteratur sowie umfangreiche

NS-Zeit

Gesamtdarstellungen, die in der Geschichte der Banken im Dritten Reich ihren Angelpunkt haben. Maßgeblich sind bis heute die Festschrift zum 125. Jubiläum der Deutschen Bank sowie die vierbändige Studie zur Geschichte der Dresdner Bank während des Nationalsozialismus [GALL 1995; HENKE 2006].

Internationale Finanzbeziehungen

Es wäre indes völlig falsch die Geschichte der deutschen Banken auf die Zeit des Nationalsozialismus verkürzen zu wollen, da diese für deren historischen Wandel weder repräsentativ noch sonderlich erhellend ist, sondern vielmehr einen überaus sprechenden Ausnahmefall für die Indienstnahme der Banken zu politischen Zwecken darstellt. Sowohl die Privatbankiers des 19. Jahrhunderts wie die seit den 1850er Jahren entstehenden großen Aktienbanken waren im Gegenteil von Anfang an weltmarktorientiert und sahen in der Finanzierung des Welthandels sowie im Engagement auf den internationalen Kapital- und Geldmärkten ihr eigentliches Betätigungsfeld. Die älteren Darstellungen [z. B. SEIDENZAHL 1970; HELFFERICH 1921; FÜRSTENBERG 1931; STERN 1977; MÜNCH 1932] sahen den Zusammenhang von nationaler Bankgeschichte und internationalen Finanzbeziehungen noch sehr viel genauer, in dem die deutschen Banken erst durch den Ersten Weltkrieg eine Sonderrolle einnehmen mussten, weil ihnen nun der Zugang zu den internationalen Finanz- und Kapitalmärkten versperrt war und sie nolens volens das Heimatgeschäft zur ihrem Schwerpunkt machen mussten [BARTH 1995]. Erst seit den 1960er Jahren gelang nach und nach die Rückkehr auf die Weltfinanzmärkte, jetzt mit deutlicher Verspätung und entsprechendem Handicap verglichen mit der europäischen und amerikanischen Konkurrenz. Dieses Wiederaufholenmüssen scheint einer der Gründe für die besonders forcierten Versuche mancher deutschen Bank gewesen zu sein, seit den 1980er Jahren internationale Präsenz durch Zukäufe und Fusionen zu erreichen.

Soziales Milieu des Bankings

Die angesichts der militärischen und politischen Situation zwangsläufige Beschränkung der Banken und Sparkassen auf das Heimatgeschäft und ihre daher fast folgerichtige Einbeziehung in die jeweiligen Projekte der Regierungen haben der bankhistorischen Forschung auch einen Zug ins Politische gegeben, während andere Aspekte der Bankengeschichte, namentlich das soziale Milieu des Bankings, in den Hintergrund traten, obwohl dessen zentrale Bedeutung aus der Zeit vor 1914 gut bekannt ist [REITMAYER 2001]. Gerade hier, neben der Geschichte der Reinternationalisierung des Bankgeschäftes seit den 1960er Jahren bis zur Gegenwart, scheinen große Forschungspotentiale zu liegen, hängt die Funktionsweise des (internationalen) Finanzgeschäftes doch in hohem Maß von dem Vertrauen ab, das die dort tätigen Akteure zueinander haben. Und genau das korrespondiert in nichttrivialer Weise mit ihren sozialen Rekrutierungsmechanismen und Selbstrepräsentationsformen [Pak 2013]. Die neuerdings erschienenen biographischen Studien [Bähr/Ahrens 2013; Pohl 2008] deuten jedenfalls in diese Richtung.

Die ebenfalls im Kern auf die Zeit vor 1914 zurückgehende Vorstellung, die großen Banken seien so etwas wie die Spinne im Netz eines sich etablierenden Finanz- bzw. organisierten Kapitalismus und stellten folgerichtig deren „Kommandozentrale" dar [Hilferding 1910], fand wegen der politischen Sonderbedingungen der Jahre nach 1914 immer wieder begeisterte Unterstützer. Noch in den 1970er Jahren war das Reden von der „Macht der Banken" fast selbstverständlich, und Hermann Josef Abs, der Galionsfigur dieser theoretischen Konstruktionen, konnte eine überaus große persönliche Macht im politischen System der Bundesrepublik zugesprochen werden, da er als Sprecher und schließlich graue Eminenz der Deutschen Bank im Hintergrund alle entscheidenden Fäden in der Hand zu halten schien [Czichon 2001 (1970)]. Doch weder die Hilferding'sche Vorstellung von der notwendigen Entwicklung zum Finanzkapital und einer besonderen Machtposition der Großbanken haben der empirischen Forschung standgehalten [Wellhöner 1989], noch ließ sich am Beispiel von Hermann Josef Abs eine besondere „Macht der Banken" demonstrieren [Gall 2004].

Die „Macht der Banken"

Die Forschung hat sich in jüngerer Zeit vornehmlich mit den Großbanken beschäftigt, was jedoch der historisch gewachsenen Struktur des deutschen Bankensektors kaum entspricht. Wenn auch nicht vergleichbar umfassend, hat der genossenschaftliche und der Sparkassensektor gleichwohl Interesse gefunden [Guinnane 2013; Wysocki 1980; Pohl/Schulz 2005], und auch die Welt der kleineren Banken und der Privatbankiers, die in der Zwischenkriegszeit wirtschaftlich an Boden verloren und unter der Arisierungspolitik des Nationalsozialismus litten, ist in vielen Facetten ausgeleuchtet worden [Ulrich 1998]. Die Zahl der Einzeldarstellungen ist überaus groß; es sei daher hier nur stellvertretend auf die Geschichte des Bankhauses Oppenheim verwiesen [Stürmer u. a. 2006], welches es mittlerweile jedoch nicht mehr gibt. Die Zahl der privaten Bankhäuser ist mittlerweile insgesamt überaus gering; häufig haben nur deren Namen überlebt, mit denen große Bankhäuser ihre Abteilungen für die vermögende Privatkundschaft schmücken.

Einen Sonderfall des Finanzsektors stellt die Versicherungswirtschaft dar, deren Geschichte mittlerweile recht umfassend erforscht ist. Zur Geschichte der Allianz gibt es eine allgemeine Unternehmensgeschichte [Eggenkämper/Modert/Pretzlik 2015] sowie eine

Versicherungswirtschaft

umfangreiche Studie zur Geschichte der Versicherungswirtschaft im Nationalsozialismus unter besonderer Berücksichtigung der Allianz [Feldman 2001]. Jüngst ist auch die Geschichte der Münchener Rückversicherungs AG geschrieben worden [Bähr/Kopper 2015]. Diese beiden Studien zu den großen deutschen Versicherungsgesellschaften sollen hier stellvertretend für eine recht intensive versicherungshistorische Diskussion stehen, die auch deshalb nicht annähernd erläutert werden kann, da die Versicherungsgeschichte die Geschichte und Bedeutung einzelner Unternehmen rasch überschreitet. Alles in allem kann man durchaus konstatieren, dass die Geschichte der Unternehmen des Finanzsektors in Deutschland nicht schlecht aufgearbeitet worden ist, und gerade der sich derzeit beschleunigende Strukturwandel dieses Finanzsektors im Gefolge der Nachwirkungen der Weltfinanzkrise von 2007/08 zeigt, dass es keineswegs einfache Trends und Momente sind, mit denen dieser Bereich in seiner historischen Entwicklung beschrieben werden kann. Es ist vielmehr derzeit von einem neuen Kapitel auszugehen, welches nicht nur eine neue Perspektive verlangt, sondern auch die bisherige Geschichte von Banken und Versicherungen in ein anderes Licht stellt.

Handel und Dienstleistungssektor

Handel

Bei den Unternehmen des Handels gibt es zunächst zahlreiche Arbeiten zum Handel selbst, seinen Organisationsformen, Unternehmen und Verbänden. Das Kaufhaus, dessen Entstehung in Deutschland in die letzten Jahrzehnte des 19. Jahrhunderts fällt, war wegen seiner Sichtbarkeit dabei stets ein prominenter Fall, doch auch einzelne kleinere oder Spezialhandelsunternehmen fanden Interesse sowie darüber hinaus der Versandhandel und die neuen Vertriebsformen seit den 1950er Jahren [u. a. Andersen 1997; Homburg 2000]. Eine ausschließlich unternehmenshistorische Perspektive war dabei nicht immer empfehlenswert oder sonderlich ertragreich. Hier spielten und spielen ebenso Fragen der Marktregulierung und der technischen sowie ökonomischen Rahmenbedingungen des Einzelhandels eine große Rolle [Spiekermann 2004]. Der gesamte Bereich der Verbraucherwerbung [Gries 2008] etwa, aber auch die staatliche Konsumpolitik und Verbrauchslenkung [Berghoff 1997a, 2001, 2004] sowie der technisch-ökonomische Wandel der Einzelhandelsformen, die sich eng unternehmenshistorisch nur bedingt erschließen lassen, sind von Bedeutung [Andersen 1997; Wildt 1994]. Für die zahlreichen Geschichten einzelner Kaufhäuser sei hier nur auf die Geschichte des KADEWE in Berlin verwiesen [Meiners 2007; ebenso Ladwig-Winters 1997], das in gewisser Hinsicht pars pro toto für die gesamte Branche und ihre wechselhafte Geschichte gesehen werden kann. Über den Handel hinaus ist auch der Verkehrs- und Transportbereich – auf die Geschichte der Bahn wurde bereits verwiesen – Gegenstand einschlägiger Arbeiten geworden [Erker 2008; Matis/Stiefel 2002]. Auch die Luftfahrtindustrie, namentlich die Frühgeschichte der Lufthansa, liegt mittlerweile in mehreren Arbeiten vor [Budrass 2016; Lyth 2003].

Mittlere und kleine Unternehmen/Familienunternehmen

Familienunternehmen

In diesem Segment der Unternehmensgeschichte hat sich in den letzten Jahren, nachdem das Verhalten der großen Unternehmen im Nationalsozialismus lange im Vordergrund gestanden hat, die vielleicht bemerkenswerteste Forschungsentwicklung abgespielt. Kleine und mittlere, namentlich Familienunternehmen, durchziehen die deutsche Unternehmensgeschichte ohnehin wie ein roter Faden; seit den 1990er Jahren sind sie mit den Arbeiten des Betriebswirtes Hermann Simon [1996] zu den „heimlichen Weltmarktführern" faktisch selbst zu einer Art Exportschlager geworden, dessen Erfolgsfaktoren sich die Betriebswirtschaftslehre, aber auch die Unternehmensgeschichtsschreibung seither aufzuklären bemüht [etwa James 2005; generell Hennerkes/Kirchdörfer 2015]. Die Zahl der Arbeiten hierzu ist mittlerweile fast unübersehbar; in ihrem Zentrum stehen insbesondere Fragen der Kontinuität und Unternehmensübergabe, der spezifischen Corporate Governance, der Innovationsfähigkeit, der lokalen und sozialen Verankerung von Unternehmen und Belegschaft u. Ä. m. [Krakowski u. a. 1993; Müller 1994; Berghoff 2000; Abel/Bass/Siebert 2006; Lubinski 2010].

Sonstiges

Unternehmensentwicklung

Dieser kurze Überblick über Branchen- und Unternehmensgeschichten beansprucht, davon war die Rede, keineswegs Vollständigkeit, zumal in ihm all jene durchaus verdienstvollen Darstellungen keine Berücksichtigung fanden, die zwar unternehmenshistorisch einschlägig, allerdings gerade nicht branchengebunden sind. Diese Arbeiten unterschiedlicher Provenienz sind überaus zahlreich, denn Unternehmen und ihr Wandel in der Zeit sind ja nicht allein Gegenstand der Unternehmensgeschichtsschreibung, sondern ebenso der Betriebswirtschaftslehre und der Industrie- und Organisationssoziologie, des Arbeitsrechtes und der Technologieforschung, um nur diese Bereiche zu nennen. Auch sind einzelne Aspekte der Unternehmensentwicklung stets branchenübergreifend bearbeitet worden, so der Umgang mit Krisen [z. B. Engberding 1998; Voss 2002], das Marketing und das Marktverhalten überhaupt [z. B. Feldenkirchen

2008], die Stellung der Unternehmen in „ihrer" Region [z. B. Süss 2005] oder Fragen der Unternehmenskultur [Nieberding 2003]. Hier ist ein erschöpfender Forschungsüberblick kaum möglich, obgleich generell gesagt werden kann, dass Fragen der Unternehmensführung im Wandel, also Fragen nach Struktur, Funktionsfähigkeit und Änderung der Corporate Governance von Unternehmen, eine große Rolle spielten und noch spielen – nicht zuletzt deshalb, weil derartige Fokussierungen durch den Wandel des Betrachtungsgegenstandes selbst stark unterstrichen werden [typisch hier Boltanski/Chiapello 2006]. Das war und ist indes ein internationaler Trend und kein besonderes Merkmal der deutschen Unternehmensgeschichte und ihrer Geschichtsschreibung, obwohl der Führungsstil in den Unternehmen jeweils eine nichttriviale nationale Komponente oder zumindest eine nationale Färbung aufweisen mag.

(Auto-)Biographien

Ein Spezifikum für die deutsche unternehmenshistorische Landschaft scheint eher der Trend zu biographischen (Selbst-)Darstellungen zu sein, der eng mit dem immer noch großen Einfluss von Schumpeters Überlegungen zur Rolle der Unternehmerschaft zusammenhängen mag [Redlich 1959]. Diese biographischen Studien lassen sich gewöhnlich in einzelnen Unternehmen oder Branchen verorten, weisen aber doch zumeist zahlreiche übergreifende Perspektiven auf, sodass sie einer gesonderten Betrachtung wert sind [Markus 2002]. Derartige Biographien sind indes nichts Neues; sie können vielmehr auf eine recht lange Tradition zurückblicken, da bereits im 19. Jahrhundert Unternehmer begannen, ihre Lebensgeschichte aufzuschreiben oder aufschreiben zu lassen, auch wenn allein von der Titelzahl her Unternehmer zu keinem Zeitpunkt mit der unübersehbaren Menge autobiographischer Literatur etwa bildungsbürgerlicher Provenienz mithalten konnten. Einen ersten Höhepunkt erlebte die autobiographische Literatur in der Zwischenkriegszeit, als die erfolgreichen Unternehmer und Manager des Wilhelminismus Bilanz zogen. In der Zeit nach dem Zweiten Weltkrieg erschienen sowohl Rechtfertigungsschriften als auch später Erinnerungen an die Wiederaufbaujahre.

Wirtschaftsgeschichtsschreibung

Seither ist der Strom autobiographischer Literatur geringer geworden. Dafür nimmt seit einigen Jahren das biographische Interesse der allgemeinen und der Wirtschaftsgeschichtsschreibung zu. Der Wert der biographischen Literatur für die Unternehmensgeschichte ist umstritten. Nicht selten wird sie der Schönfärberei und der Ikonographik geziehen. Dass diese Literaturgattung (im Guten wie im Schlechten) dazu neigt, die Rolle der Unternehmer und Manager zu überschätzen, werden ihr nur naive Leser zum Vorwurf machen. Der große Vorteil biographischer Studien für die Forschung besteht im Wesentlichen darin, dass in ihnen das Selbstverständnis der Unternehmensführung, welches in die Entscheidungsprozesse im Unternehmen eingeht, diese nicht selten prägt und in den Sachakten der Unternehmen in der Regel nicht oder nicht adäquat aufscheint, angemessen zum Ausdruck gebracht werden kann. Biographische Darstellungen können mithin wichtige Quellen zur Rekonstruktion von Entscheidungsmilieus im Unternehmen sein. Zudem werfen sie ein Licht auf die informellen Seiten von Handlungs- und Entscheidungsprozessen in und zwischen Unternehmen, dem Markt, der Politik und der Öffentlichkeit. Auch hierbei geht es nicht unbedingt um Sachinformationen, sondern um den Quellenwert der Darstellung. Dieser Vorteil wird nicht immer eingelöst; viele Studien sind apologetisch oder polemisch angelegt und verfehlen damit subtile Einsichten in das „Innenleben" von komplexen Organisationen.

Grenzen der Biographik

Überdies hat der individuelle Zugriff seine Grenzen, da sich Entscheidungen zwar sehr schön auf einzelne Menschen narrativ zuschreiben lassen, diese Zuschreibung aber zumeist eine nur bedingt zulässige Reduktion von Komplexität verkörpert. Unternehmerbiographien sind mithin in ihrer Bedeutung angemessen zu „kalibrieren"; dann können sie in der Tat ein wesentliches Hilfsmittel zur Durchleuchtung von Entscheidungsprozessen sein, weil sie vor die Modellierung von Entscheidungsabläufen anhand theoretisch-methodischer Konzepte eine veritable Skepsis setzen; aus der Sicht der handelnden Individuen besitzen Entscheidungsprozesse selten die Rationalität, die ihnen in den entsprechenden Modellen zugestanden, ja geradezu aufgedrängt wird [Plumpe 2016b].

Sozialstruktur der Führungsgruppen

Sie haben einen weiteren Vorteil, insbesondere prosopographisch angelegte Studien zur sozialen Rekrutierung von Angehörigen der Leitung großer Unternehmen, wie sie für das Kaiserreich beispielsweise Toni Pierenkemper [1979] im Bereich der Schwerindustrie oder Morten Reitmayer [1999] für die Hochfinanz vorgenommen haben: Bei aller zumindest oberflächlichen Homogenität der Sozialstruktur der industriellen Führungsgruppen zeigen die Arbeiten, dass von einer Art Bourgeoisie als Klasse nicht ernsthaft gesprochen werden kann; dazu war die soziale Mobilität in der Phase der Hochkonjunktur des Kaiserreiches einfach viel zu hoch; und auch die Daten zur Frühgeschichte der Bundesrepublik nach dem Zweiten Weltkrieg belegen derartige Annahmen keineswegs, so sehr sich eine bestimmte Richtung der Soziologie um deren Nachweis bemüht hat [Reuber 2012]. Sozialgeschichtlich angelegte Studien zum Sozialprofil der Unternehmerschaft sind zahlreich, und in vielen ist eine gewisse soziale Homogenität des „Wirtschaftsbürgertums" konstatiert, das sich zwar wandle, aber doch eine relativ große Geschlossenheit aufweise [u. a. Zunkel 1962; Kocka 1975; Berghoff 1991; Augusti-

NE 1994; STULZ-HERRNSTADT 2002; MOSSE 1992]. Ob diese sozialen Merkmalshäufungen allerdings überhaupt „theoriefähig" sind, oder ob es sich nicht um die letztlich triviale Tatsache handelt, dass es in allen Berufsgruppen gewisse generationenübergreifende Muster gibt, also sich Unternehmer von Polizisten, Lehrern, Bergarbeitern, Landwirten und Schauspielern o. a. gar nicht unterscheiden, ist, so naheliegend es sein mag, nicht vergleichend untersucht.

2.2 *Unternehmen und Markt*

Unternehmensgeschichtsschreibung ist trotz der Individualität jeder Unternehmensgeschichte nicht nur Kaleidoskop von einzelnen Geschichten; alle diese Geschichten werden durch gemeinsame Merkmale oder Momente miteinander verbunden, die stets in allen Unternehmensgeschichten, wenn auch in gewandelter und sich wandelnder Form, auftauchen. Einige davon seien hier genauer angesprochen, um grundlegende Probleme der Unternehmensgeschichtsschreibung offen zu legen.

Warum Unternehmensgeschichte?

Eine der ersten und keineswegs hinreichend bearbeiteten Fragen lautet, warum es Unternehmen überhaupt gibt und nicht alle notwendigen wirtschaftlichen Leistungen selbst oder über Märkte erbracht werden. In einem technischen Sinne scheint die Frage klar, doch ist sie das in wirtschaftlicher Hinsicht seit den Arbeiten von RONALD HARRY COASE [1937] keineswegs mehr. Seither ist zwar klar, dass es Unternehmen gibt, wenn die hierarchischen Kosten der Koordination wirtschaftlichen Handelns niedriger sind als die Kosten der Marktnutzung, und seit OLIVER WILLIAMSON [1990] sind auch die entsprechenden Organisationskosten so spezifiziert, dass sie hinreichend konkret gefasst werden können – zumindest im Grundsatz. Doch ist die damit zusammenhängende Frage, ob und unter welchen Umständen sich Unternehmen in Märkten herausbilden, nicht systematisch aufgenommen worden. Warum bestimmte Aktivitäten aus dem Markt herausgenommen wurden, andere hingegen nicht, welche Organisationsformen gewählt wurden, welche sich dauerhaft behaupten konnten und welche untergingen ist immer wieder zum Thema geworden, bisher aber historisch nicht wirklich bearbeitet.

Bedingungen der Unternehmensbildung

In der Regel herrscht hier in der Literatur ein gewisses Alltagsverständnis vor, das zwar nicht sonderlich differenziert, jedoch als Ansatz durchaus hilfreich ist. Unternehmen bilden sich, wenn dies rechtlich möglich, technisch notwendig und wirtschaftlich vorteilhaft ist, also unter historisch durchaus singulären Bedingungen, wie STEFAN GORISSEN [2002] sehr schön gezeigt hat. Einig ist sich die Literatur daher auch, dass von einer eigentlichen Unternehmensgeschichte in der Vormoderne nicht gesprochen werden kann, da es keinen unregulierten Entscheidungsraum bezogen auf mögliche Unternehmensaktivitäten gab. Unternehmensbildungen hingen von obrigkeitlicher Privilegierung ab, die eben nur in Ausnahmefällen erteilt wurde (Manufakturen, Bergbau, Eisenhütten und Hammerwerke); zum Teil verblieben die frühen Unternehmen in obrigkeitlicher Regie.

Reguliertes Gewerbe

Auch die relativ freien Kaufmannsaktivitäten unterlagen, wenn sie in das Gewerbe ausgriffen (Verlag, Kaufsystem), entweder obrigkeitlichen Regulierungen oder – in Kombination damit – Selbstbeschränkungen wie etwa den Schauen und Leggen im Leinwandgewerbe Schlesiens und Ostwestfalens [Boldorf 2006; Wischermann 1992] oder der Zunftbindung im schwäbischen Textilgewerbe [Hirbodian/Ogilvie/Regnath 2015]. Hatte die ältere Forschung die Reichweite der Regulierungen noch als strikt angenommen und gerade deshalb argumentiert, das moderner orientierte Gewerbe sei im 18. Jahrhundert aus den überregulierten Städten auf das weniger regulierte Land abgewandert, so wird diese insbesondere von Werner Sombart vertretene These heute sehr stark relativiert. Nicht nur hat Sheilagh Ogilvie überzeugend gezeigt, dass auf dem Land von Unreguliertheit keine Rede sein konnte; auch wird immer deutlicher, dass die Handlungsspielräume in den regulierten Gewerben faktisch sehr viel größer waren als gemeinhin unterstellt – mithin „kapitalistische Praktiken" der mehr oder minder freien Lohnarbeit, der Produktion für den Markt, der Erwerbsorientierung etc. sehr viel weiter verbreitet waren als bislang angenommen [Gorissen 2002, 2012; Reith 1999].

Kontinuitätsdebatte

Gleichwohl ist damit von der Forschung auch ein Schlussstrich unter die alte „Kontinuitätsdebatte" gezogen worden. Die Frage, ob die modernen Unternehmen des 19. Jahrhunderts unmittelbare Vorläufer in den alteuropäischen Unternehmensformen hatten, war spätestens mit dem Marx'schen Diktum von der Bedeutung des Verlagssystems für die „ursprüngliche Akkumulation" und der Manufaktur als unmittelbarer Vorbereiterin der Fabrik aufgekommen. Im Kontext der Diskussion um die Protoindustrialisierung ist die Kontinuität der älteren zu den neueren Organisationsformen noch einmal unterstrichen, schließlich aber doch mit guten Argumenten zurückgewiesen worden [Mager 1988]. Bei den Manufakturen war dies im Grunde lange klar: Schon die ersten gründlicheren Arbeiten zur Geschichte einzelner Manufakturen hatten gezeigt, dass von einer unmittelbaren Kontinuität zum modernen Unternehmen in deren Fall keine Rede sein konnte, ging doch die übergroße Mehrzahl der mit obrigkeitlichem Impuls gegründeten Manufakturen spätestens mit dem Ende der napoleonischen Zeit unrühmlich zugrunde. Auch war die Manufaktur häufig alles andere als eine Art Protofabrik; nicht selten gab es in ihnen weder arbeitsteilige Produktionsprozesse noch moderne Energienutzungssysteme. In vielen Fällen war lediglich der handwerkliche Produktionsprozess konzentriert worden, sei es der teuren Rohstoffe halber (u. a. Seide, wertvolle Tuche), sei es, um politisch oder militärisch wichtige Produktionen direkt steuern zu können (Porzellan, Waffen), sei es, um hochqualifizierte Arbeitskräfte effektiv beaufsichtigen und ggf. an der Flucht hindern zu können (Uhren). Empirisch erwies sich die Marx'sche Vorstellung eines Manufakturkapitalismus daher als nicht tragfähig, obgleich sie in der DDR wichtige Forschungen anregte [Forberger 1958, 1982].

Gründermilieu

Aber auch vom Verlag und vom Verlagskaufmann führte kein unmittelbarer Weg zur kapitalistischen Fabrik. Es gab zweifellos einzelne Kaufleute, die gemeinsam mit Technikern den Weg zur modernen Fabrik fanden. Der Gründer der ersten mechanischen Baumwollspinnerei im Jahre 1786 in Ratingen entstammte einer Elberfelder Kaufmannsfamilie. Doch in der Masse der Unternehmensgründungen seit den großen Reformen zu Beginn des 19. Jahrhunderts lässt sich keine Art „Genealogie" in die vorindustrielle Zeit ziehen. Dazu war das Gründermilieu sozial und ökonomisch zu heterogen.

Fehlendes Risikokapital

Die fehlende Kontinuität bedeutete indes nicht, dass die Voraussetzungen für die Gründungswelle moderner Unternehmen jeweils neu geschaffen werden mussten. Die generelle Vorstellung eines Kapitalmangels als Grund für Deutschlands relativ späten Start in das Industriezeitalter ist von Knut Borchardt bereits zu Beginn der 1960er Jahre relativiert worden. Auch Unternehmensgründungen scheiterten in der Regel nicht am Kapitalmangel an sich, sondern daran, dass es nicht gelang, Risikokapital für Neugründungen zu mobilisieren. Viele Projekte scheiterten aus diesem Grund bereits in der ersten Phase; anderen fehlte das Geld, um Krisen zu überstehen, da nicht auf einen funktionsfähigen Kapitalmarkt zurückgegriffen werden konnte. Heute ist klar: Es fehlte nicht an Kapital, sondern an lukrativen Anlagemöglichkeiten. Erst mit der Entstehung des Eisenbahnbooms gelang es, das durchaus vorhandene Kapital effektiv zu mobilisieren und die ersten Strukturen eines funktionsfähigen Kapitalmarktes mit leistungsfähigen Börsen durchzusetzen [Tilly 1990, 59–66].

Unternehmertypen

Die Masse der ersten Unternehmen entstand im Bereich der Textilindustrie; später kamen Metallverarbeitung, Maschinenbau, schließlich Schwerindustrie, chemische und elektrotechnische Industrie hinzu. Technische Komplexität, Größe und Finanzbedarf waren jeweils unterschiedlich, nahmen in der historischen Tendenz allerdings zu. Damit wechselten auch die Unternehmertypen. Die Forschung ist sich einig, dass der frühindustrielle Unternehmer gewisse soziale Merkmale aufwies (familiär günstiger Hintergrund, einschlägige Erfahrung, technischer Sachverstand), ohne deshalb bereits über ein professionelles Profil im engeren Sinne zu verfügen [Zunkel 1962; Kocka 1975; Pierenkemper 1979; Redlich 1964; Groppe 2004; Gall 1989]. Das konfessionelle Moment wird heute hingegen stark relativiert. So lassen sich weder eine eigentümliche jüdische noch eine protestantische Neigung zum Unternehmertum durchweg konstatieren. Regionale Studien zeigen vielmehr ein hochdifferenziertes Bild, das die älteren Stereotypen nicht bestätigt. Eher dürfte eine zeitliche Verschiebung in den Verhaltensweisen und Mentalitäten der Unternehmerschaft festzustellen sein: Professionalisierung einerseits, Ausprägung eines typisch wirtschaftsbürgerlichen Lebensstils andererseits, der sich seit dem letzten Drittel des 19. Jahrhunderts deutlich von den Lebensgewohnheiten des Bildungsbürgertums unterschied [Oepen-Domschky 2003]. Spätestens mit der Wende zum 20. Jahrhundert dominierte in den Großunternehmen dann der professionell gebildete, abhängige Manager [Plumpe 2014].

Die Frage nach den Strukturen und Merkmalen des Wirtschaftsbürgertums und damit nach der Unternehmerschaft für das 20. Jahrhundert ist trotz einiger jüngerer Ausnahmen [Berghoff/Rauh 2000; Gehlen 2007; Feldman 1998; Scholtyseck 2011, 2016] noch ganz offen. Hinweise darauf, dass an die Stelle der älteren Unternehmerschaft mehr oder weniger bürokratisierte Routinen getreten sind, finden sich häufig [Bartmann/Plumpe 2003; Reuber 2012], über die Verhaltensweisen der Unternehmerschaft existieren aber bestenfalls spekulative Texte aus der Soziologie [Heinz Hartmann 1968; Michael Hartmann 2016]. Eine ernstzunehmende aktuelle historische Unternehmerforschung ist nicht wirklich erkennbar.

Entstehung großer Unternehmen

Dieser Wandel ist in der Diskussion um die Größenentwicklung der Unternehmen lange Zeit faktisch nicht wahrgenommen worden. Das Verschwinden des Kapitalisten, also des Geldgebers, aus den Unternehmen im letzten Drittel des 19. und ersten Drittel des 20. Jahrhunderts, seine Ersetzung durch miteinander verschachtelte Großaktionäre, schließlich deren Ersetzung durch den Kapitalmarkt und spezifische Kapitalmarktinstitutionen wie Fonds etc. einerseits und der Übergang zur professionalisierten Unternehmensleitung durch angestellte Manager andererseits, ist unter dem Nebel einer wenig differenzierten Kapitalismuskritik empirisch nicht wirklich ernst genommen worden. Die Entstehung großer Unternehmen hat vielmehr eine Fülle spekulativer Annahmen gestützt, die durchweg in die Richtung korporativer oder organisierter Kapitalismus gingen [Winkler 1974, 1979], die Bürokratisierung der Industrie zugleich konstatierten und beklagten [Kocka 1971] und später von einer Art Monopolkapitalismus oder gar einem staatsmonopolistischen Kapitalismus redeten [Nussbaum/Zumpe 1978], der – wenn auch nicht derart konzeptionell zugespitzt – letztlich auch noch die Thesen vom deutschen Kapitalismus bzw. der Deutschland AG befeuerte. Namentlich aus zahlreichen empirischen Befunden zur Entwicklung der deutschen Unternehmen zwischen dem Ausbruch des Ersten Weltkrieges und ihrer Rückkehr in die Weltwirtschaft in den 1950er und 1960er Jahren wurde weniger auf konkrete Zwänge und spezifische Rahmenbedingungen der Entwicklung geschlossen als auf generalisierbare Merkmale eines „deutschen" oder „rheinischen" Kapitalismus.

Spezifische Marktbedingungen

Erst langsam beginnt in der Forschung eine Vorstellung Raum zu greifen, welche die Entwicklung der Unternehmen in Deutschland als Reaktion auf ihre spezifischen Marktbedingungen begreift. Im Kontext der Herausbildung großindustrieller Strukturen waren es vor allem die besonderen Probleme des Zugangs zu den internationalen, im Einzelnen aber überaus heterogenen Märkten, die zunächst die Entwicklung der Unternehmensorganisation bestimmten und nicht irgendwelche bürokratischen Idealvorstellungen, wie sie üblicherweise mit Preußen identifiziert wurden. Vielmehr suchten Unternehmen in ihrer Organisation die Heterogenität der Märkte durch die Ausdifferenzierung einer spezifischen Eigenkomplexität zugleich abzubilden und zu bewältigen [Dornseifer 1995]. Die Unterschiede in der Unternehmensentwicklung etwa zwischen deutschen und amerikanischen Unternehmen vor 1914 waren insofern keineswegs „ideologisch" bedingt, auch wenn sich manche Zeitgenossen darin gefielen, bestimmte Merkmale „patriotisch" aufzupolieren, deren eigentlicher Hintergrund viel profaner war. Nein, die unterschiedlichen Strategien und Organisationsstrukturen folgten im Wesentlichen den Marktbedingungen, die sich für die großen US-Unternehmen anders darstellten als für deutsche Konzerne, die nicht auf einem großen und rasch wachsenden Binnenmarkt agieren konnten.

Zugang zum Weltmarkt

Die Folgen des Ersten Weltkrieges sind daher kaum zu überschätzen, verdrängten sie die deutschen Unternehmen doch dauerhaft von den internationalen Märkten und „renationalisierten" viele Unternehmen, die vor 1914 längst Züge multinationaler Großunternehmen angenommen hatten. Die Bedeutung der Marktveränderungen für den Wandel von Strategie und Organisationsformen deutscher Unternehmen, vor allem ihre plötzliche Anfälligkeit für den Autarkiegedanken ist bis heute nicht wirklich erforscht bzw. politisch interpretiert worden, als hätte es dem strategischen Willen der Unternehmen entsprochen, sich so zu verhalten.

Doch folgten sie letztlich den restriktiven Zugangsbedingungen zu den Weltmärkten, die nach 1933 durch die Regierung Hitler noch sehr viel schwerer zugänglich wurden, was einen weiteren Schub der „Nationalisierung" der deutschen Unternehmen auslöste, den sie zumeist nur gezwungen gingen, manche vielleicht auch in der Hoffnung, so auf einem zukünftig deutsch dominierten Weltmarkt eine starke Stellung erringen zu können. Hierzu sind zahlreiche Forschungsfragen noch überaus offen, obwohl die rasche Rückkehr auf die Weltmärkte nach 1945 und das Abwerfen des gesamten Autarkieballastes nach 1945 mittlerweile in verschiedenen Studien gut untersucht ist [Bartmann 2003; Kleedehn 2007 etc.]. Und es waren auch die sich ändernden Marktbedingungen im Kontext der sich abzeichnenden Globalisierung seit den 1970er Jahren, die den nationalen Spezifika der deutschen Unternehmensentwicklung viel ihrer Bedeutung nahmen [Plumpe 2006a].

Deutsche Besonderheiten

Dies gilt nicht unbedingt für den Bereich der industriellen Beziehungen [Plumpe 2006b], und auch die technologischen „Pfadabhängigkeiten" konnten sich zumindest teilweise ebenso wie die spezifische Verteilung von Unternehmensgrößen behaupten. Hier liegen bis in die Gegenwart Besonderheiten der deutschen Unternehmensstrukturen, doch ist deren Marktorientierung inzwischen weitgehend global und die Besonderheiten der Weltmärkte als prägende Faktoren insofern zurückgekehrt – im Unterschied zu dem erzwungenen nationalen Milieu der ersten Jahrhunderthälfte. In einer international vergleichenden Untersuchung dieses Wandels besteht allerdings weiterhin ein bemerkenswertes Forschungsdesiderat, das wohl der Grund dafür ist, vorschnell politische oder soziale Motive für den Strukturwandel der Unternehmen zu unterstellen.

Korporativer deutscher Kapitalismus

Damit hat auch ein älterer Blick auf die Besonderheiten der deutschen Wirtschaft seine empirische Relevanz verloren, dem lange Zeit entscheidende Bedeutung beigemessen wurde: der These des „korporativen deutschen Kapitalismus". Demnach hätten deutsche Unternehmen nicht nur organisatorische Besonderheiten mit ihrer Vorliebe für bürokratische Formen besessen, ein Vorwurf, der im deutschen Fall ja gern als gegeben angenommen wird; mehr noch hätte es hier seit dem Kaiserreich umfangreiche und in der Summe durchaus erfolgreiche Versuche gegeben, die Unternehmen gegen die Unberechenbarkeiten des Marktes durch Kartelle und Syndikate abzuschirmen, ja die Märkte als strukturierende ökonomische Größen auszuschalten [Abelshauser 1987; James 1988]. War die ökonomische Bedeutung der Kartelle und Syndikate bei den Zeitgenossen vor dem Ersten Weltkrieg und in der Zwischenkriegszeit noch durchaus umstritten – zumal deren praktische empirische Bedeutung trotz ihrer unbestrittenen Vielzahl kaum beurteilt werden konnte –, so bekam die Kartellkritik nicht zuletzt angesichts der Tatsache, dass die NS-Regierung Zwangskartelle gezielt zur Erreichung ihrer rüstungspolitischen Ziele genutzt hatte, nach dem Zweiten Weltkrieg eine überragende Bedeutung.

Syndikate und Kartelle

Amerikanische Vorbehalte gegen deutsche Großunternehmen trafen sich fast perfekt mit der in der Tradition des Ordoliberalismus liegenden Vorstellung, Weltwirtschaftskrise und Nationalsozialismus seien auch die Folge eines politisch und durch Kartelle herbeigeführten Marktversagens, das in der Zukunft verhindert werden müsse [Berghahn 1985]. Dieser seither vermeintlich sichere Befund hat aber keine unternehmenshistorische Basis, wenngleich im Wiederaufbau nach 1945 gelegentlich noch Reste dieser Strukturen vermutet wurden [Adamsen 1981; Abelshauser 1984]. Erforscht sind allein die Wirkungen der Syndizierung des Ruhrkohlenbergbaus [Holtfrerich 1973], die jedoch eher auf eine Stabilisierung der Preise als auf ihre monopolhafte Überhöhung hindeuten. Im und nach dem Ersten Weltkrieg ging es bei der Erhaltung und der Politik des RWKS vielmehr um politische Strategien und Interessen; die großen Ruhrkonzerne hingegen verloren hieran schnell das Interesse [Roelevink 2015]. Im Bereich der praktischen ökonomischen Bedeutung des sog. korporativen Kapitalismus liegt mithin ein großes Forschungsdesiderat, das dringend der Aufarbeitung bedarf, um den ideologischen und ideologiekritischen Nebel fortzublasen, der noch immer über Teilen der deutschen Unternehmensgeschichte liegt.

2.3 Unternehmensorganisation

Organisationsformen

Die aktuelle Forschung zu deutschen Unternehmen hat auf den gravierenden Wandel in den Marktbedingungen und den damit verbundenen beschleunigten Strukturwandel der Unternehmen seit einiger Zeit durchaus produktiv reagiert. Dabei hat sich die Forschung einerseits auf die Marktstrategien und die Organisationsformen großer Unternehmen konzentriert, andererseits aber seit einiger Zeit verstärkt die Entwicklung der kleinen und mittleren Unternehmen, im deutschen Fall also zumeist die familiär geführten Unternehmen, in den Blick genommen. Die Arbeiten hierzu sind in ein überaus breites Feld aktuell orientierter Forschungen eingebettet. So zeigt sich, dass bestimmte Organisationsformen und Führungstraditionen eng mit der familiären Kontrolle korrespondieren – durchaus traditionelle Formen, die sich bei entsprechender Flexibilität mit einer globalen Ausrichtung der Unternehmen vereinbaren lassen [Lubinski 2010; Hennerkes/Kirchdörfer 2015; Berghoff 2000]. Die Vorstellung, die Unternehmensentwicklung laufe mehr oder weniger zwangsläufig auf den bürokratisierten Konzern hinaus [Chandler 1990], ist mittlerweile ohnehin aufgegeben worden; zu vielfältig ist die Zahl der Bedingungen, die ein einziges Organisationsmodell und eine homogene Unternehmensgröße unwahrscheinlich machen. Stattdessen finden sich neue Organisationsformen, die mit den älteren bürokratischen Traditionen, welche bereits seit den 1970er Jahren in der Kritik standen, nicht völlig brechen, sie jedoch modifiziert fortsetzen oder modern ausgedrückt hybridisieren, indem etwa herkömmliche Organisationsformen mit Netzwerkstrukturen kombiniert werden [Berghoff/Sydow 2007].

Flexiblere Organisationsstrukturen

In der neueren Forschung wird ebenso betont, dass sich die Führungsstile und die leitenden Organisationsvorstellungen mit den sich flexibilisierenden Organisationsstrukturen im Kontext der globalen Öffnung der Unternehmen deutlich gewandelt haben und viele Unternehmen mittlerweile externe Beratung zur Optimierung ihrer Strukturen und Entscheidungsabläufe heranziehen, deren Rolle im Einzelnen aber durchaus noch intransparent ist [Boltanski/Chiapello 2001, 2006; Reitmayer/Rosenberger 2008]. Die seit einiger Zeit etablierte Forschung zu Struktur und Wandel der „Unternehmenskultur" wird so auf bemerkenswerte Weise fortgesetzt und weiterentwickelt [Petzina/Plumpe 1993; Stadler 2004; Nieberding 2003].

Corporate Governance

Dabei sind alle Arbeiten zum Wandel der Corporate Governance, der Führungssemantiken in den Unternehmen und zur Entwicklung der Unternehmenskulturen in einem eigenartigen Dilemma zwischen empirischer Beschreibung, theoretischem Konzept und normativem Wunschdenken gefangen. Denn zumeist fällt es selbst empirisch ausgerichteten Studien schwer, den Unternehmensalltag angemessen zu thematisieren, sodass die Wiedergabe konzeptioneller Allgemeinplätze über die institutionenökonomischen Zwänge der Führung oder das Zurückgreifen auf normative Texte naheliegend sind, wobei Letztere zumeist nicht die „Realität" des Unternehmensalltags, sondern die strategische Perspektive der Textverfasser spiegeln. Jüngere Forschungen, welche die Unternehmen in einem entscheidungstheoretischen Paradigma analysieren, versuchen diese Schwierigkeiten zu überwinden, indem sie die konkreten Entscheidungsprozesse der Unternehmen im historischen Wandel aufzubereiten suchen. Diese Überlegungen [generell Plumpe 2016b] liegen auch neueren Großprojekten zugrunde, wobei zu hoffen ist, dass die einschlägigen Forschungen den Entscheidungsalltag in Unternehmen zukünftig empirisch dicht erfassen werden; hierzu dürften auch die mittlerweile vorliegenden bzw. zu erwartenden Unternehmerbiographien maßgeblich beitragen. Struktur und Wandel der Corporate

Governance im Zuge der sich durchsetzenden Globalisierung sind allerdings zweifellos die prägenden Stichworte der gegenwärtigen historischen Unternehmensforschung. Sie ermöglichen damit zugleich übergreifende historische Bogenschläge, namentlich zur Phase der ersten Globalisierung vor 1914.

2.4 *Unternehmen und Politik*

Primat der Politik

Das große Thema der deutschen Unternehmensgeschichtsschreibung, nämlich das Verhältnis der Großunternehmen zur Politik, ist durch die genannten neuen Forschungstrends ein wenig in den Hintergrund gerückt. Dabei war dies in den Jahren zwischen 1970 und 2000 das alles beherrschende Thema, zumal zahlreichen großen Konzernen in den Katastrophen der deutschen Geschichte eine maßgebliche Rolle zugewiesen wurde. Diese Annahmen, etwa über die ausschlaggebende Rolle der Unternehmen in der Kriegspolitik des Ersten Weltkrieges oder über ein Primat der Ökonomie im Nationalsozialismus, haben sich im Lichte der Forschung als unhaltbar erwiesen, vielmehr zeigte sich durchweg das Primat der Politik, um einen Begriff aus den diesbezüglichen Kontroversen der 1960er Jahre zu nutzen.

Handlungschancen

Diese „Entlastung" der Unternehmen wurde in der Einzelforschung sehr schnell dahingehend präzisiert, dass zwar von einer ursächlichen Beeinflussung der deutschen (Kriegs-)Politik keine Rede sein kann, dass aber die sich aus den militärischen Konflikten und ihrer Vorbereitung ergebenden Handlungschancen, freiwillig oder mangels attraktiver Alternativen, von den meisten Unternehmen genutzt wurden, wobei viele Unternehmen auch bereit waren, sich an Praktiken zu beteiligen, die sie unter regulären Umständen durchaus verurteilt hätten. Die Beteiligung an Kriegszieldebatten und die Unterstützung völkerrechtswidriger Handlungen im Ersten Weltkrieg wurden schließlich in den Jahren nach 1933 meist noch durch die Beteiligung an der Arisierung der Wirtschaft, durch Raub und Bereicherung in den besetzten Gebieten oder durch die Ausbeutung von Zwangsarbeit deutlich übertroffen.

Profitabilität der Zwangsarbeit

Wie weit die Unternehmen hiervon effektiv profitierten, ist durchaus umstritten und bis heute nicht wirklich geklärt, denn die Erträge in den Kriegen müssen ja zumindest konzeptionell mit den möglichen Ergebnissen einer friedlichen Entwicklung verglichen werden. Dabei spricht wenig dafür, dass die Beteiligung der Unternehmen an der Rüstungs- und Kriegswirtschaft in einem umfassenden Sinne profitabel war, selbst wenn es im Einzelnen zu bemerkenswerten Bereicherungen kam [Rauh 2002]. Sogar die Beteiligung an der Ausbeutung von Zwangsarbeitern erfolgte nicht notwendig aus Profitinteressen, sondern war eine Folge der nur so möglichen Selbsterhaltung, da nicht kriegswichtigen Unternehmen die Stilllegung drohte; bei freier Wahl hätte die Mehrzahl der Unternehmen reguläre Arbeitsverhältnisse präferiert [Herbert 2001; Spoerer 1996]. Ob Zwangsarbeit insgesamt gewinnträchtig war, ist ohnehin umstritten. Und selbst die zum Teil beträchtlichen Gewinne der Unternehmen in beiden Kriegen lassen sich nicht notwendig als Ertrag verbuchen, wurden doch zumindest im Zweiten Weltkrieg, wie Ralf Banken jüngst gezeigt hat, die Körperschaftssteuern fast prohibitiv erhöht [Banken 2018; Spoerer 1996].

Handlungsspielräume

Dies soll nicht heißen, dass die Beteiligung an der Rüstungs- und Kriegswirtschaft ein Verlustgeschäft war. Im Gegenteil suchte das Regime Wohlverhalten der Unternehmen gezielt zu erkaufen. Im Streit zwischen Christoph Buchheim und Peter Hayes über die Handlungsspielräume der Unternehmen im Nationalsozialismus hat sich die Position von Hayes als belastbarer erwiesen. Letzterer geht von stark schrumpfenden Handlungsspielräumen aus, während die Auffassung von Buchheim und Scherner, die Unternehmen hätten sich in der Vertragsgestaltung frei bewegen können, die Tatsache ignoriert, dass eben nur bestimmte Verträge überhaupt geschlossen werden konnten [Buchheim 2009; Hayes 2009]. Ihre Vorstellung jedenfalls, die Unternehmen hätten aus Gewinnsucht „mitgemacht“, unterstellt ihnen Alternativen, die sie gerade nicht hatten. Für die Unternehmen, die sich ja keineswegs einheitlich verhielten, gilt wohl generell, dass ihr Verhalten in der Diktatur im Großen und Ganzen dem Durchschnittsverhalten der deutschen Bevölkerung entsprach, dessen Mehrheit sich zwischen den extremen von Begeisterung und Opposition im Bereich des mehr oder weniger zustimmenden Opportunismus befand [Plumpe 2003].

Einzelstudien

Die mittlerweile zahlreich vorliegenden Einzelstudien zur Entwicklung von Unternehmen in der Zeit des Nationalsozialismus stützen diese Annahme; von Dr. Oetker, den Automobilherstellern und -zulieferern über die großen Montankonzerne, Siemens, der AEG und den anderen Unternehmen der Branche, der Großchemie und Metallverarbeitung bis hin zu den Banken, dem Handel und den Versicherungen: mehr oder weniger das gleiche Bild der Kooperation, zum Teil auch des skrupellosen Ausnutzens von Handlungschancen, die unter „normalen“ Bedingungen unvorstellbar schienen, jetzt aber gezielt ergriffen wurden. Friedrich Flick ist dabei ein ebenso extremes Beispiel wie einzelne Verweigerungshaltungen, die man nicht ohne Weiteres hochrechnen kann. Das Mitmachen der Unternehmen war die Regel, völlig unabhängig davon, wie die politische Einstellung der leitenden „Herren“ im Einzelnen sein mochte. Bei

Reemtsma und Freudenberg [Lindner 2007; Scholtyseck 2016] gab es keine politische Neigung zum Nationalsozialismus; sie machten genauso mit wie Dr. Oetker, dessen Chef sich offen zum Nationalsozialismus bekannte [Finger/Keller/Wirsching 2013].

Opportunismus der Unternehmen

Dass die Vorstellungen einer Dominanz der großen Unternehmen im politischen System unzutreffend sind, wurde bereits betont. Spätestens die Studien von Hentschel und Wellhöner zur Rolle der Banken im vermeintlichen Finanzkapitalismus der Vorkriegszeit vor 1914 bzw. zur irreführenden Annahme der Existenz eines im Interesse der großen ökonomischen Komplexe handelnden Interventionsstaates haben gezeigt, dass den weitausgreifenden Thesen der marxistischen sowie der westdeutschen sozialhistorischen Literatur nicht nur viel Spekulatives anhaftet; ihnen fehlt einfach die solide empirische Basis. Die neuere unternehmenshistorische Forschung ist denn auch fast durchweg zu der Auffassung eines mehr oder minder strukturellen Opportunismus der Unternehmen gegenüber der Politik gelangt, der sich aus den unterschiedlichen zeitlichen Rhythmen von Ökonomie und Politik fast zwangsläufig ergibt. Unternehmen müssen mit den häufigen Wechseln in der Politik koexistieren können, ohne jeweils ihr Geschäftsmodell austauschen zu können oder zu wollen. Ja, es wird von ihnen erwartet, dass sie bei allem Lobbyismus politischen Wechsel akzeptieren und nicht bei jedem Regierungswechsel in eine Art Fundamentalopposition eintreten. Historisch gesehen ist auch dieser Opportunismus überhaupt nicht das Problem; er funktioniert seit 1949 mehr oder weniger einwandfrei, auch wenn das Grummeln der Wirtschaft über politische Entscheidungen mitunter recht laut werden konnte. Zum Problem wurde der politische Opportunismus der Unternehmen durch die Tiefe der politischen Brüche der ersten Hälfte des 20. Jahrhunderts, die aus dem zu erwartenden Opportunismus so etwas wie moralisch nicht vertretbare Mitläuferei werden ließen, ohne dass sich am Verhalten der Unternehmen grundlegend etwas geändert hätte [Plumpe 2016a]. Diesen Komplex weiter zu erforschen, wird zweifellos eine wesentliche Herausforderung der einschlägigen Forschung sein, die dabei den grundlegenden politischen Opportunismus der Unternehmen, der zumindest solange gilt, wie die Politik nicht die Existenz der privaten Unternehmen grundsätzlich zur Disposition stellt, sorgfältig von der Interessenpolitik der einzelnen Unternehmen und ihrer Verbände unterscheiden sollte.

Interessenpolitik der Unternehmen

Die Interessenpolitik der Unternehmen und ihrer Verbände zählt zu den gut erforschten Themenbereichen der deutschen Unternehmensgeschichte. Sie war, angefangen von der Verbandsbildung im 19. Jahrhundert [beispielsweise Kaelble 1967; Ullmann 1976; Mielke 1976] über die Zeit des Ersten Weltkrieges und der Weimarer Republik [ZUNKEL 1973; FELDMAN 1985; WEISBROD 1978] bis in die Zeit nach dem Zweiten Weltkrieg [PLUMPE 1987; BÜHRER 1986; BERGHAHN 1985] eines der zentralen Forschungsthemen der 1970er und 1980er Jahre [typisch HALLGARTEN/RADKAU 1974], hat mittlerweile aber deutlich an Bedeutung verloren. Dabei zeigte sich, dass die Unternehmen und ihre Verbände zumeist an konkreten Problemen interessiert waren (Marktregulierung, Steuerpolitik, Auflagen, Sozialpolitik etc.), während es in grundsätzlichen Fragen kaum ein einheitliches Bild gab. Vor dem Ersten Weltkrieg besonders an der Wahrung der eigenen Autonomie interessiert, also auf eine möglichst zurückhaltende Rolle des Staates drängend, gerieten jene Unternehmen, die nach dem Krieg in strukturellen Schwierigkeiten waren, in eine Art Fundamentalopposition zu einer aus ihrer Perspektive fast prohibitiv teuren Republik, während andere Teile der Industrie schon nach 1918 für eine Art Rheinischen Kapitalismus avant la lettre plädierten und auf einen Ausgleich mit den Gewerkschaften setzten, ohne deshalb auf eine harte Kritik an der in ihren Augen fehlerhaften staatlichen Sozial- und Lohnpolitik zu verzichten. Vom Nationalsozialismus war die Rede. In der Nachkriegszeit entspannte die vorwiegend gute Konjunktur das Verhältnis von Staat und Wirtschaft, das erst seit dem Ende der 1960er Jahre angesichts eines starken Anstiegs der Staatsquote und einer Zunahme der öffentlichen Verschuldung wieder kritischer wurde.

Ausweitung der Mitbestimmung

Die Entwicklung des Verhältnisses der Unternehmen zur Politik wurde in dieser Zeit auch davon bestimmt, dass der Staat korrigierend in die industriellen Beziehungen, namentlich durch die Ausweitung der Mitbestimmung, eingreifen wollte. Diese war historisch von den Unternehmen zwar nur grollend hingenommen und von der Schwerindustrie sogar direkt abgelehnt worden [PLUMPE 1999; MILERT/TSCHIRBS 2012], doch die Forschungen zur Nachkriegszeit [NEULOH 1956; MÜLLER 1987, 1991] zeugen von einer Art Arrangement, das erst mit der Mitbestimmungsgesetzgebung der 1970er Jahre, insbesondere der Ausdehnung der paritätischen Mitbestimmung auf die gesamte Wirtschaft, in Frage gestellt wurde. Die sich hier abzeichnenden Konflikte sind zumindest ansatzweise thematisiert worden; jedoch bedarf es weiterer Arbeiten, insbesondere zur Entfaltung des sog. Rheinischen Kapitalismus in der Bonner Republik im Spannungsverhältnis von Unternehmen und Staat [SATTLER 2013].

Übergroße Rolle der Politik

Seither haben die Beziehungen von Unternehmen und Politik einen vergleichsweise wenig konfliktträchtigen Verlauf genommen; grundsätzliche Auseinandersetzungen traten aber auch deshalb in den Hintergrund, weil spätestens seit den 1990er Jahren die europäische

Ebene im Bereich der Politikgestaltung deutlich an Gewicht zugenommen hat. Hier gibt es zweifellos noch offene Fragen, doch insgesamt ist das Verhältnis von Unternehmen zur Politik gut erforscht. Das Thema erweist sich in gewisser Weise als ein spezifisches Thema der gerade durch ihren Ausnahmecharakter bestimmten Entwicklung des 20. Jahrhunderts, in dem die Politik und das Staatshandeln eine überaus große, allerdings deshalb nicht unbedingt „normale" Bedeutung für Strategie und Wandel der Unternehmen hatte – indem der Staat immer größere Teile des Sozialprodukts für sich in Anspruch nahm, und indem er die Marktbedingungen maßgeblich und zumeist zum Schlechteren beeinflusste, sowie nicht zuletzt die Unternehmen in beiden Kriegen für seine Zwecke der Kriegführung instrumentalisierte. Diese Sonderbedingungen sind heute nicht mehr gegeben, und insofern ist die Beziehung der Unternehmen zu Staat und Politik wieder entspannter geworden, obwohl es im Einzelfall immer noch heftige Interessenkonflikte gibt. Die politische Überformung der Ökonomie jedoch, die insbesondere die erste Hälfte des 20. Jahrhunderts prägte, ist Vergangenheit und mit ihr auch die spezifische Schwerpunktsetzung der unternehmenshistorischen Forschung in diesem Bereich. Dafür ist der Wandel der Unternehmen und ihres Verhaltens im Kontext der Globalisierung eines der großen Forschungsthemen, das der Bearbeitung harrt.

2.5 Globaler Finanzkapitalismus

Globale Perspektiven

Die in diesem Bereich entstehenden Studien zeichnen sich dadurch aus, dass ihnen die Bindung an den nationalen Handlungsrahmen von Anfang an fehlte. Hier handelt es sich in der Tat um globale Perspektiven, besonders im Rahmen des Wandels der Unternehmen nach dem Ende des Wechselkurssystems von Bretton Woods, der darauffolgenden Aufgabe der Finanz- und Kapitalmarktkontrollen und der rasanten Ausweitung des globalen Wirtschaftsaustauschs, in dem zumal der „alte Westen" seine bisher fast „natürlich" angesehene Dominanz mehr und mehr in Frage gestellt sah und sieht.

Strukturbruch

Für die deutschen Unternehmen, deren Geschichte seither erst ansatzweise erforscht ist, brachte diese Entwicklung den bisher größten Strukturbruch; ähnlich wie vor dem Ersten Weltkrieg waren sie gezwungen, sich voll und ganz auf die Weltmärkte hin zu orientieren, da sie die Beschränkungen sowie die Schutzglocke der politischen Marktbeschränkungen verloren, die durch EU-Regelungen nur bedingt substituiert wurden. Das Ende der Deutschland AG, also der historisch gewachsenen Verschränkungen der Unternehmen und ihre Abschottung gegenüber fremden Einflüssen, war dann nur noch eine Frage der Zeit, da viele Unternehmen diese Traditionen zunehmend als Belastung empfanden und die hier schlummernden Ressourcen (etwa die gegenseitigen Kapitalbeteiligungen) lieber mobilisiert und für ihre globale Restrukturierung genutzt hätten. Eine entsprechende Freistellung von mobilisierten Reserven von der Steuer war dann der Auslöser dafür, dass sich die Deutschland AG innerhalb kurzer Zeit auflöste [Plumpe 2005], zumindest bezüglich ihrer Kapitalmarktverflechtung, letztlich aber auch in der strategischen Ausrichtung der Unternehmen, denen es nun vorrangig um eine Verbesserung ihrer globalwirtschaftlichen Präsenz ging.

Felder der Forschung

Dieser für die deutsche Unternehmensgeschichte fundamentale Wandel ist bisher nur ansatzweise erforscht. Es gibt einige Literatur über den Strukturwandel der 1970er Jahre; doch wird in der deutschen unternehmenshistorischen Forschung die Bedeutung des neuen internationalen Kontextes in der Tendenz noch zu gering geschätzt. Dabei verbirgt sich gerade hinter dem schillernden und wenig präzisen Begriff des Finanzkapitalismus ein ungeheurer Umbruch, der mit den internationalen Kapital- und Finanzmärkten auch die deutschen Banken und Versicherungen massiv änderte, deren Geschäftsmodell mit Schwerpunkten in der Industriefinanzierung angesichts der großen Erfolge der angloamerikanischen Merchant und Investment Banks plötzlich aus der Zeit gefallen schien. Erste Forschungsergebnisse [Altamura 2016] deuten darauf hin, dass sich diese Veränderungsprozesse nicht einfach mit herkömmlichen Vorstellungen der Entwicklung des Finanzkapitals erklären lassen, sondern hier in der Tat ein ganz neues Forschungsfeld entsteht. Dieses Forschungsfeld reicht vom Strukturwandel und der Expansion der Kapital- und Finanzmärkte über die Anpassung der großen Banken und Finanzinstitutionen bis hin zur Regulierung bzw. Nichtregulierung dieses Sektors, dessen Risiken beträchtlich sind, wie die Finanzkrise von 2007/08 gezeigt hat. Die Entwicklung der deutschen Unternehmen wird sich insofern allein im nationalen Kontext kaum noch angemessen begreifen lassen.

Nationale Besonderheiten

Andere nationale Besonderheiten sind indes geblieben und erweisen sich auch unter den gegenwärtigen Bedingungen einer forcierten Globalisierung durchaus als anpassungs-, ja konkurrenzfähig – so hat sich die Wandlungsfähigkeit deutscher Unternehmen vornehmlich im europäischen Kontext als relativ groß erwiesen. In dessen Kern steht weiterhin eine besondere, nur historisch erklärbare Ausformung der industriellen Beziehungen, die es den deutschen Unternehmen ermöglicht, sich auch in schwierigen Kontexten zu behaupten, namentlich die eigene Konkurrenzfähigkeit durch eine Politik der „inneren Abwertung“

aufrechtzuerhalten. Diese Form produktivitätsorientierter Kostenentwicklung ist zumindest europaweit ziemlich einmalig und wahrscheinlich u. a. das Ergebnis der in den aktuellen Mitbestimmungsregeln kristallisierten Tradition der Sozialpartnerschaft, die sich in zahlreichen deutschen Unternehmen bis in die Jahre vor dem Ersten Weltkrieg zurückverfolgen lässt [Plumpe 2001, 2006b].

Desiderate und Perspektiven

Die Tradition und Bedeutung der deutschen Sozialpartnerschaft, vor allem ihre Rolle im Kontext der Globalisierung, sind in Zukunft durch entsprechende Studien aufzuklärende Bedeutungskomplexe, ja Besonderheiten [etwa Pohl 1996]. Dasselbe gilt für die Vielzahl von mittelgroßen Unternehmen, die schon immer für die Unternehmensstruktur hierzulande typisch waren, sich nun aber auch im Kontext der Globalisierung überaus erfolgreich behaupten, stellen sie doch weltweit circa die Hälfte der sog. Hidden Champions, der versteckten Weltmarktführer [Simon 2007]. Die zukünftige Forschungsstrategie der Unternehmensgeschichtsschreibung kann mithin nicht in der völligen Aufgabe nationaler Perspektiven liegen, sondern wird eine flexible Kombination von Fragestellungen und Verfahrensweisen entwickeln müssen, die nationale Traditionen und globale Herausforderungen in komparativer Absicht miteinander verbinden. Es bleibt genug zu tun.

III. Ausgewählte Literatur

Allgemeines, Theorie der Unternehmung und Geschichte der Unternehmensgeschichtsschreibung

W. Abelshauser, Unternehmensgeschichte und die Probleme von heute, in: W. Abelshauser, M. D. Kley, O. Graf Lambsdorff (Hg.), Unternehmenskultur und Weltmarkt, Reden, München, Ludwigshafen 2003, S. 11–19.

H. R. Adamsen, Investitionshilfe für die Ruhr. Wiederaufbau, Verbände und Soziale Marktwirtschaft 1948–1952, Wuppertal 1981.

F. Amatori, G. Jones (Hg.), Business History around the World, Cambridge 2003.

J. Bähr, H. Wixforth, Unternehmensgeschichte, Unternehmenskultur und Unternehmensarchive. Das Beispiel der Dresdner Bank, in: Archiv und Wirtschaft 33 (2000), 4, S. 156–166.

J. Bähr, Unternehmensgeschichte in Deutschland. Ansätze und Perspektiven der neueren Forschung und das Verhältnis zur DDR-Geschichte, in: H.-J. Rupieper, F. Sattler, G. Wagner-Kyora (Hg.), Die mitteldeutsche Chemieindustrie und ihre Arbeiter im 20. Jahrhundert, Halle 2005, S. 35–51.

R. Banken, Der Nationalsozialismus in der Unternehmensgeschichte. Hinterlässt die Sonderkonjunktur Spuren?, in: Akkumulation 20 (2004), S. 1–18.

R. Banken, Kurzfristiger Boom oder langfristiger Forschungsschwerpunkt? Die neuere deutsche Unternehmensgeschichte und die Zeit des Nationalsozialismus, in: Geschichte in Wissenschaft und Unterricht 56 (2005), S. 183–196.

D. Baudis, H. Handke, R. Schröder, Der Unternehmer in der Sicht der westdeutschen Firmen- und Wirtschaftsgeschichte, in: Zeitschrift für Geschichtswissenschaft 11 (1963), S. 78–103.

H. Berghoff, J. Jakob, Wirtschaftsgeschichte als Kulturgeschichte. Ansätze zur Bergung transdisziplinärer Synergiepotentiale, in: Dies (Hg.), Wirtschaftsgeschichte als Kulturgeschichte. Dimensionen eines Perspektivwechsels, Frankfurt am Main 2004, S. 9–41.

https://doi.org/10.1515/9783486841442-003

H. Berghoff, Ansätze und Perspektiven einer modernen, theorieorientierten Unternehmensgeschichte, in: R. Boch u. a. (Hg.), Unternehmensgeschichte heute. Theorieangebote, Quellen, Forschungstrends, Leipzig 2005, S. 15–28.

H. Berghoff, Business History, in: N. J. Smelser, P. B. Baltes (Hg.), International Encyclopedia of the Social and Behavioural Sciences, Bd. 2, Oxford 2001, S. 1421–1426.

H. Berghoff, Marketing im 20. Jahrhundert. Absatzinstrument – Managementphilosophie – universelle Sozialtechnik, in: Ders (Hg.), Marketinggeschichte, Frankfurt am Main 2007, S. 11–58.

H. Berghoff, Moderne Unternehmensgeschichte. Eine themen- und theorieorientierte Einführung, Paderborn 2004 (2. Aufl. Berlin 2016).

H. Berghoff, Tired Pioneers and dynamic Newcomers? A comparative Essay on English and German Entrepreneurial History, in: Economic History Review 47 (1994), S. 262–287.

H. Berghoff, Transaktionskosten. Generalschlüssel zum Verständnis langfristiger Unternehmensentwicklung? Zum Verhältnis von Neuer Institutionenökonomie und moderner Unternehmensgeschichte, in: Jahrbuch für Wirtschaftsgeschichte 40 (1999), 2, S. 159–176.

H. Berghoff, Wozu Unternehmensgeschichte? Erkenntnisinteresse, Forschungsansätze und Perspektiven des Faches, in: Zeitschrift für Unternehmensgeschichte 49 (2004), 2, S. 131–148.

T. Beschorner (Hg.), Evolurtorische Ökonomik und Theorie der Unternehmung, Marburg 2000.

K. Bleicher, E. Meyer, Führung in der Unternehmung. Formen und Modelle, Reinbek bei Hamburg 1976.

R. Boch u. a. (Hg.), Unternehmensgeschichte heute. Theorieangebote, Quellen, Forschungstrends, Leipzig 2005.

L. Boltanski, È. Chiapello, Der neue Geist des Kapitalismus, Konstanz 2006.

K. Borchardt, Wirtschaftliche Krisen als Gegenstand der Unternehmensgeschichte, in: Zeitschrift für Unternehmensgeschichte 22 (1977), S. 81–90.

P. Borscheid, Der ökonomische Kern der Unternehmensgeschichte, in: Zeitschrift für Unternehmensgeschichte 46 (2001), S. 5–10.

H. Bosetzky, Mensch und Organisation. Aspekte bürokratischer Sozialisation. Eine praxisorientierte Einführung in die Soziologie und die Sozialpsychologie der Verwaltung, 5. Aufl., Köln 1994.

G. Boyce, S. Ville, The Development of modern Business, Houndsmille 2002.

F. BRAUDEL, Sozialgeschichte des 15. bis 18. Jahrhunderts, 3 Bde., München 1986.

C. BRINKMANN, C. BAUER, Zur Wirtschaftsgeschichte der deutschen Unternehmung, Berlin 1942.

S. BRÜNGER, Geschichte und Gewinn. Der Umgang deutscher Konzerne mit ihrer NS-Vergangenheit, Göttingen 2017.

B. BRÜNINGHAUS, Gesellschaft für Unternehmensgeschichte – Geschichte ihrer Gründung, in: Zeitschrift für Unternehmensgeschichte 31 (1986), S. 1–4.

W. BÜHRER, Neue Forschungen zur deutschen Wirtschafts- und Unternehmensgeschichte der ersten Hälfte des 20. Jahrhunderts, in: Neue Politische Literatur 44 (1999), S. 25–39.

M. CASSON, Information and Organization. A new Perspective on the Theory of the Firm, Oxford 1997.

M. CASSON, Entrepreneurship. Theory, Networks, History, Cheltenham 2010.

M. CASSON, C. CASSON, The Entrepreneur in History: From medieval Merchant to modern Business Leader, Basingstoke 2013.

A. D. CHANDLER, Strategy and Structure. Chapters in the History of the Industrial Enterprise, Cambridge/Mass. 1963.

A. D. CHANDLER, The visible Hand. The managerial Revolution in American Business, Cambridge/Mass. 1977.

A. D. CHANDLER, Scale and Scope. The Dynamics of industrial Capitalism, Cambridge/Mass. 1990.

A. D. CHANDLER, T. K. MCCRAW, R. TEDLOW, Management Past and Present. A Casebook of American Business History, Cincinnati 1996.

A. D. CHANDLER, Business History as institutional History, in: G. R. TAYLOR, L. F. ELLSWORTH (Hg.), Approaches to American economic History, Charlottesville 1971, S. 17–24.

R. H. COASE, The Firm, the Market and the Law, Chicago 1988.

R. M. CYERT, J. G. MARCH, A behavioral Theory of the Firm, Englewood Cliffs 1963.

A. COLE, Economic History in the United States. Formative Years of a Discipline, in: Journal of Economic History 28 (1968), S. 556–589.

A. COLE, What is Business History?, in: Business History 27 (1968), 4, S. 556–589.

D. COLEMAN, The Uses and Abuses of Business History, in: Business History 29 (1987), S. 141–156.

M. H. DUNN, Die Unternehmung als ein soziales System. Ein sozialwissenschaftlicher Beitrag zur Neuen Mikroökonomie, Berlin 1998.

G. P. Dyas, H. T. Thanheiser, The Emerging European Enterprise. Strategy and Structure in French and German Industry, Boulder 1976.

A. Engberding, Unternehmenskrisen, Sanierung und Industriepolitik. Einzelwirtschaftliche und strukturpolitische Handlungsspielräume beim Wandel von Unternehmen in der Krise, Berlin 1998.

P. Erker, „A new Business History"? Neuere Ansätze und Entwicklungen in der Unternehmensgeschichte, in: Archiv für Sozialgeschichte 42 (2002), S. 557–604.

P. Erker, „Externalisierungsmaschine" oder „Lizenznehmer der Gesellschaft"? Trends, Themen und Theorien der jüngsten Unternehmensgeschichtsschreibung, in: Archiv für Sozialgeschichte 46 (2006), S. 605–658.

P. Erker, Aufbruch zu neuen Paradigmen. Unternehmensgeschichte zwischen sozialgeschichtlicher und betriebswirtschaftlicher Erweiterung. in: Archiv für Sozialgeschichte 37 (1997), S. 321–365.

P. Erker, Corporate Governance. Ein neuer Untersuchungsansatz der historischen Unternehmensforschung? Einige Überlegungen und Ergebnisse am Beispiel jüngster Veröffentlichungen, in: R. Boch (Hg.), Unternehmensgeschichte heute. Theorieangebote, Quellen, Forschungstrends. Beiträge zum 4. unternehmensgeschichtlichen Kolloquium, Leipzig 2005, S. 29–45.

M. Erlei, M. Leschke, D. Sauerland, Neue Institutionenökonomik, Stuttgart 1999.

G. D. Feldman, Unternehmensgeschichte im Dritten Reich und die Verantwortung der Historiker. Raubgold und Versicherungen, Arisierungen und Zwangsarbeit, in: N. Frei (Hg.), Geschichte vor Gericht. Historiker, Richter und die Suche nach der Gerechtigkeit, München 2000, S. 103–129.

W. Fischer, Some recent Developments of Business History in Germany, Austria and Switzerland, in: Business History Review 37 (1963), S. 416–436.

W. Fischer, Unternehmensgeschichte und Wirtschaftsgeschichte. Über die Schwierigkeit, mikro- und makroökonomische Ansätze zu vereinen, in: H. Kellenbenz, H. Pohl (Hg.), Historia Socialis et Oeconomica. Festschrift für Wolfgang Zorn, Stuttgart 1987, S. 61–71 (Vierteljahrschrift für Sozial- und Wirtschaftsgeschichte, Beiheft 84).

O. Franz, Anmerkungen zur Unternehmensgeschichte, in: Th. Stamm-Kuhlmann (Hg.), Geschichte. Festschrift für Michael Salewski zum 65. Geburtstag, Wiesbaden 2003, S. 486–494.

O. Franz, Ziele und Aufgaben der Gesellschaft für Unternehmensgeschichte, in: C. Dipper (Hg.), Hessen in der Geschichte. Festschrift für Eckhart G. Franz zum 65. Geburtstag, Darmstadt 1996, S. 576–584.

N. Frei, T. Schanetzky (Hg), Unternehmen im Nationalsozialismus. Zur Historisierung einer Forschungskonjunktur, Göttingen 2010.

A. Godley, O. Westall (Hg.), Business History and Business Culture, Manchester 1996.

N. Gras, Unternehmertum und Unternehmergeschichte, in: Zeitschrift für die gesamte Staatswissenschaft 85 (1928), S. 544–563.

R. Hanf, Mangelnde theoretische Konzepte im Bereich der Betriebs- und Firmengeschichte, in: Zeitschrift für Unternehmensgeschichte 22 (1977), S. 145–160.

S. Hartig, Von der „Tradition“ zur Innovation. Die Gründung der Gesellschaft für Unternehmensgeschichte, in: Zeitschrift für Unternehmensgeschichte 46 (2001), S. 221–236.

K. Hentschel, Perspektiven einer wissenschafts- und technikhistorisch-inspirierten Unternehmensgeschichte, in: Th. Schuetz, D. Seyffer (Hg.), Wissenschaft und Technik als Motoren unternehmerischen Handelns, Stuttgart 2008, S. 167–180.

J.-O. Hesse, C. Kleinschmidt, K. Lauschke (Hg.), Kulturalismus, Neue Institutikonenökonomik oder Theorievielfalt. Eine Zwischenbilanz der Unternehmensgeschichte, Essen 2002.

J.-O. Hesse, T. Schanetzky, J. Scholten, Idee zu einer gesellschaftsreformerischen Unternehmensgeschichte in methodischer Absicht. „Gabentische“, „moralische Ökonomie“ oder „Unternehmensethik“, in: J.-O. Hesse (Hg.), Das Unternehmen als gesellschaftliches Reformprojekt, Essen 2004, S. 7–14.

J.-O. Hesse, „Der Kapitalismus ist das Werk einzelner hervorragender Männer“. Unternehmensgeschichte zwischen Personen und Strukturen, in: Geschichte in Wissenschaft und Unterricht 56 (2005), 3, S. 148–158.

J.-O. Hesse, Unternehmensgeschichte als Medium der Mediengeschichte. Ein Literaturbericht, in: Archiv für Sozialgeschichte 41 (2001), S. 539–555.

R. W. Hidy, Business History. Present Status and future Needs, in: Business History Review 44 (1970), 4, S. 483–497.

S. Hilger, Unternehmen im Wettbewerb. Hemmnisse und Herausforderungen für eine vergleichende Unternehmensgeschichte, in: J.-O. Hesse, C. Kleinschmidt, K. Lauschke (Hg.), Kulturalismus, Neue Institutionenökonomik oder Theorienvielfalt. Eine Zwischenbilanz der Unternehmensgeschichte, Essen 2002, S. 289–299.

C. Hillen, „Mit Gott". Zum Verhältnis von Vertrauen und Wirtschaftsgeschichte, Köln 2007.

H. Homburg, Anfänge des Taylorsystems in Deutschland vor dem 1. Weltkrieg, in: Geschichte und Gesellschaft 4 (1978), S. 170–194.

H. Jaeger, „Unternehmer", in: O. Brunner u. a. (Hg.), Geschichtliche Grundbegriffe. Historisches Lexikon zur politisch-sozialen Sprache in Deutschland, Bd. 6, Stuttgart 1990, S. 707–732.

H. Jaeger, Business History in Germany since 1945. Focal Points, Tendencies, Results, in: German Yearbook on Business History (1993/1994), S. 147–169.

H. Jaeger, Business History in Germany. A Survey of recent Developments, in: Business History Review 48 (1974), S. 28–48.

H. Jaeger, Business History. Die wichtigsten Zeitschriften, in: Geschichte und Gesellschaft 6 (1980), S. 456–463.

H. Jaeger, Gegenwart und Zukunft der historischen Unternehmensforschung, in: Tradition. Zeitschrift für Firmengeschichte und Unternehmerbiographie 17 (1972), S. 107–124.

H. Jaeger, Unternehmensgeschichte in Deutschland seit 1945. Schwerpunkte – Tendenzen – Ergebnisse, in: Geschichte und Gesellschaft 18 (1992), S. 107–132.

D. J. Jeremy, G. Tweedale, Business History, London 2004.

D. J. Jeremy, A Business History of Britain. 1900–1990s, Oxford 1998.

G. Jones, J. Zeitlin (Hg.), The Oxford Handbook of Business History, Oxford 2008.

G. Jones, Britische multinationale Unternehmen und britische Unternehmensgeschichte seit dem 19. Jahrhundert, in: Zeitschrift für Unternehmensgeschichte 38 (1993), 4, S. 234–260.

S. R. H. Jones, Transaction Costs and the Theory of the Firm. The Scope and Limitations of the new institutional Approach, in: Business History 39 (1997), S. 9–25.

A. Kieser, Erklären die Theorie der Verfügungsrechte und der Transaktionskostenansatz historischen Wandel von Institutionen?, in: D. Budäus u. a. (Hg.), Betriebswirtschaftslehre und Theorie der Verfügungsrechte, Wiesbaden 1998, S. 299–325.

G. Kirchgässner, Homo oeconomicus. Das ökonomische Modell individuellen Verhaltens und seine Anwendung in den Wirtschafts- und Sozialwissenschaften, Tübingen 2000.

N. G. Klarmann, Die Institutionalisierung der unternehmensgeschichtlichen Forschung durch die Gesellschaft für Unternehmensgeschichte, in: Bankhistorisches Archiv 3 (1977), 1, S. 71–74.

C. KLEINSCHMIDT, Neue Institutionenökonomik und Organisationslernen. Zur Kompatibilität ökonomischer und kulturalistischer Ansätze der Unternehmensgeschichtsschreibung, in: K.-P. ELLERBROCK (Hg.), Die Wirtschaftsgeschichte vor der Herausforderung durch die New Institutional Economics, Dortmund 2004, S. 256–271.

C. KLEINSCHMIDT, Unternehmensgeschichte als Sozial- und Alltagsgeschichte. Anmerkungen zu neueren Entwicklungen in der deutschen Unternehmensgeschichtsschreibung, in: F. MARKOWSKI (Hg.), Der letzte Schliff. 150 Jahre Arbeit und Alltag bei Carl Zeiss, Berlin 1997, S. 282–298.

A. KLUGE, Betriebsgeschichte in der DDR. Ein Rückblick, in: Zeitschrift für Unternehmensgeschichte 38 (1993), S. 49–62.

W. KREIS, Die wirtschaftsethischen Anschauungen in der deutschen Ökonomie des 19. Jahrhunderts unter besonderer Berücksichtigung des Unternehmerbildes. Eine dogmengeschichtliche Untersuchung am Beispiel von Adam Müller und Gustav Schmoller, Berlin 1999.

W. KÜPPER, G. ORTMANN (Hg.), Mikropolitik. Rationalität, Macht und Spiele in Organisationen, Opladen 1992.

N. R. LAMOREAUX, D. M. G. RAFF, P. TEMIN, New Economic Approaches to the Study of Business History, in: Business and Economic History (1997), S. 57–79.

K. LAUSCHKE, T. WELSKOPP (Hg.), Mikropolitik im Unternehmen. Arbeitsbeziehungen und Machtstrukturen in industriellen Großbetrieben des 20. Jahrhunderts, Essen 1994.

W. H. LAZONICK, Business Organization and the Myth of the Market Economy, Cambridge u. a. 1991.

D. LINDENLAUB, „Firmengeschichte“, in: Handwörterbuch der Wirtschaftswissenschaften, Bd. 3., Stuttgart 1981, S. 293–302.

D. LINDENLAUB, Unternehmensgeschichte, in: Zeitschrift für Betriebswirtschaft 53 (1983), S. 91–123.

K. LIPARTITO, Culture and the Practice of Business History, in: Business Economic History 24 (1995), S. 1–41.

N. LUHMANN, Die Wirtschaft der Gesellschaft, Frankfurt am Main 1988.

N. LUHMANN, Organisation und Entscheidung, Opladen 2000.

B. LUTZ, G. SCHMIDT, Industriesoziologie, in: R. KÖNIG (Hg.), Handbuch der empirischen Sozialforschung, Stuttgart 1977, S. 101–262.

T. K. MCCRAW, American Business 1920–2000. How it worked, Wheeling 2000.

R. NELSON, S. WINTER, An evolutionary Theory of economic Change, Cambridge/Mass. 1982.

S. Nicholas, The new Business History. Theory, Qualification and Institutional Change, in: G.-D. Stock (Hg.), Historical Analysis in Economics, London 1993, S. 143–157.

A. Nieberding, C. Wischermann, Unternehmensgeschichte im institutionellen Paradigma, in: Zeitschrift für Unternehmensgeschichte 43 (1998), S. 35–48.

D. C. North, Institutionen, institutioneller Wandel und Wirtschaftsleistung, Tübingen 1992 (zuerst Cambridge/Mass. 1990).

D. C. North, Theorie des institutionellen Wandels. Eine neue Sicht der Wirtschaftsgeschichte, Tübingen 1988 (zuerst New York 1981).

D. C. North, Understanding the Process of economic Change, Princeton 2005.

D. Petzina, W. Plumpe, Unternehmensethik – Unternehmenskultur. Herausforderungen für die Unternehmensgeschichtsschreibung?, in: Jahrbuch für Wirtschaftsgeschichte (1993), 2, S. 9–19.

U. Pfister, W. Plumpe, Plädoyer für eine theoriegestützte Geschichte von Unternehmen und Unternehmern, in: Westfälische Forschungen 2000, S. 1–21.

D. Pfliegensdörfer, Neue Wege in der historischen Unternehmerforschung. Ein Projektbericht, in: 1999. Zeitschrift für Sozialgeschichte des 20. und 21. Jahrhunderts 3 (1988), S. 56–78.

T. Pierenkemper, Business History in Deutschland. Zur Ortsbestimmung einer Disziplin, in: A. Teichova u. a. (Hg.), Business History. Wissenschaftliche Entwicklungstrends und Studien aus Zentraleuropa, Wien 1999a, S. 33–51.

T. Pierenkemper, Was kann eine moderne Unternehmensgeschichte leisten? Und was sollte sie tunlichst vermeiden, in: Zeitschrift für Unternehmensgeschichte 44 (1999b), 2, S. 15–31.

T. Pierenkemper, Unternehmensgeschichte. Eine Einführung in ihre Methoden und Ergebnisse, Stuttgart 2000a.

T. Pierenkemper, Sechs Thesen zum gegenwärtigen Stand der deutschen Unternehmensgeschichte. Eine Entgegnung auf Manfred Pohl, in: Zeitschrift für Unternehmensgeschichte 45 (2000b), 1, S. 158–166.

T. Pierenkemper, Überlegungen zum Verhältnis von Theorie und Empirie in der modernen Unternehmensforschung. Eine Replik auf Dieter Schneider, in: Jahrbücher für Nationalökonomie und Statistik 2003, S. 497–509.

T. Pierenkemper (Hg.), Unternehmensgeschichte. Basistexte, Stuttgart 2011.

A. Platthaus, Die Unternehmensgeschichte soll neu begründet werden, in: Frankfurter Allgemeine Zeitung, 14.07.1999.

W. Plumpe, C. Kleinschmidt (Hg.), Unternehmen zwischen Markt und Macht. Aspekte deutscher Unternehmens- und Industriegeschichte im 20. Jahrhundert, Essen 1992.

W. Plumpe, „Steuerungsprobleme" in der Wirtschafts- und Unternehmensgeschichte des Nationalsozialismus, in: G. Bender (Hg.): Die andere Seite des Wirtschaftsrechts. Steuerung in den Diktaturen des 20. Jahrhunderts, Frankfurt am Main 2006, S. 19–30.

W. Plumpe, Das Unternehmen als soziale Organisation. Thesen zu einer erneuerten historischen Unternehmensforschung. in: Akkumulation 11 (1998), S. 1–7.

W. Plumpe, Die Unwahrscheinlichkeit des Jubiläums – oder: warum Unternehmen nur historisch erklärt werden können, in: Jahrbuch für Wirtschaftsgeschichte (2003), 1, S. 143–156.

W. Plumpe, Die Wirtschafts- und Unternehmensgeschichte des Nationalsozialismus. Überlegungen aus systemtheoretischer Perspektive, in: Jahrbuch für Wirtschaftsgeschichte (2004), 2, S. 241–244.

W. Plumpe, Perspektiven der Unternehmensgeschichte, in: G. Schulz u. a. (Hg.), Sozial- und Wirtschaftsgeschichte. Arbeitsgebiete – Probleme – Perspektiven; 100 Jahre Vierteljahrschrift für Sozial- und Wirtschaftsgeschichte, Stuttgart 2004, S. 403–425.

W. Plumpe, Unternehmen, in: G. Ambrosius, D. Petzina, W. Plumpe (Hg.), Moderne Wirtschaftsgeschichte. Eine Einführung für Historiker und Ökonomen, München 1996, S. 47–66 (2. Aufl., München 2006, S. 61–94).

W. Plumpe, Wie entscheiden Unternehmen?, in: Zeitschrift für Unternehmensgeschichte 61 (2016b), 2, S. 141–159.

H. Pohl (Hg.), Überlebenschancen von Unternehmensgründungen. Referate und Diskussionsbeiträge der wissenschaftlichen Vortragsveranstaltung der Gesellschaft für Unternehmensgeschichte und des Instituts für Bankhistorische Forschung am 3. November 1989 in Frankfurt/Main, Stuttgart 1991.

H. Pohl (Hg.), Zur Politik und Wirksamkeit des Deutschen Industrie- und Handelstages und der Industrie- und Handelskammern 1861 bis 1949. Referate und Diskussionsbeiträge eines Symposiums aus Anlaß des 125jährigen Bestehens der Deutschen Industrie- und Handelstages am 1. Oktober 1986 in Ludwigshafen am Rhein, Stuttgart 1987.

H. Pohl, Betrachtungen zum wissenschaftlichen Standort von Wirtschafts- und Unternehmensgeschichte, in: Vierteljahrschrift für Sozial- und Wirtschaftsgeschichte 78 (1991), S. 326–343.

H. Pohl, Ein Jahrzehnt Gesellschaft für Unternehmensgeschichte, in: Zeitschrift für Unternehmensgeschichte 31 (1986), 1, S. 5–30.

H. Pohl, Reflections on the scientific Position of Economic and Business History, in: German Yearbook on Business History (1993/1994), S. 171–186.

H. Pohl, Unternehmensgeschichte in der Bundesrepublik Deutschland. Stand der Forschung und Forschungsaufgaben für die Zukunft, in: Zeitschrift für Unternehmensgeschichte 22 (1977), S. 26–41.

M. Pohl, Zwischen Weihrauch und Wissenschaft? Zum Standort der modernen Unternehmensgeschichte. Eine Replik auf Toni Pierenkemper, in: Zeitschrift für Unternehmensgeschichte 44 (1999), S. 150–163.

K. C. Priemel, Heldenepos und bürgerliches Trauerspiel. Unternehmensgeschichte im generationellen Paradigma, in: B. Bohnenkamp (Hg.), Generation als Erzählung. Neue Perspektiven auf ein kulturelles Deutungsmuster, Göttingen 2009, S. 107–128.

M. Rasch, Unternehmensgeschichte und Unternehmensgeschichtsschreibung, in: B. Faulenbach (Hg.), Literaturwegweiser zur Geschichte an Ruhr und Emscher, Essen 1999, S. 165–168.

M. Rasch, Von Festschrift und Hagiographie zur theorie- und methodengeleiteten Darstellung? Unternehmens- und Unternehmergeschichtsschreibung der Stahlindustrie im Ruhrgebiet in den letzten hundert Jahren, in: Ferrum 74 (2002), S. 15–48.

F. Redlich, Anfänge und Entwicklung der Firmengeschichte und Unternehmerbiographie. Das deutsche Geschäftsleben in der Geschichtsschreibung, Baden-Baden 1959.

F. Redlich, Unternehmer- und Unternehmensgeschichte, in: Handwörterbuch der Sozialwissenschaften, Bd. 10, Tübingen 1959, S. 532–549.

W. Reinhard, J. Stagl (Hg.), Märkte und Menschen. Studien zur historischen Wirtschaftsanthropologie, Wien 2007.

M. Reitmayer, R. Rosenberger (Hg.), Unternehmen am Ende des „goldenen Zeitalters". Die 1970er Jahre in unternehmens- und wirtschaftshistorischer Perspektive, Essen 2008.

M. Reitmayer, Ein integrierter Ansatz der Unternehmer- und Unternehmensgeschichte, in: R. Boch u. a. (Hg.), Unternehmensgeschichte heute. Theorieangebote, Quellen, Forschungstrends, Leipzig 2005, S. 47–60.

N. Reuter, Der Institutionalismus: Geschichte und Theorie der evolutionären Ökonomie, Marburg 1994.

R. Richter, E. G. Furubotn, Neue Institutikonenökonomie. Eine Einführung und kritische Würdigung, Tübingen 1999.

R. Rossfeld, Unternehmensgeschichte als Marketinggeschichte. Zu einer Erweiterung traditioneller Ansätze in der Unternehmensgeschichtsschreibung, in: C. Kleinschmidt, F. Triebel (Hg.), Marketing. Historische Aspekte der Wettbewerbs- und Absatzpolitik, Essen 2004, S. 17–39.

F. Sattler, Unternehmerische und kompensatorische Netzwerke. Anregungen der Unternehmensgeschichte für die Analyse von wirtschaftlichen Netzwerkstrukturen in staatssozialistischen Gebieten, in: A. Schuhmann (Hg.), Vernetzte Improvisation. Gesellschaftliche Subsysteme in Ostmitteleuropa und in der DDR, Köln u. a. 2008, S. 139–155.

G. Schmoller, Die geschichtliche Entwicklung der Unternehmung, in: Schmollers Jahrbuch (1890a), 3, S. 735–783 & 4, S. 1036–1076.

G. Schmoller, Über Wesen und Verfassung der großen Unternehmungen, in: Ders, Zur Sozial- und Gewerbepolitik der Gegenwart. Reden und Aufsätze, Leipzig 1890b, S. 372–440.

A. H. Schneider, Die deutsche Unternehmensgeschichte und die Entwicklung ihrer Institutionen, in: W. Feldenkirchen, S. Hilger, K. Kornelia (Hg.), Geschichte – Unternehmen – Archive. Festschrift für Horst A. Wessel zum 65. Geburtstag, Essen 2008, S. 147–167.

D. Schneider, Managementfehler durch mangelndes Geschichtsbewußtsein in der Betriebswirtschaftslehre, in: Zeitschrift für Unternehmensgeschichte 29 (1984), S. 114–130.

D. Schneider, Unternehmensgeschichte als eine Methode empirischer Forschung in der Wirtschaftswissenschaft, in: Jahrbücher für Nationalökonomie und Statistik (2002), S. 621–631.

H. G. Schröter, Business History in German-speaking States at the End of the Century. Achievements and Gaps, in: F. Amatori (Hg.), Business History around the World, Cambridge u. a. 2003, S. 170–191.

H. G. Schröter, Die Institutionalisierung der Unternehmensgeschichte im deutschen Sprachraum, in: Zeitschrift für Unternehmensgeschichte 45 (2000), S. 30–48.

J. Schumpeter, Das Wesen und der Hauptinhalt der theoretischen Nationalökonomie, Leipzig 1908.

J. Schumpeter, Theorie der wirtschaftlichen Entwicklung. Eine Untersuchung über Unternehmergewinn, Kapital, Kredit, Zins und den Konjunkturzyklus, Leipzig 1911/12 (2. veränderte Aufl., 1926).

J. A. Schumpeter, Capitalism, Socialism and Democracy, New York, London 1942.

L. Schweikart, The Entrepreneurial Adventure. A History of Business in the United States, Fort Worth 2000.

P. Scranton, R. Blaszczyk (Hg.), Major Problems in American Business History. Documents and Essays, Boston 2005.

H. A. Simon, A behavioral Model of Rational Choice, in: The Quarterly Journal of Economics 69 (1995), 1, S. 99–118.

W. Sombart, Die gewerbliche Arbeiterfrage, Leipzig 1904.

W. Sombart, Gewerbewesen. Teil 1: Organisation und Geschichte des Gewerbes, Berlin 1929.

W. Sombart, Gewerbewesen. Teil 2: Das Gewerbe im Zeitalter des Hochkapitalismus, Berlin 1929.

M. Spoerer, Die Bedeutung der Unternehmensgeschichte für die heutige Unternehmenspolitik. Mehr als historische Folklore?, in: Akkumulation 12 (1999), S. 1–4.

M. Spoerer, Literaturbericht Wirtschafts- und Unternehmensgeschichte. Teil I und II, in: Geschichte in Wissenschaft und Unterricht 54 (2004), S. 113–130 und 194–204.

M. Spoerer, Unternehmen- und Unternehmensgeschichte. Was kommt heraus, wenn Gewinner Geschichte schreiben lassen?, in: C. Fröhlich (Hg.), Geschichtspolitik. Wer sind ihre Akteure, wer ihre Rezipienten?, Stuttgart 2004, S. 111–117.

M. Spoerer, Wirtschafts- und Unternehmensgeschichte, in: Geschichte in Wissenschaft und Unterricht 61 (2010), 12, S. 739–755.

R. Spree (Hg.), Geschichte der deutschen Wirtschaft im 20. Jahrhundert, München 2001.

R. Stokes, Die Zukunft der Unternehmensgeschichte / The Future of Business History, in: Jahrbuch für Wirtschaftsgeschichte (2008), 1, S. 313–328.

R. Stremmel, Richard Ehrenberg als Pionier der Unternehmensgeschichtsschreibung oder: Wie unabhängig kann Unternehmensgeschichte sein?, in: M. Buchsteiner (Hg.), Richard Ehrenberg (1857–1921). „Ich stehe in der Wissenschaft allein“, Norderstedt 2008, S. 143–188.

J. Strieder, Studien zur Geschichte kapitalistischer Organisationsformen. Monopole, Kartelle und Aktiengesellschaften im Mittelalter und zu Beginn der Neuzeit, München u. a. 1925.

D. Süss, Standort, Markt, Betrieb. Unternehmen und Region im 19. und 20. Jahrhundert, in: Geschichte in Wissenschaft und Unterricht 56 (2005), S. 159–169.

G. Teichmann, Unternehmensgeschichten – Versuch einer Bestandsaufnahme und Typologie, in: Archiv und Wirtschaft 1995, S. 159–171.

H.-J. Teuteberg, Wilhelm Treue als Nestor der Unternehmensgeschichte, in: Zeitschrift für Unternehmensgeschichte 47 (2002), 2, S. 123–157.

R. Tilly, Beiträge zur quantitativ vergleichenden Unternehmensgeschichte, Stuttgart 1985.

R. TILLY, Großunternehmen: Schlüssel zur Wirtschafts- und Sozialgeschichte der Industrieländer?, in: Geschichte und Gesellschaft 19 (1993), S. 530–548.

W. TREUE, Die Bedeutung der Firmengeschichte für die Wirtschafts- und für die Allgemeine Geschichte, in: Vierteljahrschrift für Sozial- und Wirtschaftsgeschichte 41 (1954), S. 42–65.

W. TREUE, Die Feuer verlöschen nie. August Thyssen-Hütte, 2 Bde., Düsseldorf 1966, 1969.

W. TREUE, Unternehmens- und Unternehmergeschichte aus fünf Jahrzehnten. Eine Aufsatzsammlung, Berlin 1989.

F. TRIEBEL, J. SEIDL, Ein Analyserahmen für das Fach Unternehmensgeschichte, in: Zeitschrift für Unternehmensgeschichte 46 (2001), S. 11–26.

K. VOSS, Absturz der Überflieger. Aufstieg und Fall renommierter Industrieunternehmen, Frankfurt am Main 2002.

R. WALTER, Theoriegeleitete Unternehmensgeschichte am Beispiel Zeiss. Einige Aspekte, in: Jenaer Jahrbuch zur Technik- und Industriegeschichte 1 (1999), S. 153–168.

M. WEBER, Die protestantische Ethik und der Geist des Kapitalismus, in: Archiv für Sozialwissenschaft und Sozialpolitik, 20 (1904), S. 1–54; 21 (1905), S. 1–110; überarbeitet in: Gesammelte Aufsätze zur Religionssoziologie I (1918), S. 1–206.

M. WEBER, Wirtschaft und Gesellschaft. Grundriss der verstehenden Soziologie, bearb. v. Johannes Winckelmann, Tübingen 2002.

T. WELSKOPP, Der Betrieb als soziales Handlungsfeld. Neuere Forschungsansätze in der Industrie- und Arbeitergeschichte, in: Geschichte und Gesellschaft 22 (1996), S. 118–142.

H. A. WESSEL, Bibliographie zur Unternehmensgeschichte und Unternehmerbiographie, in: Zeitschrift für Unternehmensgeschichte 22 (1977), S. 71–80.

H. A. WESSEL, Unternehmensgeschichte und Unternehmensarchive, in: J. WISTINGHAUSEN (Hg.), Soziale Betriebs-Praxis. Ergänzbares Handbuch für die betriebliche Praxis, Berlin, Neuwied 1975, o. S.

M. WILKINS, European economic History and the Multinationals, in: Journal of European Economic History 6 (1977), S. 575–595.

O. E. WILLIAMSON, S. WINTER (Hg.), The Nature of the Firm. Origins, Evolution, and the Development, Oxford 1991.

O. E. WILLIAMSON, Die ökonomische Institution des Kapitalismus. Unternehmen, Märkte, Kooperationen, Tübingen 1990.

O. E. WILLIAMSON, Transaktionskostenökonomik, Hamburg 1996.

J. F. Wilson, British Business History 1720–1994, Manchester, New York 1995.

C. Wischermann, P. Borscheid, K.-P. Ellerbrock (Hg.), Unternehmenskommunikation im 19. und 20. Jahrhundert. Neue Wege der Unternehmensgeschichte, Dortmund 2000.

C. Wischermann, Der Property-Rights-Ansatz und die „neue" Wirtschaftsgeschichte, in: Geschichte und Gesellschaft 19 (1993), S. 239–258.

C. Wischermann, Frühindustrielle Unternehmensgeschichte in institutionalistischer Perspektive, in: Geschichte und Gesellschaft 19 (1993), S. 453–474.

Unternehmer, Unternehmerbiographie

W. Abelshauser, Nach dem Wirtschaftswunder. Der Gewerkschafter, Politiker und Unternehmer Hans Matthöfer, Bonn 2009.

F. Auerbach, Ernst Abbe. Sein Leben, sein Wirken, seine Persönlichkeit, Leipzig 1918.

D. L. Augustine, Patricians and Parvenus. Wealth and high Society in Wilhelmine Germany, Oxford 1994.

J. Bähr, R. Ahrens, Jürgen Ponto. Bankier und Bürger, München 2013.

J. Bähr, Werner von Siemens 1816–1892. Eine Biographie, München 2016.

H. Berghoff, Englische Unternehmer 1870–1914. Eine Kollektivbiographie führender Wirtschaftsbürger in Birmingham, Bristol und Manchester, Göttingen 1991.

H. Berghoff, R. Möller, Unternehmer in Deutschland und England 1870–1914. Aspekte eines kollektivbiographischen Vergleichs, in: Historische Zeitschrift 256 (1993), S. 353–386.

H. Berghoff, C. Rauh, Fritz K., Ein deutsches Leben im 20. Jahrhundert, Stuttgart 2000.

B. Biermann, Die soziale Struktur der Unternehmerschaft, Stuttgart 1971.

G. Budde, M. Gebhardt, E. Conze, C. Rauh (Hg.), Bürgertum nach dem bürgerlichen Zeitalter. Leitbilder und Praxis, Göttingen 2010.

M. Casson, Der Unternehmer. Versuch einer historisch-theoretischen Deutung, in: Geschichte und Gesellschaft 27 (2001), S. 524–544.

E. Czichon, Der Bankier und die Macht. Hermann Josef Abs in der deutschen Politik, Köln 1970.

S. Derix, Die Thyssens: Familie und Vermögen, Paderborn 2016.

M. Epkenhans, R. Stremmel (Hg.), Friedrich Alfred Krupp. Ein Unternehmer im Kaiserreich, München 2010.

P. Erker, Industrieeliten in der NS-Zeit. Anpassungsbereitschaft und Eigeninteresse von Unternehmern in der Rüstungs- und Kriegswirtschaft 1936–1945, Passau 1994.

G. D. Feldman, Hugo Stinnes. Biographie eines Industriellen, München 1998.

C. Fürstenberg, Die Lebensgeschichte eines Deutschen Bankiers. Niedergeschrieben von Hans Fürstenberg, Berlin 1931.

L. Gall, Bürgertum in Deutschland, Berlin 1989.

L. Gall, Der Bankier Hermann Josef Abs. Eine Biographie, München 2004.

B. Gehlen, Paul Silverberg (1876–1959). Ein Unternehmer. Stuttgart 2007 (Vierteljahrschrift für Sozial- und Wirtschaftsgeschichte, Beiheft 194).

H. Hartmann, Der deutsche Unternehmer. Autorität und Organisation, Frankfurt am Main 1968.

M. Hartmann, Die globale Wirtschaftselite. Eine Legende, Frankfurt am Main 2016.

W. O. Henderson, William Thomas Mulvany. Ein irischer Unternehmer im Ruhrgebiet 1806–1885, Köln 1970.

K. Helfferich, Georg von Siemens. Ein Lebensbild aus Deutschlands großer Zeit, 3 Bde., Berlin 1921.

H. James, M. L. Müller, Georg Solmssen. Ein deutscher Bankier: Briefe aus einem halben Jahrhundert 1900–1956, München 2012.

H. Joly, Großunternehmer in Deutschland. Soziologie einer industriellen Elite 1933–1989, Leipzig 1998.

J. Käppner, Berthold Beitz. Die Biographie, Berlin 2010.

J. Kocka, Unternehmer in der deutschen Industrialisierung, Göttingen 1975.

C. Kopper, Hjalmar Schacht. Aufstieg und Fall von Hitlers mächtigsten Bankier, München, Wien 2006.

J. Lesczenski, August Thyssen 1842–1926. Lebenswelt eines Wirtschaftsbürgers, Essen 2008.

H.-E. Lessing, Robert Bosch, Hamburg 2007.

E. Lindner, Die Reemtsmas. Geschichte einer deutschen Unternehmerfamilie, Hamburg 2007.

S. Markus, Bilanzieren und Sinn stiften: Erinnerungen von Unternehmern im 20. Jahrhundert, Stuttgart 2002.

C. Marx, Paul Reusch und die Gutehoffnungshütte. Leitung eines deutschen Großunternehmens, Göttingen 2013.
W. E. Mosse (Hg.), Jüdische Unternehmer in Deutschland im 19. und 20. Jahrhundert, Stuttgart 1992.
H. Münch, Adolph von Hansemann, München, Berlin 1932.
G. Oepen-Domschky, Kölner Wirtschaftsbürger im Deutschen Kaiserreich: Eugen Langen, Ludwig Stollwerck, Arnold von Guilleaume und Simon Alfred von Oppenheim, Köln 2003.
T. Pierenkemper, Die westfälischen Schwerindustriellen 1852–1913, Göttingen 1979.
F. Pinner, Emil Rathenau und das elektrische Zeitalter, Leipzig 1918.
F. Pinner, Deutsche Wirtschaftsführer, Charlottenburg 1924.
W. Plumpe (Hg.), Unternehmer – Fakten und Fiktionen. Historisch-biografische Studien, München 2014.
W. Plumpe, Carl Duisberg 1861–1935. Anatomie eines Industriellen, München 2016a.
H. Pohl (Hg.), Deutsche Bankiers des 20. Jahrhunderts, Stuttgart 2008.
L. Pohle, Der Unternehmerstand, Vorträge der Gehe-Stiftung zu Dresden, am 8. Oktober 1910, Leipzig u. a., 1911.
T. Ramge, Die Flicks. Eine deutsche Familiengeschichte über Geld, Macht und Politik, Frankfurt am Main 2004.
M. Rasch, Der Unternehmer Guido von Henckel Donnersmarck. Eine Skizze, Essen 2016.
F. Redlich, Anfänge und Entwicklung der Firmengeschichte und Unternehmerbiographie. Das deutsche Geschäftsleben in der Geschichtsschreibung, Baden-Baden 1959.
F. Redlich, Der Unternehmer. Wirtschafts- und sozialhistorische Studien, Göttingen 1964.
M. Reitmayer, Bankiers im Kaiserreich. Sozialprofil und Habitus der deutschen Hochfinanz, Göttingen 1999.
C. Reuber, Der lange Weg an die Spitze. Karrieren von Führungskräften deutscher Großunternehmen im 20. Jahrhundert, Frankfurt am Main 2012.
M. Schäfer, Josef Rodenstock, Berlin 1999.
M. Schäfer, Familienunternehmen und Unternehmerfamilien. Zur Sozial- und Wirtschaftsgeschichte der sächsischen Unternehmer 1850–1940, München 2007.
J. Scholtyseck, Der Aufstieg der Quandts. Eine deutsche Unternehmerdynastie, München 2011.
J. Scholtyseck u. a. (Hg.), Unternehmer in der Weimarer Republik, Stuttgart 2016.

J. A. Schumpeter, Unternehmer, in: J. Conrad (Hg.), Handwörterbuch der Staatswissenschaften, Bd. 8, Jena 1928, S. 476–487.

W. Sombart, Die Juden und das Wirtschaftsleben, Leipzig 1911.

W. Sombart, Der Bourgeois: zur Geistesgeschichte des modernen Wirtschaftsmenschen, München 1913.

F. Stern, Gold und Eisen. Bismarck und sein Bankier Bleichröder, Frankfurt am Main 1978.

N. Stulz-Herrnstadt, Berliner Bürgertum im 18. und 19. Jahrhundert. Unternehmerkarrieren und Migration, Familien und Verkehrskreise in der Hauptstadt Brandenburg-Preußens, die Ältesten der Korporation der Kaufmannschaft zu Berlin, Berlin 2002.

P. Theiner, Robert Bosch. Unternehmer im Zeitalter der Extreme. Eine Biographie, München 2017.

G. Turin, Der Begriff des Unternehmers, Zürich 1947.

S. Volkov, Walther Rathenau. Ein jüdisches Leben in Deutschland, München 2012.

J. G. Williamson, Karl Helfferich 1872–1924. Economist, Financier, Politician, Princeton 1971.

D. Ziegler (Hg.), Großbürger und Unternehmer. Die deutsche Wirtschaftselite im 20. Jahrhundert, Göttingen 2000.

D. Ziegler, S. Unger, V. R. Berghahn (Hg.), Die deutsche Wirtschaftselite im 20. Jahrhundert. Kontinuität und Mentalität, Essen 2003.

F. Zunkel, Der rheinisch-westfälische Unternehmer 1834–1879. Ein Beitrag zur Geschichte des deutschen Bürgertums im 19. Jahrhundert, Köln u. a. 1962.

Branchen

Schwerindustrie

W. Abelshauser, Der Ruhrkohlenbergbau seit 1945. Wiederaufbau, Krise, Anpassung, München 1984.

J. Bähr u. a., Der Flick-Konzern im Dritten Reich, München 2008.

J. Bähr, R. Banken, T. Flemming, Die MAN. Eine deutsche Industriegeschichte, München 2008.

J. Bähr, Thyssen in der Adenauerzeit. Konzernbildung und Familienkapitalismus, Paderborn 2015.

R. Banken, Die Industrialisierung der Saarregion, 2 Bde., Stuttgart 2003.

D. Barbezat, Structural Rigidity and the Severity of the German Depression. The AVI and the German Steel Cartels 1925–1932, in: Explorations in Economic History 31 (1994), S. 479–500.

F.-J. Brüggemeier, Leben vor Ort. Ruhrbergleute und Ruhrbergbau 1889–1919, München 1983.

U. Burghardt, Die Mechanisierung des Ruhrbergbaus, München 1995.

A. Donges, Die Vereinigte Stahlwerke ASG im Nationalsozialismus. Konzernpolitik zwischen Marktwirtschaft und Staatswirtschaft, Paderborn 2014.

R. von Dülmen (Hg.), Stumm in Neunkirchen: Unternehmerschaft und Arbeiterleben im 19. Jahrhundert, St. Ingbert 1993.

J. R. Fear, Organizing Control. August Thyssen and the Construction of German Corporate Management, Cambridge/Mass. 2005.

N. Frei, R. Ahrens, J. Osterloh, T. Schanetzky, Flick. Der Konzern, die Familie, die Macht, München 2011.

L. Gall (Hg.), Krupp im 20. Jahrhundert, Berlin 2002.

L. Gall, Krupp. Der Aufstieg eines Industrieimperiums, Berlin 2000.

C.-L. Holtfrerich, Quantitative Geschichte des Ruhrkohlenbergbaus im 19. Jahrhundert, Dortmund 1973.

S. van de Kerkhoff, Von der Friedens- zur Kriegswirtschaft. Unternehmensstrategien der deutschen Eisen- und Stahlindustrie vom Kaiserreich bis zum Ende des Ersten Weltkriegs, Essen 2006.

U. Kessler, Zur Geschichte des Managements bei Krupp. Von den Unternehmensanfängen bis zur Auflösung der Fried. Krupp AG (1811–1943), Stuttgart 1995.

M. Kipping, Inter-firm Relations and industrial Policy. The French and German Steel Producers and Users in the twentieth Century, in: Business History 38 (1996), S. 1–25.

H. Kranz, Lütticher Steinkohlenbergbau im Mittelalter. Aufstieg – Bergrecht – Unternehmer – Umwelt – Technik, Aachen 2000.

K. Lauschke, Beziehungen im Betrieb nach 1945. Das Beispiel der Dortmunder Westfalenhütte, in: W. Plumpe (Hg.), Unternehmen zwischen Macht und Markt. Aspekte der Unternehmens- und Industriegeschichte im 20. Jahrhundert, Essen 1992, S. 641–655.

K. Lauschke, Die Hoesch-Arbeiter und ihr Werk. Sozialgeschichte der Dortmunder Westfalenhütte während der Jahre des Wiederaufbaus 1945–1966, Essen 2000.

W. Manchester, Krupp. 12 Generationen, München 1968.

E. Maschke, Es entsteht ein Konzern: Paul Reusch und die GHH, Tübingen 1969.

G. Th. Mollin, Montankonzerne und „Drittes Reich". Der Gegensatz zwischen Monopolindustrie und Befehlswirtschaft in der deutschen Rpüstung und Expansion 1936–1944, Göttingen 1988.

H. Mommsen, Der Mythos von der Modernität. Zur Entwicklung der Rüstungsindustrie im Dritten Reich, Essen 1999.

H. Mönnich, Aufbruch ins Revier, Aufbruch nach Europa. Hoesch 1871–1971, München 1971.

G. Müller, Strukturwandel und Arbeitnehmerrechte. Die wirtschaftliche Mitbestimmung in der Eisen- und Stahlindustrie 1945–1975, Essen 1991.

C. Nonn, Die Ruhrbergbaukrise: Entindustrialisierung und Politik 1958–1969, Göttingen 2001.

T. Pierenkemper (Hg.), Industriegeschichte Oberschlesiens im 19. Jahrhundert, Wiesbaden 1992.

H. Pogge von Strandmann, Unternehmenspolitik und Unternehmensführung. Der Dialog zwischen Aufsichtsrat und Vorstand bei Mannesmann 1900 bis 1919, Düsseldorf 1978.

K. C. Priemel, Flick. Eine Konzerngeschichte vom Kaiserreich bis zur Bundesrepublik, Göttingen 2007.

A. Reckendrees, Das „Stahltrust"-Projekt: Die Gründung der Vereinigten Stahlwerke und ihre Unternehmensentwicklung 1926–1933/34, München 2000.

E.-M. Roelevink, Organisierte Intransparenz: Das Kohlensyndikat und der niederländische Markt 1915–1932, München 2015.

R. Roth, L. Gall, 1848/49 – Die Eisenbahn und die Revolution, Berlin 1999.

G.-H. Seebold, Ein Stahlkonzern im Dritten Reich. Der Bochumer Verein 1927–1945, Wuppertal 1981.

G. Seibold, Röchling: Kontinuität im Wandel, Stuttgart 2001.

U. S. Soénius, P. Danylow (Hg.), Otto Wolff. Ein Unternehmen zwischen Wirtschaft und Politik, München 2005.

R. Stremmel, Globalisierung im 19. und 20. Jahrhundert. Ausgewählte Daten zum Export der Firma Krupp, in: Essener Beiträge 122 (2009/2010), S. 97–113.

K. Tenfelde, Disarmament and big Business. The Case of Krupp. 1918–1925, in: C. Fischer (Hg.), After the Versailles Treaty. Enforcement, Compliance, contested Identities, London u. a. 2008, S. 113–131.

K. Tenfelde, Sozialgeschichte der Bergarbeiterschaft an der Ruhr im 19. Jahrhundert, Bonn 1977.

P. Thomes, Zusammenhänge zwischen der Etablierung eines frühmodernen professionellen Managements und langfristigen unternehmerischen Organisationsstrukturen am Beispiel des Saarbrücker Montanreviers (1751–1816), in: A. WESTERMANN (Hg.), Wirtschaftslenkende Montanverwaltung – fürstlicher Unternehmer – Merkantilismus, Husum 2009, S. 423–438.

W. TREUE, Die Feuer verlöschen nie, August-Thyssen-Hütte 1890–1960, 2 Bde, Düsseldorf 1966/1969.

U. TROITZSCH, Innovation, Organisation und Wissenschaft beim Aufbau von Hüttenwerken im Ruhrgebiet von 1850–1870, Dortmund 1977.

T. WELSKOPP, Arbeit und Macht im Hüttenwerk. Arbeits- und industrielle Beziehungen in der deutschen und amerikanischen Eisen- und Stahlindustrie von den 1860er bis zu den 1930er Jahren, Bonn 1994.

T. WELSKOPP, Soziale Kontinuität im institutionellen Wandel. Arbeits- und industrielle Beziehungen in der deutschen und amerikanischen Eisen- und Stahlindustrie von der Jahrhundertwende bis zu den 1960er Jahren, in: M. FRESE (Hg.), Politische Zäsuren und gesellschaftlicher Wandel im 20. Jahrhundert. Regionale und vergleichende Perspektiven, Paderborn 1996, S. 217–267.

U. WENGENROTH, Unternehmensstrategien und technischer Fortschritt. Die deutsche und britische Stahlindustrie 1865–1895, Göttingen 1986.

H. WIXFORTH, Banken und Schwerindustrie in der Weimarer Republik, Frankfurt am Main 1997.

D. ZIEGLER, Eisenbahnen und Staat im Zeitalter der Industrialisierung: Die Eisenbahnpolitik der deutschen Staaten im Vergleich, Stuttgart 1996.

Textil- und Bekleidungsindustrie

S. BECKERT, King Cotton. Eine Geschichte des globalen Kapitalismus, München 2014.

M. BOLDORF, Europäische Leinenregionen im Wandel. Institutionelle Weichenstellungen in Schlesien und Nordirland 1750–1950, Köln u. a. 2006.

A. FLÜGEL, Kaufleute und Manufakturen in Bielefeld. Sozialer Wandel und wirtschaftliche Entwicklung im proto-industriellen Leinengewerbe von 1680 bis 1850, Bielefeld 1993.

H. KISCH, From domestic Manufacture to Industrial Revolution. The Case of the Rhineland textile Districts, New York 1989.

R. KÖSTER, Hugo Boss: Die Geschichte einer Kleiderfabrik zwischen Weimarer Republik und Drittem Reich, München 2011.

G. KOLLMER VON OHEIMB-LOUP, Zur Rolle der Banken in der württembergischen Textilindustrie in der Zeit des deutschen Kaiserreichs, in: Zeitschrift für württembergische Landesgeschichte 47 (1988), S. 399–456.

J. Lesczenski, Th. Mayer, A. H. Schneider, Vom Bocholter Wattefritzen zum internationalen Automobilzulieferer: Borgers, 150 years – one family, Essen 2016.

S. H. Lindner, Den Faden verloren. Die westdeutsche und die französische Textilindustrie auf dem Rückzug (1930/45–1990), München 2001.

B. Obermüller, Zwischen Sonderweg und Branchentrend. Die Kammgarnspinnerei Johann Wülfing & Sohn im Nationalsozialismus (1933 bis 1939), Tönning u. a. 2006.

A. von Saldern, Netzwerkökonomie. Das Beispiel der Schoeller Häuser (1770–1850), Stuttgart 2009.

M. Schäfer, Eine andere Industrialisierung. Die Transformation der sächsischen Textilexportgewerbe 1790–1890, Stuttgart 2016.

M. Spoerer, C&A, ein Familienunternehmen in Deutschland, den Niederlanden und Großbritannien: 1911–1961, München 2016.

H. J. Teuteberg (Hg.), Die westmünsterländische Textilindustrie und ihre Unternehmer, Münster 1996.

K.-W. Vordemfelde, Aufstieg und Niedergang der deutschen Herrenbekleidungsindustrie. Ein Rückblick auf Herrenmode aus Deutschland im 20. Jahrhundert, Frankfurt am Main 2015.

Maschinenbau und Metallverarbeitung

J. Bähr, P. Erker, Bosch. Geschichte eines Weltunternehmens, München 2013.

Th. von Freyberg, Industrielle Rationalisierung in der Weimarer Republik, untersucht an Beispielen aus dem Maschinenbau und der Elektroindustrie, Frankfurt am Main 1989.

Th. von Freyberg, T. Siegel, Industrielle Rationalisierung unter dem Nationalsozialismus, Frankfurt am Main 1991.

A. Gehrig, Nationalsozialistische Rüstungspolitik und unternehmerischer Entscheidungsspielraum: Vergleichende Fallstudien zur württembergischen Maschinenbauindustrie, München 1996.

D. Lindenlaub, Maschinenbauunternehmen in der deutschen Inflation 1919–1923, Berlin 1985.

C. Lubinski, Mikropolitik im Maschinenbau. Betriebsorganisation und Arbeiterverhalten in dem mechanischen Werkstätten der Handelsgesellschaft Jacobi, Haniel und Huyssen in den 1860er und 1870er Jahren, in: Akkumulation 24 (2007), S. 1–9.

C. Lubinski, Mikropolitik und flexible Spezialisierung. Das Beispiel der mechanischen Werkstätten der Handelsgesellschaft Jacobi, Haniel & Huyssen (JHH) im 19. Jahrhundert, Göttingen 2009.

A. Meyhoff, Blohm & Voss im „Dritten Reich". Eine Hamburger Großwerft zwischen Geschäft und Politik, Hamburg 2001.

C. Rauh, Schweizer Akuminium für Hitlers Krieg? Die Geschichte der Alusuisse 1918–1950, München 2009.

C. Reichel, Vom Verbund zum Konzern. Die Metallgesellschaft AG. 1945–1975, Darmstadt 2008.

W. Schröder, Industrielle Beziehungen in den 60er Jahren. Unter besondere Berücksichtigung der Metallindustrie, in: A. Schildt (Hg.), Dynamische Zeiten. Die 60er Jahre in den beiden deutschen Gesellschaften, Hamburg 2000, S. 492–527.

U. Schulz, Simson. Vom unwahrscheinlichen Überleben eines Unternehmens 1856–1993, Göttingen 2013.

H. A. Wessel, Kontinuität und Wandel. 100 Jahre Mannesmann 1890–1990, Gütersloh 1990.

H. A. Wessel, Mannesmann 1890. A European Enterprise with an international Perspective, in: Journal of European Economic History 29 (2000), 2/3, S. 335–356.

Chemische und verwandte Industrien

W. Abelshauser (Hg.), Die BASF. Eine Unternehmensgeschichte, München 2002.

W. Bartmann, Zwischen Tradition und Fortschritt: aus der Geschichte der Pharmabereiche von Bayer, Hoechst und Schering von 1935 – 1975, Stuttgart 2003.

W. Bartmann, W. Plumpe, Gebrochene Kontinuitäten? Anmerkungen zu den Vorständen der I. G.-Farbenindustrie AG-Nachfolgegesellschaften 1952–1990, in: V. R. Berghahn, S. Unger, D. Ziegler (Hg.), Die deutsche Wirtschaftselite im 20. Jahrhundert. Kontinuität und Mentalität, Essen 2003, S. 153–186.

J. Borkin, Die unheilige Allianz der IG Farben. Eine Interessengemeinschaft im Dritten Reich, Frankfurt am Main u. a. 1981.

H.-L. Dienel, Die Linde AG. Geschichte eines Technologiekonzerns 1879–2004, München 2004.

A. Engel, Produktionssysteme im Wettstreit. Wissensorganisation im Kampf um den Weltmarkt für Indigo, 1880–1910, in: Zeitschrift für Unternehmensgeschichte 50 (2005), S. 83–104.

P. Erker, B. Lorentz (Hg.), Chemie und Politik. Die Geschichte der chemischen Werke Hüls 1938–1980. Eine Studie zum Problem der Corporate Governance, München 2003.

P. Erker, Der lange Weg zu stabilen Leitungs- und Kontrollstrukturen. Aspekte der Corporate Governance bei dem Chemischen Werken Hüls (CHW), in: Zeitschrift für Unternehmensgeschichte 49 (2004), 2, S. 149–172.

P. Erker, Vom nationalen zum globalen Wettbewerb. Die deutsche und amerikanische Reifenindustrie im 19. und 20. Jahrhundert, Paderborn 2004.

P. Hayes, Die IG Farben im Nationalsozialismus, in: C. Kolbe (Hg.), Begegnung ehemaliger Häftlinge von Buna/Monowitz. Zur Erinnerung an das weltweite Treffen in Frankfurt am Main 1998, Frankfurt am Main 2004, S. 99–110.

P. Hayes, The Chemistry of Business-State Relations in the Third Reich, in: F.-R. Nicosa, J. Huener (Hg.), Business and Industry in Nazi Germany, New York u. a. 2004, S. 66–80.

D. Jeffreys, Weltkonzern und Kriegskartell. Das zerstörerische Werk der IG Farben, München 2011.

R. Karlsch, R. G. Stokes, Faktor Öl. Die Mineralölwirtschaft in Deutschland 1859–1974, München 2003.

P. Kleedehn, Die Rückkehr auf den Weltmarkt. Die Internationalisierung der Bayer AG Leverkusen nach dem Zweiten Weltkrieg bis zum Jahre 1961, Stuttgart 2007.

M. Kissener, Boehringer Ingelheim im Nationalsozialismus. Studien zur Geschichte eines mittelständischen chemisch-pharmazeutischen Unternehmens, Stuttgart 2015.

C. Kobrak, National Cultures and International Competition. The Experience of Schering AG 1851–1950, Cambridge/Mass. 2002.

C. Kobrak, The foreign-Exchange Dimension of corporate Control in the Third Reich. The Case of Schering AG, in: Contemporary European History 12 (2003), S. 33–46.

J. A. Johnson, The Kaiser's Chemists. Science and Modernization in imperial Europe, Chapel Hill 1990.

J. Lesczenski, 100 Prozent Messer. Die Rückkehr des Familienunternehmens 1898 bis heute, München 2007.

S. Lindner, Hoechst. Ein I.G. Farben Werk im Dritten Reich, München 2005.

T. Lübbers, Unternehmenskooperation auf dem Gebiet gewerblicher Schutzrechte in der chemischen, pharmazeutischen und elektrotechnischen Industrie. 1880–1914, in: Vierteljahrschrift für Sozial- und Wirtschaftsgeschichte 96 (2009), S. 147–172.

J. P. Murmann, Knowledge and Competitive Advantage: The Coevolution of Firms, Technologies and National Institutions, Cambridge 2007.

H. Pinnow, Werksgeschichte. Der Gefolgschaft der Werke Leverkusen, Elberfeld und Dormagen zur Erinnerung an die 75. Wiederkehr der Gründung der Farbenfabriken vorm. Friedr. Bayer & Co, München 1938.

G. Plumpe, Die IG-Farbenindustrie-AG. Wirtschaft, Technik und Politik 1904–1945, Berlin 1990.

C. Reinhardt, Forschung in der chemischen Industrie. Die Entwicklung synthetischer Farbstoffe bei BASF und Hoechst, 1863 bis 1914, Freiberg 1997.

C. Reinhardt, A. S. Travis, Heinrich Caro and the Creation of Modern Chemical Industry, Dordrecht 2000.

F. Sattler, Unternehmensstrategien und Politik. Zur Entwicklung der mitteldeutschen Chemieindustrie im 20. Jahrhundert, in: H.-J. Rupieper (Hg.), Die mitteldeutsche Chemieindustrie und ihre Arbeiter im 20. Jahrhundert, Halle/Saale 2005, S. 119–175.

Schering AG, Aus Berlin in alle Welt: Die Schering AG 1949–1971, Berlin 1998.

D. Schiffmann, Von der Revolution zum Neunstundentag. Arbeit und Konflikt bei der BASF 1918–1924, Frankfurt am Main 1983.

E. Schmoly, Wandel der Unternehmensorganisation infolge des globalen Wettbewerbs dargestellt am Beispiel der chemisch-pharmazeutischen Industrie, Marburg 2005.

H. G. Schröter, Fields of Competition and of Cooperation. Cartel Structures in the international chemical Industry, in: H. Pohl (Hg.), Competition and Cooperation of Enterprises on national and international Markets (19th-20th Century), Stuttgart 1997, S. 35–56.

J. Scholtyseck, Freudenberg- Ein Familienunternehmen in Kaiserreich, Demokratie und Diktatur, München 2016.

R. G. Stokes, Divide and Prosper: The Heirs of the IG Farben under Allied Authority 1945–1951, Berkeley 1988.

R. G. Stokes, Primat der Politik – Primat der Technik. Das Verhältnis von Industrie und Staat im nationalsozialistischen Deutschland am Beispiel der IG Farbenindustrie AG, in: J. Lillteicher (Hg.), Profiteure des NS-Systems? Deutsche Unternehmen und das „Dritte Reich", Berlin 2006, S. 44–59.

J. Streb, Staatliche Technologiepolitik und branchenübergreifender Wissenstransfer. Über die Ursachen der internationalen Innovationserfolge der deutschen Kunststoffindustrie im 20. Jahrhundert, Berlin 2003.

W. Teltschik, Geschichte der deutschen Großchemie. Entwicklung und Einfluss in Staat und Gesellschaft, Weinheim u. a. 1992.

H. Wickel, I.-G. Deutschland. Ein Staat im Staate, Berlin 1932.

A. Wiegand, W. Keber, Glanzstoff glänzt nicht mehr. 100 Jahre Industriegeschichte, Gustavsburg 2015.

Elektrotechnische Industrie

H. Berghoff, Varieties of Financialization? Evidence from German Industry in the 1990s, in: Business History Review 90 (2016), S. 81–108.

W. Feldenkirchen, Siemens. Von der Werkstatt zum Weltunternehmen. 2. aktualisierte u. erw. Aufl., München 2003.

W. J. Hausmann, P. Hertner, M. Wilkins, Global Electrification. Multinational Enterprise and international Finance in the History of Light and Power, 1878–2007, Cambridge 2008.

P. Hertner, Globale Elektrifizierung zu Beginn des 20. Jahrhunderts. Das Beispiel der Deutsch-Ueberseeischen Elektricitäts-Gesellschaft in Buenos Aires, 1989 bis 1920, in: H. Berghoff, J. Kocka, D. Ziegler (Hg.), Wirtschaft im Zeitalter der Extreme. Beiträge zur Unternehmensgeschichte Österreichs und Deutschlands. Im Gedenken an Gerald D. Feldman, München 2010, S. 47–80.

H. Homburg, Rationalisierung und Industriearbeit. Arbeitsmarkt, Management, Arbeiterschaft im Siemens-Konzern, Berlin 1900–1939, Berlin 1991.

G. Jacob-Wendler, Deutsche Elektroindustrie in Lateinamerika. Siemens und AEG (1890–1914), Stuttgart 1982.

J. Kocka, Unternehmensverwaltung und Angestelltenschaft am Beispiel Siemens 1847–1914, Stuttgart 1969.

J. Kocka, Family Bureaucracy in German industrial Management, 1850–1914. Siemens in corporate Perspective, in: Business History Review 45 (1971), 2, S. 133–156.

T. Lübbers, Unternehmenskooperation auf dem Gebiet gewerblicher Schutzrechte in der chemischen, pharmazeutischen und elektrotechnischen Industrie. 1880–1914, in: Vierteljahrschrift für Sozial- und Wirtschaftsgeschichte 96 (2009), S. 147–172.

G. Luxbacher, Massenproduktion im globalen Kartell. Glühlampen, Radioröhren und die Rationalisierung der Elektroindustrie bis 1945, Berlin 2003.

C. Sachse, Siemens, der Nationalsozialismus und die moderne Familie. Eine Untersuchung zur sozialen Rationalisierung in Deutschland im 20. Jahrhundert, Hamburg 1990.

T. Siegel, Rationalisierung und Personalführung unter dem Nationalsozialismus. Der Fall Siemens, in: C. Sachse (Hg.), Mobilität, Stabilität, Flexibilität. Arbeitsmarktstrategien von Unternehmern und Beschäftigten in Deutschland und Frankreich im 19. und 20. Jahrhundert, Essen 1996, S. 65–75.

Feinmechanische und optische Industrie

A. K. Glasmeier, Manufacturing Time. Global Competition in the Watch Industry 1775–2000, New York 2000.

A. Hermann, Carl Zeiss. Die abenteuerliche Geschichte einer deutschen Firma, München u. a. 1995.

W. Plumpe, Menschenfreundlichkeit und Geschäftsinteresse: Die betriebliche Sozialpolitik Ernst Abbes im Lichte der modernen Theorie, in: F. Markowski (Hg.), Der letzte Schliff – 150 Jahre Arbeit und Alltag bei Carl Zeiss, Berlin 1997, S. 10–33.

W. Plumpe (Hg.), Eine Vision, zwei Unternehmen: 125 Jahre Carl-Zeiss-Stiftung, München 2014a.

W. Schumann, Carl Zeiss Jena. Einst und Jetzt, Berlin 1962.

R. Walther, W. Mühlfriedel, E. Hellmuth, Carl Zeiss in Jena, 3 Bde., Köln u. a. 2004.

A. Steiner, L. Pahlow, Die Carl-Zeiss-Stiftung in Wiedervereinigung und Globalisierung, Göttingen 2017.

Automobilindustrie

W. Feldenkirchen, „Vom Guten das Beste“. Von Daimler und Benz zur DaimlerChrysler AG, Bd. 1: Die ersten 100 Jahre, München 2003.

N. Gregor, Stern und Hakenkreuz. Daimler-Benz im Dritten Reich, Berlin 1997.

B. Heyl (Hg.), „… ohne Rücksicht auf die Verhältnisse“. Opel zwischen Weltwirtschaftskrise und Wiederaufbau, Frankfurt am Main 1997.

Historische Kommission der Volkswagen AG (Hg.), Volkswagen-Chronik. Der Weg zum Global Player, Wolfsburg 2008.

B. Hopmann, Zwangsarbeit bei Daimler-Benz, Stuttgart 1994.

I. Köhler, Marketingmanagement als Strukturmodell. Der organisatorische Wandel in der deutschen Automobilindustrie der 1960er bis 1980er Jahre, in: Zeitschrift für Unternehmensgeschichte 53 (2008), 2, S. 216–239.

W. König, Fabrik und Handwerk – Ford und Taylor. Realität und Mythen von Einzelfertigung und Massenproduktion, in: F. Clever, W. Masing (Hg.), Qualitätsmanagement – Tradition und Zukunft. Festschrift zum 50-jährigen Bestehen der Deutschen Gesellschaft für Qualität e. V., München 2003, S. 107–200.

M. Kukowski, R. Boch, Kriegswirtschaft und Arbeitseinsatz bei der Auto Union AG Chemnitz im Zweiten Weltkrieg, Stuttgart 2014.

T. Lorenzen, BMW als Flugmotorenhersteller 1926–1940. Staatliche Lenkungsmaßnahmen und unternehmerische Handlungsspielräume, München 2008.

H. Mommsen, M. Grieger, Das Volkswagenwerk und seine Arbeiter im Dritten Reich, Düsseldorf 1996.

H. Mönnich, BMW. Eine deutsche Geschichte, München 1991.

W. Pyta, N. Havemann, J. Braun, Porsche – Vom Konstruktionsbüro zur Weltmarke, München 2017.

M.-L. Recker, Beweggründe und Zwangslagen des VW-Managements, in: L. Gall (Hg.), Unternehmen im Nationalsozialismus, München 1998, S. 58–60.

J. Seidl, Die Bayerischen Motorenwerke (BMW) 1945–1969. Staatlicher Rahmen und unternehmerisches Handeln, München 2002.

M. Stahlmann, Management und Arbeitspolitik im industriellen Wandel. Die Daimler-Benz AG und ihre Vorläuferunternehmen, in: H. Niemann (Hg.), Die Entwicklung der Motorisierung im Deutschen Reich und den Nachfolgestaaten, Stuttgart 1995, S. 195–228.

M. Stahlmann, Von der Werkstattorganisation zur Fließbandarbeit. Management und Arbeitspolitik in der Automobilindustrie von der Jahrhundertwende bis zum Ausbruch des Zweiten Weltkrieges, Paderborn 1991.

V. Wellhöner, „Wirtschaftswunder", Weltmarkt, westdeutscher Fordismus: Der Fall Volkswagen, Münster 1996.

Nahrungs- und Genussmittel, Agrarindustrie

A. Epple, Das Unternehmen Stollwerck. Eine Mikrogeschichte der Globalisierung, Frankfurt am Main 2010.

A. Epple, Das Auge schmeckt Stollkwerck. Uniformierung der Bilderwelt und kulturelle Differenzierung von Vorstellungsbildern in Zeiten des

Imperialismus und der Globalisierung, in: WerkstattGeschichte 16 (2007), 45, S. 13–31.

J. Finger, S. Keller, A. Wirsching, Dr. Oetker und der Nationalsozialismus. Geschichte eines Familienunternehmens 1933–1945, München 2013.

K. Huttenlocher, Sprengel: Die Geschichte der Schokoladenfabrik, Springe 2016.

D. Hütter, Nachfolge im Familienunternehmen. Eszet Staengel & Ziller und Freudenberg & Co. KG im 19. und 20. Jahrhundert, Ostfildern 2009.

T. Jacobs, Rauch und Macht. Das Unternehmen Reemtsma 1920–1961, Göttingen 2008.

H. Kessler, Bahlsen 1889–1964: TET, Hannover 1964.

E. Lindner, Die Reemtsmas. Geschichte einer deutschen Unternehmerfamilie, Hamburg 2007.

L. Rischbieter, Mikro-Ökonomie der Globalisierung: Kaffee, Kaufleute und Konsumenten im Kaiserreich 1870–1914, Köln 2011.

H. Rübner, Unternehmerinteressen und Vierjahresplan. Der Reemtsma-Konzern im „Dritten Reich", in: Sozial.Geschichte. Neue Folge 22 (2007), S. 13–42.

A. Strothe, Unternehmer im Markt. Geschichte der Getreidewirtschaft in der Bundesrepublik Deutschland seit 1946, Frankfurt am Main 1987.

Banken und Finanzsektor

J. Bähr, C. Kopper, Munich Re: Die Geschichte der Münchener Rück 1880–1980, München 2015.

B. Barth, Die deutsche Hochfinanz und die Imperialismen, Stuttgart 1995.

G. Brendel, Zur Macht der Banken in Deutschland. Eine empirisch-historische Untersuchung, Münster u. a. 2001.

C. Burhop, Die Kreditbanken in der Gründerzeit, Stuttgart 2004.

C. Burhop, Banken, Aufsichtsräte und Corporate Governance im Deutschen Reich (1871–1914), in: Bankhistorisches Archiv 23 (2006), 1, S. 1–25.

E. Czichon, Deutsche Bank. Macht – Politik. Faschismus, Krieg und Bundesrepublik, Köln 2001.

M. Dahlem, Die Professionalisierung des Bankbetriebs. Studien zur Organisationsstruktur deutscher Banken im Kaiserreich 1871–1914, Essen 2008.

M. Dickhaus, Großbanken, kleine und mittlere Unternehmen im Nationalsozialismus. Das Beispiel der Deutschen Bank, in: Geld und Kapital 4 (2000/2001), S. 43–70.

B. Eggenkämper, G. Modert, S. Pretzlik, Die Allianz: Geschichte des Unternehmens 1890–2015, München 2015.

G. D. Feldman, Die Allianz und die deutsche Versicherungswirtschaft 1933–1945, München 2001.

L. Gall u. a., Die Deutsche Bank 1870–1995, München 1995.

M. Grübnau-Rieken, Der Reibach mit den enteigneten Juden. Wie sich Banken an der „Arisierung" jüdischer Unternehmen bereicherten, Marburg 2008.

T. Guinnane, Die Geschichte der DZ Bank. Das genossenschaftliche Zentralbankwesen vom 19. Jahrhundert bis heute, München 2013.

K.-D. Henke (Hg.), Die Dresdner Bank im Dritten Reich, 4 Bde., München 2006.

K.-D. Henke, Die Dresdner Bank im Dritten Reich 1933–1945, Bd. 4: Ökonomische Rationalität, Regimenähe, Mittäterschaft, München 2006.

L. Herbst, T. Weihe (Hg.), Die Commerzbank und die Juden 1933–1945, München 2004.

R. Hilferding, Das Finanzkapital. Eine Studie über die jüngste Entwicklung des Kapitalismus, Wien 1910.

T. Horstmann, Die Alliierten und die deutschen Großbanken. Bankenpolitik nach dem Zweiten Weltkrieg in Westdeutschland, Bonn 1991.

H. James, Die Deutsche Bank im Dritten Reich, München 2009.

K. Krenn, Alle Macht den Banken? Zur Struktur personaler Netzwerke deutscher Unternehmen am Beginn des 20. Jahrhunderts, Wiesbaden 2012.

T. Kick, M. Koetter, Slippery Slopes of Stress. Ordered Failure Events in German Banking, Frankfurt am Main 2007.

C. Kobrak, Die Deutsche Bank und die USA. Geschäft und Politik von 1870 bis heute, München 2008.

P.-F. Koch, Die Geldgeschäfte der SS. Wie deutsche Banken den schwarzen Terror finanzierten, Hamburg 2000.

I. Köhler, Die „Arisierung" der Privbatbanken im „Dritten Reich". Verdrängung, Ausschaltung und die Frage der Wiedergutmachung, München 2005.

M. Köhler, U. Keith (Hg.), Banken, Konjunktur und Politik. Beiträge zur Geschichte deutscher Banken im 19. und 20. Jahrhundert, Essen 1995.

C. Kopper, Zwischen Marktwirtschaft und Dirigismus. Bankenpolitik im „Dritten Reich“ 1933–1939, Bonn 1995.

S. J. Pak, Gentlemen Bankers. The World of J.P. Morgan, Cambridge 2013.

S. Panwitz, Das Haus des Kranichs. Die Privatbankiers von Mendelssohn & Co. (1795–1938), Berlin 2018.

H. Pohl, B. Rudolph, G. Schulz, Wirtschafts- und Sozialgeschichte der deutschen Sparkassen im 20. Jahrhundert, Stuttgart 2005.

J. Pool, S. Pool, Who financed Hitler? The secret Funding of Hitler's Rise to Power 1919–1933, London 1979.

M. Reitmayer, Die politische Einflussnahme der Banken im Kaiserreich, in: Bankenlobbyismus. 26. Symposium am 4. Juni 2003 im Hause der Landesbank Hessen-Thüringen, Frankfurt am Main, Stuttgart 2004, S. 19–30.

M. Reitmayer, Führungsstile und Unternehmensstrategien deutscher Großbanken vor 1914, in: Zeitschrift für Unternehmensgeschichte 46 (2001), 2, S. 160–181.

F. Seidenzahl, 100 Jahre Deutsche Bank 1870–1970, Frankfurt am Main 1970.

J. Steinberg, Die Deutsche Bank und ihre Goldtransaktionen während des Zweiten Weltkrieges, München 1999.

M. Stürmer, G. Teichmann, Treue Wilhelm, Wägen und Wagen: Sal. Oppenheim jun. & Cie. Geschichte einer Bank und einer Familie, München 2006.

R. Tilly, Geschäftsbanken und Wirtschaft in Westdeutschland seit dem Zweiten Weltkrieg, in: E. Schremmer (Hg.), Geld und Währung vom 16. Jahrhundert bis zur Gegenwart. Referate der 14. Arbeitstagung der Gesellschaft für Sozial- und Wirtschaftsgeschichte vom 9. bis 13. April 1991 in Dortmund, Stuttgart 1993, S. 315–343.

R. Tilly, Zur Entwicklung der deutschen Großbanken als Universalbanken im 19. und 20. Jahrhundert. Wachstumsmotor oder Marktkartell?, in: S. Pollard (Hg.), Markt, Staat, Planung. Historische Erfahrungen mit Regulierungs- und Deregulierungsversuchen der Wirtschaft, St. Katharinen 1992, S. 128–156.

K. Ulrich, Aufstieg und Fall der Privatbankiers. Die wirtschaftliche Bedeutung von 1918 bis 1938, Frankfurt am Main 1998.

D. Verdier, Moving Money. Banking and Finance in the industrialized World, Cambridge u. a. 2002.

V. Wellhöner, Großbanken und Großindustrie im Kaiserreich, Göttingen 1989.

H. Wixforth, Banken und Lobbyismus in der Weimarer Republik und der NS-Diktatur, in: Bankenlobbyismus. 26. Symposium am 4. Juni 2003 im Hause der Landesbank Hessen-Thüringen, Frankfurt am Main, Stuttgart 2004, S. 31–56.

J. Wysocki, Untersuchungen zur Wirtschafts- und Sozialgeschichte der deutschen Sparkassen im 19. Jahrhundert, Stuttgart 1980.

Handel und Dienstleistungssektor

A. Andersen, Der Traum vom guten Leben. Alltags- und Konsumgeschichte vom Wirtschaftswunder bis heute, Frankfurt am Main 1997.

H. Berghoff, Die Zähmung des entfesselten Prometheus? Die Generierung von Vertrauenskapital und die Konstruktion des Marktes im Industrialisierungs- und Globalisierungsprozess, in: H. Berghoff, J. Jakob (Hg.), Wirtschaftsgeschichte als Kulturgeschichte. Dimensionen eines Perspektivwechsels, Frankfurt am Main 2004, S. 143–168.

H. Berghoff, Harmonicas for the World. The Creation and Marketing of a global Product, in: M. H. Geyer, J. Paulmann (Hg.), The Mechanics of Internationalism. Culture, Society and Politics from the 1840s to the First World War, Oxford 2000, S. 315–349.

H. Berghoff, Marketing Diversity. The Making of a global consumer Product – Hohner's Harmonicas, 1857–1930, in: Enterprise and Society. The International Journal of Business History 2 (2001), S. 338–372.

L. Budrass, Adler und Kranich. Die Lufthansa und ihre Geschichte, München 2016.

P. Erker, Das Logistik-Unternehmen Dachser. Die treibende Kraft der Familie als Erfolgsfaktor im globalen Wettbewerb, Frankfurt am Main 2008.

W. Feldenkirchen, Erfolgsfaktor Marke. Vom Warenzeichen zum integrierten Markenmanagement, in: Ders (Hg.), Geschichte – Unternehmen – Archive, Essen 2008, S. 423–448.

R. Gries, Produktkommunikation. Geschichte und Theorie, Wien 2008.

H. Homburg, The first large Firms in German Retailing. The Chains of Department Stores from the 1920's to the 1970/80's. Structures, Strategies, Management, in: Jahrbuch für Wirtschaftsgeschichte 2000, 1, S. 171–198.

S. Ladwig-Winters, Wertheim – ein Warenhausunternehmen und seine Eigentümer. Ein Beispiel der Entwicklung der Berliner Warenhäuser bis zur „Arisierung", Münster 1997.

P. Lyth, Deutsche Lufthansa and the German State. 1926–1941, in: T. Gourvich (Hg.), Business and Politics in Europe. 1900–1970. Essays in Honour of Alice Teichova, Cambridge u. a. 2003, S. 246–266.

H. Matis, D. Stiefel, Grenzenlos. Die Geschichte der internationalen Spedition Schencker von 1931–1991, Frankfurt am Main, Wien 2002.

A. Meiners, 100 Jahre KADEWE, Berlin 2007.

U. Spiekermann, Freier Konsum und soziale Verantwortung. Zur Geschichte des Ladenschlusses in Deutschland im 19. und 20. Jahrhundert, in: Zeitschrift für Unternehmensgeschichte (2004), S. 26–44.

M. Wildt, Am Beginn der ‚Konsumgesellschaft'. Mangelerfahrung, Lebenshaltung, Wohlstandshoffnung in Westdeutschland in den fünfziger Jahren, Hamburg 1994.

Mittlere und kleine Unternehmen/Familienunternehmen

R. Abel, H. H. Bass, R.-E. Siebert (Hg.), Kleine und mittelgroße Unternehmen im globalen Innovationswettbewerb. Technikgestaltung, Internationalisierungsstrategien, Beschäftigungsschaffung, München 2006.

H. Berghoff, Unternehmenskultur und Herrschaftstechnik. Industrieller Paternalismus. Hohner von 1857 bis 1918, in: Geschichte und Gesellschaft 23 (1997b), S. 167–204.

H. Berghoff, Zwischen Kleinstadt und Weltmarkt. Hohner und die Harmonika 1857–1961. Unternehmensgeschichte als Gesellschaftsgeschichte, Paderborn 1997a.

H. Berghoff, Historisches Relikt oder Zukunftsmodell? Kleine und mittelgroße Unternehmen in der Wirtschafts- und Sozialgeschichte der Bundesrepublik Deutschland, in: D. Ziegler (Hg.), Großbürger und Unternehmer. Die deutsche Wirtschaftselite im 20. Jahrhundert, Göttingen 2000, S. 249–282.

B.-H. Hennerkes, R. Kirchdörfer, Die Familie und ihr Unternehmen: Strategie, Liquidität, Frankfurt am Main 2015.

A. Colli, The History of Family Business 1850–2000, Cambridge 2003.

H.-L. Dienel, Das Bild kleiner und mittlerer Unternehmen in der bundesdeutschen Forschungs- und Wirtschaftspolitik 1949–1999, in: R. Reith (Hg.), Kleine Betriebe – angepaßte Technologie? Hoffnungen, Erfahrungen und Ernüchterungen aus sozial- und technikhistorischer Sicht, Münster u. a. 2002, S. 101–122.

M. Dupré, Familienunternehmen vor und nach der Wende. Ein Beitrag zum Kontinuitätsproblem, in: U. Hess (Hg.), Unternehmer in Sachsen.

Aufstieg, Krise, Untergang, Neubeginn, Leipzig 1998, S. 305–314.

P. Erker, Das Logistikunternehmen Dachser (1931–2005). Ein Familienunternehmen im Globalisierungsprozess, Frankfurt am Main 2006.

B.-H. Hennerkes, R. Kirchdörfer, Die Familie und ihr Unternehmen, Frankfurt am Main 2015.

S. Hermann, Die heimlichen Gewinner. Die Erfolgsstrategien unbekannter Weltmarktführer, Frankfurt am Main/New York 1996.

H. James, Familienunternehmen in Europa, Haniel, Wendel und Falck, München 2005.

L. Kokalj, K. Wolff, Die internationale Wirtschaftstätigkeit kleiner und mittlerer Unternehmen im Lichte der amtlichen und nicht-amtlichen Statistik, Bonn 2001.

M. Krakowski u. a., The Globalization of economic Activities and Development of small and medium sized Enterprises in Germany, Hamburg 1993.

B. Löser, Internationalisierung mittelständischer Produktionsunternehmen durch strategische Netzwerke, Aachen 2000.

C. Lubinski, Familienunternehmen in Westdeutschland. Corporate Governance und Gesellschaft seit den 1960er Jahren, München 2010a.

C. Lubinski, Zwischen Familienerbe und globalem Markt. Eigentum und Management von großen westdeutschen Familienunternehmen im Wandel (1960 bis 2008), in: Zeitschrift für Unternehmensgeschichte 55 (2010b), 2, S. 204–229.

R.-E. Lungwitz, Kleine und mittlere Unternehmen. Management, Organisation, Kulturen, in: Berliner Debatte Initial 19 (2008), 3, S. 61–68.

F. Maass, F. Wallau, Internationale Kooperation kleiner und mittlerer Unternehmen, Bonn 2003.

M. Müller (Hg.), Structure and Strategy of Small and Medium-Size Enterprises Since the Industrial Revolution, Stuttgart 1994.

H. Schmitz, Local Enterprise in the Global Economy, Cheltenham 2004.

H. G. Schröter, Aufstieg der Kleinen. Multinationale Unternehmen aus fünf kleinen Staaten vor 1914, Berlin 1993.

H. Wittlage, Entwicklung der Organisationsstruktur mittelständischer Unternehmen. Vergleich empirischer Untersuchungsergebnisse der Jahre 1983–1995, in: Internationales Gewerbearchiv 45 (1997), S. 1–19.

Unternehmen und Markt

W. Abelshauser, Freiheitlicher Korporatismus im Kaiserreich und in der Weimarer Republik, in: Ders (Hg.), Die Weimarer Republik als Wohlfahrtsstaat, Stuttgart 1987, S. 147–170.

H. Albach, K. Bock, T. Warnke, Kritische Wachstumsschwellen in der Unternehmensentwicklung, Stuttgart 1985.

H. Albach, R. Clemens, C. Friede, Kosten der Arbeit. Einflussfaktoren der Personalaufwendungen in Abhängigkeit von der Unternehmensgröße, Stuttgart 1985.

H. Arndt (Hg.), Die Konzentration in der Wirtschaft. On Economic Concentration, 2 Bde., Berlin 1971.

H.-H. Barnikel (Hg.), Probleme der wirtschaftlichen Konzentration, Darmstadt 197.

H.-H. Barnikel, Kartelle in Deutschland. Entwicklung, theoretische Ansätze und rechtliche Regelungen, in: H.-H. Barnikel (Hg.), Theorie und Praxis der Kartelle, Darmstadt 1972, S. 1–64.

T. Baums, Kartellrecht in Preußen. Von der Reformära zur Gründerkrise, Tübingen 1990.

H. Bechtold, Die Kartellierung der deutschen Volkswirtschaft und die sozialdemokratische Theorie-Diskussion vor 1933, Frankfurt am Main 1986.

T. Bittner, Kartelle und Wachstum im deutschen Kaiserreich. Wirtschaftshistorische Erkenntnisse und industrieökonomische Forschungsperspektiven, in: Jahrbuch für Wirtschaftsgeschichte (2002), S. 137–157.

F. Blaich, Kartell- und Monopolpolitik im kaiserlichen Deutschland. Das Problem der Marktmacht im deutschen Reichstag zwischen 1879 und 1914, Düsseldorf 1973.

K. E. Born, Internationale Kartellierung einer neuen Industrie. Die Aluminium-Association 1901–1915, Stuttgart 1994.

C. Burhop, T. Lübbers, Cartels, managerial Incentives, and productive Efficiency in German Coal Mining. 1881–1913, in: Journal of Economic History 69 (2009), S. 500–527.

R. H. Coase, The Nature of the Firm, in: Economica 16 (1937), 4, S. 386–405.

B. Dornseifer, Strategy, technological Capability and Innovation. German Enterprises in Comparative Perspective, in: Francois Caron (Hg.), Innovation in the European Economy Between the Wars, Berlin 1995, S. 197–226.

H. Enke, Kartelltheorie. Begriff, Standort und Entwicklung, Tübingen 1972.

W. Feldenkirchen, Concentration in German Industry 1870–1939, in: H. Pohl (Hg.), The Concentration Process in the entrepreneurial Economy since the late 19th Century, Wiesbaden 1988, S. 113–146.

R. Forberger, Die Manufaktur in Sachsen vom Ende des 16. bis zum Anfang des 19. Jahrhunderts, Berlin, 1958.

R. Forberger, Industrielle Revolution in Sachsen 1800–1861, Bd. 1, 2, Berlin 1982.

J. B. Foster, H. Heiniger, Geschichte der Imperialismus- und Monopoltheorie, Hamburg 2002.

S. Gorissen, Vom Handelshaus zum Unternehmen. Sozialgeschichte der Firma Harkort im Zeitalter der Protoindustrie (1720–1820), Göttingen 2002.

S. Gorissen, Vorindustrielle Unternehmer? Ökonomische Akteure und Betriebsformen im 18. und frühen 19. Jahrhundert, in: Jahrbuch für Wirtschaftsgeschichte 53 (2012), 2, S. 39–61.

H. Gross, J. Meier, Größe und Größenstruktur der Unternehmen. Ursachen und Auswirkungen ihrer Wandlungen in der modernen Industriewirtschaft, Köln u. a. 1964.

S. Hirbodian, S. Ogilvie, R. J. Regnath (Hg.), Revolution des Fleißes, Revolution des Konsums. Leben und Wirtschaften im Ländlichen Württemberg von 1650 bis 1800, Ostfildern 2015.

R. Isay, Die Geschichte der Kartellgesetzgebungen, Berlin 1955.

H. James, Deutschland in der Weltwirtschaftskrise 1924–1936, Stuttgart 1988.

G. Kayser, Struktur und Entwicklung der Unternehmensgrößen in Deutschland, in: S. Greif, H. Laitko, H. Parthey (Hg.), Wissenschaftsforschung. Jahrbuch 1996/97, Marburg 1998, S. 189–202.

U. Kessler, Unternehmensgröße, Innovation und Wertschöpfungswachstum. Eine empirische Untersuchung im Lichte der Schumpeterschen Innovationsdiskussion, Frankfurt am Main u. a. 1992.

M. Kipping, Zwischen Kartellen und Konkurrenz. Der Schuman-Plan und die Ursprünge der europäischen Einigung 1944–1952, Berlin 1996.

W. Kurzlechner, Fusionen, Kartelle, Skandale. Das Bundeskartellamt als Wettbewerbshüter und Verbraucheranwalt, München 2008.

E. Lederer (Hg.), Das Kartellproblem. Beiträge zur Theorie und Praxis, München u. a. 1932.

M. Maetschke, Ursprünge der Zwangskartellgesetzgebung. Der Entwurf eines Gesetzes über den Absatz von Kalisalzen vom 12. Dezember 1909, Baden-Baden 2008.

W. Mager, Protoindustrialisierung und Protoindustrie. Vom Nutzen und Nachteil zweier Konzepte, in: Geschichte und Gesellschaft 14 (1988), 3, S. 275–303.

A. Reckendrees, From Cartel Regulation to monopolistic Control? The Founding of the German ‚Steel Trust' in 1926 and its Effect on Market Regulation, in: Business History 45 (2003), S. 22–51.

R. Reith, Lohn und Leistung: Lohnformen im Gewerbe 1450 bis 1900, Stuttgart 1999.

K. W. Richter, Die Wirkungsgeschichte des deutschen Kartellrechts vor 1914. Eine rechtshistorisch-analytische Untersuchung, Tübingen 2007.

E. M. Schmidt, Betriebsgröße, Beschäftigtenentwicklung und Entlohnung. Eine ökonometrische Analyse für die Bundesrepublik Deutschland, Frankfurt am Main u. a. 1995.

E. Schremmer, Das 18. Jahrhundert, das Kontinuitätsproblem und die Geschichte der Industrialisierung. Erfahrungen für die Entwicklungsländer?, in: Zeitschrift für Agrargeschichte und Agrarsoziologie 29 (1981), S. 58–78.

H. G. Schröter, Cartelization and Decartelization in Europe. 1870–1995. Rise and Decline of an economic Institution, in: Journal of European Economic History 25 (1996), S. 129–153.

H. G. Schröter, Kartellierung und Dekartellierung 1890–1990, in: Vierteljahrschrift für Sozial- und Wirtschaftsgeschichte 81 (1994), S. 457–493.

J. Strieder, Studien zur Geschichte kapitalistischer Organisationsformen. Monopole, Kartelle und Aktiengesellschaften im Mittelalter und zu Beginn der Neuzeit, München u. a. 1925.

A. Teichova, Internationale Großunternehmen. Kartelle und das Versailler Staatensystem in Mitteleuropa, Stuttgart 1988.

R.-P. Thürbach, Die Entwicklung der Unternehmensgrößen in der Bundesrepublik Deutschland von 1962 bis 1972, Göttingen 1975.

W. Treue (Hg.), Die Konzentration in der deutschen Wirtschaft seit dem 19. Jahrhundert, Wiesbaden 1978.

S. B. Webb, Cartells and Business Cycles in Germany. 1880 to 1914, in: J. Komlos (Hg.), Selected cliometric Studies on German economic History, Stuttgart 1997, S. 83–100.

S. B. Webb, Tariffs, Cartels, Technology, and Growth in the German Steel Industry. 1879 to 1914, in: J. Komlos (Hg.), Selected cliometric Studies on German economic History, Stuttgart 1997, S. 45–65.

O. Williamson, Die ökonomischen Institutionen des Kapitalismus. Unternehmen, Märkte, Kooperationen, Tübingen 1990.

H. Winkel (Hg.), Vom Kleingewerbe zur Großindustrie. Quantitativ-regionale und politisch-rechtliche Aspekte zur Erforschung der Wirtschafts- und Gesellschaftsstruktur im 19. Jahrhundert, Berlin 1975.

H. A. Winkler (Hg.), Organisierter Kapitalismus. Voraussetzungen und Anfänge, Göttingen 1974.

C. Wischermann, Preußischer Staat und westfälische Unternehmer zwischen Spätmerkantilismus und Liberalismus, Köln u. a. 1992.

T. Witschke, Gefahr für den Wettbewerb? Die Fusionskontrolle der Europäischen Gemeinschaft für Kohle und Stahl und die „Rekonzentration" der Ruhrstahlindustrie 1950–1963, Berlin 2009.

C. A. Wurm (Hg.), Internationale Kartelle und Außenpolitik. Beiträge zur Zwischenkriegszeit = International Cartels and foreign Policy. Studies on the Interwar Period, Stuttgart 1989.

C. A. Wurm, Die deutsche und die britische Stahlindustrie in Europa und die internationalen Stahlkartelle der Zwischenkriegszeit. Kooperation, Abgrenzung, Vorbild, in: G. A. Ritter (Hg.), Rivalität und Partnerschaft. Studien zu den deutsch-britischen Beziehungen im 19. und 20. Jahrhundert. Festschrift für Anthony J. Nicholls, Paderborn u. a. 1999, S. 163–187.

Unternehmensorganisation

K. Arrow, The Limits of Organization, New York 1974.

C. Bayer, C. Burhop, Corporate Governance and Incentive Contacts. Historical Evidence from a legal Reform, in: Explorations in Economic History 46 (2009), 4, S. 464–481.

F.-X. Bea, E. Göbel, Organisation. Theorie und Gestaltung, Stuttgart 1999.

H. Berghoff, J. Sydow, Unternehmerische Netzwerke. Eine historische Organisationsform mit Zukunft?, Stuttgart 2007.

D. Bieber, Technikentwicklung und Unternehmensorganisation. Zur Rationalisierung von Innovationsprozessen in der Elektroindustrie, Frankfurt am Main 1993.

F. Blaich u. a., Vom Kleingewerbe zur Großindustrie. Quantitativ-regionale und politisch-rechtliche Aspekte zur Erforschung der

Wirtschafts- und Gesellschaftsstruktur im 19. Jahrhundert, Berlin 1975.

L. Boltanski, È. Chiapello, Die Rolle der Kritik in der Dynamik des Kapitalismus und der normative Wandel, in: Berliner Journal für Soziologie 4 (2001), S. 459–477.

A. Börsch, Global Pressure, national System. How German Corporate Governance is changing, Ithaca/N. Y. u. a. 2007.

H. Bosetzky, Grundzüge einer Soziologie der Industrieverwaltung. Möglichkeiten und Grenzen der Betrachtung des industriellen Großbetriebes als bürokratische Organisation, Stuttgart 1970.

C. Burhop, No Need for Governance? The Impact of Corporate Governance on Valuation, Performance and Survival of German Bankings during the 1870s, in: Business History 51 (2009), 4, S. 569–601.

L. M. Cabral, Introduction to Industrial Organization, Cambridge/Mass. 2000.

A. D. Chandler, Scale and Scope. The Dynamics of industrial Capitalism, Cambridge/Mass. 1990.

A. Colli, M. J. Iversen, A. de Jong, Mapping Strategy, Structure, Ownership and Performance in European Corporations, in: Business History 53 (2011), S. 1–13.

M. Crozier, E. Friedberg, Die Zwänge kollektiven Handelns. Über Macht und Organisation, Frankfurt am Main 1993.

G. F. Davis, C. A. Diekmann, C. H. Tinsley, The Decline and Fall of the conglomerate Firm in the 1980s. The Deinstitutionalization of an organizational Form, in: American Sociological Review 59 (1994), S. 547–570.

B. Dornseifer, Strategy, Technological Capability and Innovation. German Enterprises in comparative Perspective, in: F. Caron, P. Erker, W. Fischer (Hg.), Innovation in the European Economy between the Wars, Berlin, New York 1995, S. 197–226.

P. Dugiud, Introduction. The changing Organization of Industry, in: Business History Review 79 (2005), S. 453–466.

E. Dülfer, Organisationskultur. Phänomen, Philosophie, Technologie, Stuttgart 1988.

S. Duschek, Innovationen und Netzwerke, Wiesbaden 2002.

P. Erker, Corporate Governance. Ein neuer Untersuchungsansatz der historischen Unternehmensforschung? Einige Überlegungen am Beispiel der jüngsten Veröffentlichungen, in: R. Boch (Hg.), Unternehmensgeschichte heute. Theorieangebote, Quellen, Forschungstrends. Beiträge des 4. unternehmensgeschichtlichen Kolloquiums, Leipzig 2005, S. 29–45.

J. Fear, C. Kobrak, Diverging Paths. Accounting for corporate Governance in America and Germany, in: Business History Review 80 (2006), 1, S. 1–48.

H. Fiedler Joachim: Entwicklungen von Organisations- und Autoritäts-Strukturen bei deutschen Großunternehmen von der Gründerzeit bis in die Gegenwart, Frankfurt am Main 1978.

N. Fligstein, The Transformation of the corporate Control, Cambridge 1990.

R. F. Freeland, The Struggle for Control of the modern Corporation. Organizational Change at General Motors, 1924–1970, Cambridge 2001.

C. Gasser, Die Organisation amerikanischer Konzerne, in: Zeitschrift für handelswirtschaftliche Forschung NF 5 (1953), S. 183–196.

E. Göbel, Selbstorganisation im Unternehmen, in: M. Vec, M.-T. Hütt, A. M. Freund (Hg.), Selbstorganisation. Ein Denkmodell für Natur und Gesellschaft, Köln 2006, S. 225–270.

E. Grochla, Einführung in die Organisationstheorie, Stuttgart 1978.

E. Grochla, Organisation, in: W. Albers u. a. (Hg.), Handwörterbuch der Wirtschaftswissenschaften, Bd. 6, Stuttgart 1981, S. 1–15.

E. Haase, Organisationskonzepte im 19. und 20. Jahrhundert. Entwicklungen und Tendenzen, Wiesbaden 1995.

H. Hartmann, Organisation und Geschäft. Unternehmensorganisation in Frankreich und Deutschland 1890–1914, Göttingen 2010.

G. Herrigel, Industrial Constructions. The Sources of German Industrial Power, New York 1996.

N. Horn, J. Kocka (Hg.), Recht und Entwicklung der Großunternehmen im 19. und 20. Jahrhundert. Wirtschafts-, sozialistische und rechtshistorische Untersuchungen zur Industrialisierung in Deutschland, Frankreich, England und der USA, Göttingen 1979.

S. van de Kerkhoff, Auf dem Weg vom Konzern zum Netzwerk? Organisationsstruktur der Rheinmetall Berlin AG im Kalten Krieg, 1956–1989, in: M. Reitmayer, R. Rosenberger (Hg.), Unternehmen am Ende des „goldenen Zeitalters“. Die 1970er Jahre als Gegenstand der Unternehmens- und Wirtschaftsgeschichte, Essen 2008, S. 67–89.

A. Kieser (Hg.), Organisationstheorien, 6. erw. Aufl., Stuttgart 2006.

A. Kieser, H. Kubicek, Organisation, 3. Aufl., Berlin 1992.

J. Kocka, Organisationsstrukturen, historische Entwicklung von Unternehmen, in: G. Schreyögg, A. von Werder (Hg.), Handwörterbuch der Unternehmensführung und Organisation, 4. Aufl., Stuttgart 2004, S. 1060–1068.

E. Kosiol, Organisation der Unternehmung, Wiesbaden 1962.

W. Küpper (Hg.), Mikropolitik. Rationalität, Macht und Spiele in Organisationen, 2., durchges. Aufl., Opladen 1992.

W. Küpper, A. Felsch, Organisation, Macht und Ökonomie. Mikropolitik und die Konstitution organisationaler Handlungssysteme, Wiesbaden 2000.

N. R. Lamoreaux, D. M. G. Raff (Hg.), Coordination and Information. Historical Perspectives on Organizations of Enterprises, Chicago 1995.

W. Lazonik, Business Organization and the Myth of the Market Economy, Cambridge/Mass. 1991.

G. Loveman, W. Sengenberger, The Re-Emergence of Small-Scale Production. An international Comparison, in: Small Business Economics (1991), S. 1–37.

N. Luhmann, Funktionen und Folgen formaler Organisation. Mit einem Epilog 1994, 5. Aufl., Berlin 1999.

N. Luhmann, Organisation und Entscheidung, Opladen u. a. 2000.

M. J. Lynskey, S. Yonekura (Hg.), Entrepreneurship and Organization. The Role of the Entrepreneurship in organizational Innovation, Oxford 2002.

M. C. J. Mayer, R. Whittington, Strategy, Structure and „Systemness". National Institutions and corporate Change in France, Germany and the UK, 1950–1993, in: Organization Studies 20 (1999), S. 933–960.

R. Mayntz, Soziologie der Organisation, Stuttgart 1978.

U. Mense-Petermann, Transnationale Konzerne. Ein neuer Organisationstyp?, Wiesbaden 2006.

A. Nieberding, Unternehmenskultur im Kaiserreich. J.M. Voith und die Farbenfabriken vorm. Friedr. Bayer & Co., München 2003.

P. Niess, A. Spandau, Industrielle Organisation. Vom tayloristischen zum virtuellen Unternehmen, München 2005.

A. Picot u. a., Die grenzenlose Unternehmung. Information, Organisation und Management, 5. Aufl., Wiesbaden 2003.

W. Plumpe, Wie entscheiden Unternehmen?, in: Zeitschrift für Unternehmensgeschichte (2016b), S. 141–159.

H. Pohl, Die Entwicklung von Unternehmensformen und -strukturen in Westdeutschland seit dem Zweiten Weltkrieg, Stuttgart 1993.

M. Reitmayer, R. Rosenberger (Hg.), Unternehmen am Ende des „goldenen Zeitalters". Die 1970er Jahre in unternehmens- und wirtschaftshistorischer Perspektive, Essen 2008.

J. Roberts, The modern Firm. Organizational Design for Performance and Growth, Oxford 2004.

J. SCHNEIDER (Hg.), Natürliche und politische Grenzen als soziale und wirtschaftliche Herausforderung. Referate der 19. Arbeitstagung der Gesellschaft für Sozial- und Wirtschaftsgeschichte vom 18. bis 20. April 2001 in Aachen, Wiesbaden 2003.

G. SCHREYÖGG, Organisation. Grundlagen moderner Organisationsgestaltung, Wiesbaden 1996.

H. SIEGRIST, Deutsche Großunternehmen vom späten 19. Jahrhundert bis zur Weimarer Republik. Integration, Diversifikation und Organisation bei den hundert größten deutschen Industrieunternehmen (1887–1927) in internationaler vergleichender Perspektive, in: Geschichte und Gesellschaft 6 (1980), S. 60–102.

W. H. STARBUCK, Organizational Growth and Development, in: J. G. MARCH (Hg.), Handbook of Organization, Chicago 1965, S. 451–533.

R. STOCKMANN U. A., Konzentration und Reorganisation von Unternehmen und Betrieben. Empirische Analyse zur Entwicklung der nicht-landwirtschaftlichen Arbeitsstätten und Unternehmen in Deutschland 1875–1970, in: M. HALLER, W. MÜLLER (Hg.), Beschäftigungssystem im gesellschaftlichen Wandel, Frankfurt am Main 1983, S. 97–117.

J. SYDOW, Strategische Netzwerke. Evolution und Organisation, Wiesbaden 1992.

J. TIROLE, The Theory of industrial Organization, 17. Aufl., Cambridge/Mass. u. a. 2008.

H. A. WESSEL, Die Organisation der Unternehmen und ihre Auswirkungen auf das Archivgut der Wirtschaft, in: E. KROKER u. a. (Hg.), Handbuch der Wirtschaftsarchive. Theorie und Praxis, 2. erw. Aufl., München 2005, S. 24–54.

R. WOLDT, Der industrielle Großbetrieb. Eine Einführung in die Organisation moderner Fabrikbetriebe, Stuttgart 1911.

A. ZECHEL, Provenienzprinzip und Wandel der Unternehmensorganisation, in: Archiv und Wirtschaft 23 (1990), 4, S. 152–154.

Unternehmen und Politik

W. ABELSHAUSER, J.-O. HESSE, W. PLUMPE (Hg.), Wirtschaftsordnung, Staat und Unternehmen. Neue Forschungen zur Wirtschaftsgeschichte des Nationalsozialismus. Festschrift für Dietmar Petzina zum 65. Geburtstag, Essen 2003.

G. Ambrosius, Öffentliche Verwaltungen, öffentliche Unternehmen und wirtschaftliche Krisen seit dem 19. Jahrhundert in Deutschland. Versuch einer Synthese, in: Jahrbuch für europäische Verwaltungsgeschichte 7 (1995), S. 201–222.

G. Ambrosius, Staat und Wirtschaft im 20. Jahrhundert, München 1990.

G. Ambrosius, Staat und Wirtschaftsordnung. Eine Einführung in Theorie und Geschichte, Stuttgart 2000.

J. Bähr, R. Banken (Hg.), Das Europa des „Dritten Reichs". Recht, Wirtschaft, Besatzung, Frankfurt am Main 2005.

J. Bähr, R. Banken (Hg.), Wirtschaftssteuerung durch Recht im Nationalsozialismus. Studien zur Entwicklung des Wirtschaftsrechts im Interventionsstaat des „Dritten Reichs", Frankfurt am Main 2006.

J. Bähr, „Corporate Governance" im Dritten Reich. Leitungs- und Kontrollstrukturen deutscher Großunternehmen während der nationalsozialistischen Diktatur, in: W. Abelshauser (Hg.), Wirtschaftsordnung, Staat und Unternehmen. Neue Forschungen zur Wirtschaftsgeschichte des Nationalsozialismus. Festschrift für Dietmar Petzina zum 65. Geburtstag, Essen 2003, S. 61–80.

F. Bajohr, „Arisierung" in Hamburg. Die Verdrängung der jüdischen Unternehmer, Hamburg 2003.

R. Banken, Hitlers Steuerstaat. Steuerpolitik 1933–1945, Berlin 2018.

M. M. Bausback, Der Bestandsschutz des Arbeitsverhältnisses auf europäischer und internationaler Ebene. Entwicklungen vom Mittelalter bis zur Gegenwart, 2 Teile, Frankfurt am Main 2007.

M. Becker, Arbeitsvertrag und Arbeitsverhältnis in Deutschland. Vom Beginn der Industrialisierung bis zum Ende des Kaiserreichs, Frankfurt am Main 1995.

M. Becker, Arbeitsvertrag und Arbeitsverhältnis während der Weimarer Republik und in der Zeit des Nationalsozialismus, Frankfurt am Main 2005.

V. R. Berghahn, Unternehmer und Politik in der Bundesrepublik Deutschland, Frankfurt am Main 1985.

H. Berghoff (Hg.), Wirtschaft im Zeitalter der Extreme. Beiträge zur Unternehmensgeschichte Deutschlands und Österreichs. Im Gedenken an Gerald D. Feldman, München 2010.

K. von Beyme (Hg.), Politik in der Bundesrepublik Deutschland, Opladen 1990.

F. Blaich, Staat und Verbände in Deutschland zwischen 1887 und 1945, Wiesbaden 1979.

J. Borkin, Die unheilige Allianz der IG Farben. Eine Interessengemeinschaft im Dritten Reich, Frankfurt am Main u. a. 1981.

P. Bräutigam, Mittelständische Unternehmer im Nationalsozialismus. Wirtschaftliche Entwicklungen und soziale Verhaltensweisen in der Schuh- und Lederindustrie Badens und Württembergs, München 1997.

C. Buchheim, Unternehmen in Deutschland und NS-Regime. Versuch einer Synthese, in: Historische Zeitschrift 282 (2006), S. 351–390.

C. Buchheim, Corporate Freedom of Action in Nazi Germany. A Response to Peter Hayes, in: Bulletin of the German Historical Institute 45 (2009), S. 43–51.

W. Bührer, Ruhrstahl und Europa. Die Wirtschaftsvereinigung Eisen- und Stahlindustrie und die Anfänge der europäischen Integration 1945–1952, München 1986.

W. Bührer, Die Spitzenverbände der westdeutschen Industrie und die europäische Integration seit 1945. Motive, Konzepte, Politik, in: Jahrbuch für Wirtschaftsgeschichte (2008), S. 53–72.

P. Danylow, U. S. Soénius (Hg.), Otto Wolff. Ein Unternehmen zwischen Wirtschaft und Politik, München 2005.

M. Dickhaus, Großbanken, kleine und mittlere Unternehmen im Nationalsozialismus. Das Beispiel der Deutschen Bank, in: H. Wixford (Hg.), Finanzinstitutionen in Mitteleuropa während des Nationalsozialismus, Stuttgart 2001, S. 43–70.

M. Diehl Albert: Von der Marktwirtschaft zur nationalsozialistischen Kriegswirtschaft. Die Transformation der deutschen Wirtschaftsordnung 1933–1945, Stuttgart 2005.

G. D. Feldman, Industrie und Gewerkschaften 1918–1924. Die überforderte Zentralarbeitsgemeinschaft, Stuttgart 1985.

G. D. Feldman (Hg.), Arbeiter, Unternehmer und Staat im Bergbau. Industrielle Beziehungen im internationalen Vergleich, München 1989.

W. Fischer (Hg.), Wirtschaft im Umbruch. Strukturveränderungen und Wirtschaftspolitik im 19. und 20. Jahrhundert. Festschrift für Lothar Baar zum 65. Geburtstag, St. Katharinen 1997.

C. Franke, Wirtschaft und Politik als Herausforderung. Die liberalen Unternehmer (von) Mallinckrodt im 19. Jahrhundert, Stuttgart 1995.

N. Frei, T. Schanetzky (Hg.), Unternehmen im Nationalsozialismus. Zur Historisierung einer Forschungskonjunktur, Göttingen 2010.

H. Freise, Wettbewerb und Politik in der Rechtsordnung des Nationalsozialismus. Primat der Politik und ständischer Gedanke im Kartell-, Wettbewerbs- und Organisationsrecht 1933–36, Baden-Baden 1994.

M. Frese, Betriebspolitik im „Dritten Reich“. Deutsche Arbeitsfront, Unternehmer und Staatsbürokratie in der westdeutschen Großindustrie 1933–1939, Paderborn 1991.

M. Frese, B. Zeppenfeld (Hg.), Kommunen und Unternehmen im 20. Jahrhundert. Wechselwirkungen zwischen öffentlicher und privater Wirtschaft, Essen 2000.

L. Gall, M. Pohl (Hg.), Unternehmen im Nationalsozialismus, München 1998.

C.-M. Gaul, Die industriellen Anlageinvestitionen und ihre Steuerung in Deutschland von 1933 bis 1939. Ein Beitrag zur wirtschaftshistorischen Analyse des Verhältnisses von Politik und Ökonomie im Nationalsozialismus, Hamburg 2004.

J. Gillingham, Industry and Politics in the Third Reich. Ruhr Coal, Hitler and Europe, Stuttgart 1985.

D. Gosewinkel (Hg.), Wirtschaftskontrolle und Recht in der nationalsozialistischen Diktatur, Frankfurt am Main 2005, S. 243–265.

D. Gosewinkel, D. Simon (Hg.), Unternehmen, Staat und Globalisierung. Jürgen Kocka zum 65. Geburtstag. Symposium. 20. April 2006, Berlin 2007.

T. Grossbölting (Hg.), Unternehmerwirtschaft zwischen Markt und Lenkung. Organisationsformen, politischer Einfluß und ökonomisches Verhalten 1930–1960, München 2002.

M. Grübler, Die Spitzenverbände der Wirtschaft und das erste Kabinett Brüning. Vom Ende der großen Koalition 1929/30 bis zum Vorabend der Bankenkrise 1931. Eine Quellenstudie, Düsseldorf 1982.

R. Hachtmann, Arbeitsverfassung, in: H. G. Hockerts (Hg.), Drei Wege deutscher Sozialstaatlichkeit. NS-Diktatur, Bundesrepublik und DDR im Vergleich, München 1998, S. 27–54.

G. W. Hallgarten, J. Radkau, Deutsche Industrie & Politik. Von Bismarck bis heute, Frankfurt am Main 1974.

P. Hayes, Corporate Freedom of Action in Nazi Germany, in: Bulletin of the German Historical Institute 45 (2009), S. 29–42.

P. Hayes, Market Assessment and domestic political Risk. The Case of Degussa and Carbon Black in Nazi Germany. 1933–1939, in: C. Kobrak (Hg.), European Business, Dictatorship, and political Risk. 1920–1945, New York u. a. 2004, S. 62–77.

U. Herbert, Geschichte der Ausländerpolitik in Deutschland: Saisonarbeiter, Zwangsarbeiter, Gastarbeiter, Flüchtlinge, München 2001.

L. Herbst, Der totale Krieg und die Ordnung der Wirtschaft. Die Kriegswirtschaft im Spannungsfeld von Politik, Ideologie und Propaganda 1939 – 1945, Stuttgart 1982.

E. Heupel, Der umworbene Stand. Die ideologische Integration der Arbeiter im Nationalsozialismus 1933–1935, Frankfurt am Main u. a. 1989.

S. Hilger, Vom Fabrikantenverein zur „Einheitskonvention". Verbandsstrategien in der deutschen Tuchindustrie seit der zweiten Hälfte des 19. Jahrhunderts, in: Zeitschrift für Unternehmensgeschichte (1998), S. 49–68.

S. Hilger, Zwischen Demontage und Wiederaufbau. Unternehmen und alliierte Besatzungspolitik nach dem Zweiten Weltkrieg am Beispiel der Firma Henkel, Düsseldorf, in: Zeitschrift für Unternehmensgeschichte 46 (2001), S. 198–220.

H. Hoffmann, Die Betriebe mit staatlicher Beteiligung im planwirtschaftlichen System der DDR 1956–1972, Stuttgart 1999.

B. Hopmann, Zwangsarbeit bei Daimler-Benz, Stuttgart 1994.

H. Jaeger, Unternehmer in der deutschen Politik (1890–1918), Bonn 1967.

J. John, Industrieverbände und Politik. Entwicklungstendenzen im kapitalistischen Deutschland vor 1933, in: Zeitschrift für Geschichtswissenschaft 34 (1986), S. 976–991.

H. Kaelble, Industrielle Interessenpolitik in der wilhelminischen Gesellschaft. Der Centralverband Deutscher Industrieller 1895–1914, Berlin 1967.

H. Kaienburg (Hg.), Konzentrationslager und deutsche Wirtschaft 1939–1945, Opladen 1996.

F. Kamm, Untersuchung und Vergleich der Privatisierung öffentlicher Unternehmen als zentraler Bestandteil der Wirtschaftspolitik in den achtziger und neunziger Jahren in Deutschland und Frankreich, Frankfurt am Main u. a. 2003.

S. S. Kasper, Systemtheoretische Analyse des Einflusses der deutschen Wirtschaft auf die deutsche Außenpolitik, Wien 2009.

T. Keiderling, Unternehmer im Nationalsozialismus. Machtkampf um den Konzern Koehler & Volckmar AG & Co., Beucha 2008.

M. Kipping, Aspekte der Beziehung zwischen Regierung und Unternehmen. Lektionen für die Bedeutung des internationalen Vergleichs für die Unternehmensgeschichte, in: J.-O. Hesse, C. Kleinschmidt, K. Lauschke (Hg.), Kulturalismus, Neue Institutionenökonomik oder Theorienvielfalt. Eine Zwischenbilanz der Unternehmensgeschichte, Essen 2002, S. 275–288.

C. Kleinschmidt, Weltwirtschaft, Staat und Unternehmen im 18. Jahrhundert. Ein Beitrag zur Protoindustrialisierungsdebatte, in: Zeitschrift für Unternehmensgeschichte 47 (2002), S. 72–86.

C. Kobrak, The foreign-Exchange Dimension of Corporate Control in the Third Reich. The Case of Schering AG, in: Contemporary European History 12 (2003), S. 33–46.

C. Kopper, Bankiers unterm Hakenkreuz, München 2005.

A. Kranig, Die Entwicklung des Arbeitsrechts vor und nach 1945, in: G. Pauli (Hg.), Justiz und Nationalsozialismus. Kontinuität und Diskontinuität. Fachtagung in der Justizakademie des Landes NRW Recklinghausen am 19. und 20. November 2001, Berlin 2003, S. 161–179.

V. Kratzenberg, Arbeiter auf dem Weg zu Hitler? Die nationalsozialistische Betriebszellen-Organisation. Ihre Entstehung, ihre Programmatik, ihr Scheitern 1927–1934, 2. unveränd. Aufl., Frankfurt am Main 1989.

D. Kurze, Sozialistische Betriebe und Institutionen als Verklagte im DDR-Zivilprozess, Berlin 2005.

J. Lillteicher (Hg.), Profiteure des NS-Systems? Deutsche Unternehmen und das „Dritte Reich", Berlin 2006.

A. Lüdtke, „Deutsche Qualitätsarbeit". Ihre Bedeutung für das Mitmachen von Arbeitern und Unternehmern im Nationalsozialismus, in: A. Assmann (Hg.), Firma Topf & Söhne. Hersteller der Öfen für Auschwitz. Ein Fabrikgelände als Erinnerungsort?, Frankfurt am Main u. a. 2002, S. 123–138.

G. Luntowski, Hitler und die Herren an der Ruhr. Wirtschaftsmacht und Staatsmacht im Dritten Reich, Frankfurt am Main 2000.

D. Majer, Grundlagen des nationalsozialistischen Rechtssystems. Führerprinzip, Sonderrecht, Einheitspartei, Stuttgart u. a. 1987.

J. Melling, A. MacKinlay, Management, Labour and industrial Politics in modern Europe. The Quest for Productivity Growth during the twentieth Century, Cheltenham u. a. 1996.

A. Meyhoff, Blohm & Voss im „Dritten Reich". Eine Hamburger Großwerft zwischen Geschäft und Politik, Hamburg 2001.

S. Mielke, Der Hansa-Bund für Gewerbe, Handel und Industrie 1909–1914. Der gescheiterte Versuch einer antifeudalen Sammlungspolitik, Göttingen 1976.

W. Milert, R. Tschirbs, Die andere Demokratie. Betriebliche Interessenvertretung in Deutschland, 1848 bis 2008, Essen 2012.

H. Mommsen, Der Mythos von der Modernität. Zur Entwicklung der Rüstungsindustrie im Dritten Reich, Essen 1999.

R.-D. Müller, Der Manager der Kriegswirtschaft. Hans Kehrl. Ein Unternehmer in der Politik des „Dritten Reiches", Essen 1999.

S. Mutert, Großforschung zwischen staatlicher Politik und Anwendungsinteresse der Industrie (1969–1984), Frankfurt am Main u. a. 2000.

J. P. Nautz, Die Durchsetzung der Tarifautonomie in Westdeutschland. Das Tarifvertragsgesetz vom 9. April 1949, Frankfurt am Main 1984.

J. Osterloh, H. Wixforeth (Hg.), Unternehmer und NS-Verbrechen. Wirtschaftseliten im „Dritten Reich" und in der Bundesrepublik, Frankfurt am Main 2014.

A. Owzar, Nur eine Verlustgeschichte? Private Industrieunternehmer in der SBZ/DDR zwischen Exklusion und Integration, in: Th. Grossbölting (Hg.), Die Errichtung der Diktatur. Transformationsprozesse in der Sowjetischen Besatzungszone und in der frühen DDR, Münster 2003, S. 171–187.

W. Plumpe, Vom Plan zum Markt. Wirtschaftsverwaltung und Unternehmerverbände im britischen Besatzungsgebiet 1945–1949, Düsseldorf 1987.

W. Plumpe, „Steuerungsprobleme" in der Wirtschafts- und Unternehmensgeschichte des Nationalsozialismus, in: G. Bender (Hg.), Die andere Seite des Wirtschaftsrechts. Steuerung in den Diktaturen des 20. Jahrhunderts, Frankfurt am Main 2006, S. 19–30.

W. Plumpe, Betriebliche Mitbestimmung in der Weimarer Republik. Fallstudien zum Ruhrbergbau und zur chemischen Industrie, München 1999.

W. Plumpe, Unternehmen im Nationalsozialismus. Eine Zwischenbilanz, in: W. Abelshauser, J.-O. Hesse und W. Plumpe (Hg.), Wirtschaftsordnung, Staat und Unternehmen. Neuere Forschungen zur Wirtschaftsgeschichte des Nationalsozialismus. Festschrift für Dietmar Petzina zu seinem 65. Geburtstag, Essen 2003, 243–266.

W. Plumpe, Unternehmen, in: G. Ambrosius, D. Petzina, W. Plumpe (Hg.), Moderne Wirtschaftsgeschichte. Eine Einführung für Historiker und Ökonomen, 2. Aufl., München 2006a, S. 61–94.

W. Plumpe, Industrielle Beziehungen, in: G. Ambrosius, D. Petzina, W. Plumpe (Hg.), Moderne Wirtschaftsgeschichte. Eine Einführung für Historiker und Ökonomen, 2. Aufl., München 2006b, S. 391–426.

K. H. Pohl, Weimars Wirtschaft und die Außenpolitik der Republik. 1924–1926. Vom Dawes-Plan zum internationalen Eisenpakt, Düsseldorf 1979.

C. Rauh-Kühne, M. Ruck (Hg.), Regionale Eliten zwischen Diktatur und Demokratie. Baden und Württemberg 1930–1952, München 1993.

C. Rauh-Kühne, Hitlers Hehler? Unternehmerprofite und Zwangsarbeiterlöhne, in: Historische Zeitschrift 275 (2002), S. 1–55.

A. Reckendrees, K. Priemel, Politik als produktive Kraft? Die „Gelsenberg-Affäre" und die Krise des Flick-Konzerns. 1931/32, in: Jahrbuch für Wirtschaftsgeschichte (2006), S. 63–93.

M.-L. RECKER, Beweggründe und Zwangslagen des VW-Managements, in: L. GALL (Hg.), Unternehmen im Nationalsozialismus, München 1998, S. 58–60.

T. RHENISCH, Europäische Integration und industrielles Interesse. Die deutsche Industrie und die Gründung der Europäischen Wirtschaftsgemeinschaft, Stuttgart 1999.

R. ROTH, Staat und Wirtschaft im Ersten Weltkrieg. Kriegsgesellschaften als kriegswirtschaftliche Steuerungsinstrumente, Berlin 1997.

H. RÜBNER, Rettungsanker in der Flaute. Das Verhältnis von Staat und Unternehmen beim Krisenmanagement der deutschen Großreedereien 1931–1942, in: Vierteljahrschrift für Sozial- u. Wirtschaftsgeschichte 95 (2008), S. 291–318.

C. RUDOLPH, Wirtschaftsdiplomatie im Kalten Krieg. Die Ostpolitik der westdeutschen Großindustrie 1945–1991, Frankfurt am Main 2004.

F. SATTLER, Rheinischer Kapitalismus. Staat, Wirtschaft und Gesellschaft in der Bonner Republik, in: Archiv für Sozialgeschichte 52 (2013), S. 687–724.

F. SATTLER, Zwischen hierarchischer Leitung und Kooperation. Die Betriebe und das novellierte Vertragsgesetz vom Februar 1965 zur Unterstützung der DDR-Wirtschaftsreform, in: C. BOYER (Hg.), Zur Physiognomie sozialistischer Wirtschaftsreformen. Die Sowjetunion, Polen, die Tschechoslowakei, Ungarn, die DDR und Jugoslawien im Vergleich, Frankfurt am Main 2007, S. 251–268.

W. SCHIEDER (Hg.), Adolf Butenandt und die Kaiser-Wilhelm-Gesellschaft. Wissenschaft, Industrie und Politik im „Dritten Reich“, Göttingen 2004.

F. SCHMALTZ, Die Interessengemeinschaft Auschwitz. Zur Kooperation von IG Farbenindustrie und SS beim Ausbau des Konzentrationslagers Auschwitz von 1941–1942, in: C. KOLBE (Hg.), Begegnung ehemaliger Häftlinge von Buna/Monowitz. Zur Erinnerung an das weltweite Treffen in Frankfurt am Main 1998, Frankfurt am Main 2004, S. 111–139.

M. C. SCHNEIDER, Rüstung, „Arisierung“, Expansion. Wirtschaft und Unternehmen, in: D. SÜSS (Hg.), Das „Dritte Reich“. Eine Einführung, München 2008, S. 185–203.

W. SCHRÖDER, Deutsche Einheit und industrielle Beziehungen. Anmerkungen zur Tarifpolitik in Ostdeutschland, in: Deutschland Archiv 34 (2001), 1, S. 101–110.

K. D. SCHULZ, Unternehmerinteresse und Wirtschaftssystem. Beitrag der Unternehmer zur politischen Entwicklung der Bundesrepublik Deutschland, Frankfurt am Main 1986.

M. SECKELMANN, Industrialisierung, Internationalisierung und Patentrecht im deutschen Reich. 1871–1914, Frankfurt am Main 2006.

T. SIEGEL, TH. VON FREYBERG, Industrielle Rationalisierung unter dem Nationalsozialismus, Frankfurt am Main u. a. 1991.

M. SPOERER, Von Scheingewinnen zum Rüstungsboom. Die Eigenkapitalrentabilität der deutschen Industrieaktiengesellschaften 1925–1941, Stuttgart 1996.

R. G. STOKES, Primat der Politik – Primat der Technik. Das Verhältnis von Industrie und Staat im nationalsozialistischen Deutschland am Beispiel der IG Farbenindustrie AG, in: J. LILLTEICHER (Hg.), Profiteure des NS-Systems? Deutsche Unternehmen und das „Dritte Reich", Berlin 2006, S. 44–59.

H. J. TEUTEBERG, Geschichte der industriellen Mitbestimmung in Deutschland. Ursprung und Entwicklung ihrer Vorläufer im Denken und in der Wirklichkeit des 19. Jahrhunderts, Tübingen 1961.

H. A. TURNER, Die Großunternehmer und der Aufstieg Hitlers, Berlin 1985.

H.-P. ULLMANN, Der Bund der Industriellen. Organisation, Einfluss und Politik klein- und mittelbetrieblicher Industrieller im Deutschen Kaiserreich 1895–1914, Göttingen 1976.

P. WEBER, Gescheiterte Sozialpartnerschaft, gefährdete Politik? Industrielle Beziehungen, Arbeitskämpfe und der Sozialstaat. Deutschland und Frankreich im Vergleich (1918–1933/39), München 2010.

A. WEINDL, Wer kleidet die Welt? Globale Märkte und merkantile Kräfte in der europäischen Politik der Frühen Neuzeit, Mainz 2007.

B. WEISBROD, Schwerindustrie in der Weimarer Republik, Wuppertal 1978.

S. J. WIESEN: West German Industry and the Challenge of the Nazi Past. 1945–1955, Chapel Hill u. a. 2001.

M. WOLFFSOHN, Industrie und Handwerk im Konflikt mit staatlicher Wirtschaftspolitik? Studien zur Politik der Arbeitsbeschaffung in Deutschland 1930–1934, Berlin 1977.

T. YAMAI, Industrielle Beziehungen und Arbeiterbewegung unter dem „Wirtschaftswunder" in Deutschland. Ein Vergleich zweier Gesellschaften, in: Jahrbuch für Wirtschaftsgeschichte (2009), 2, S. 147–168.

W. ZDRAL, Der finanzierte Aufstieg des Adolf H., Wien 2003.

F. ZUNKEL, Industrie und Staatssozialismus. Der Kampf um die Wirtschaftsordnung 1914–1918, Düsseldorf 1973.

Unternehmen in der Weltwirtschaft

W. Abelshauser, The Dynamics of German Industry. Germany's Path towards the new Economy and the American Challenge, Oxford 2005.

C. E. Altamura, European Banks and the Rise of International Finance: The Post Bretton Woods Era, London, New York 2016.

G. Ambrosius, Wirtschaftsraum Europa. Vom Ende der Nationalökonomien, Frankfurt am Main 1996.

D. Barjot, Catching up witch America. Productivity Missions and the Diffusion of American Economic and technological Influence after the Second World War, Paris 2002.

S. Becker u. a., Location Choice and Employment Decisions. A Comparison of German and Swedish Multinationals, CESifo Working Paper 1374, 2005.

S. Becker, „Multinationalität hat verschiedene Gesichter". Formen internationaler Unternehmenstätigkeit der Société Anonyme des Mines et Fonderies de Zinc de la Vielle Montagne und der Metallgesellschaft vor 1914, Stuttgart 2002.

V. Berghahn, O. A. Friedrich, Politischer Unternehmer aus der Gummiindustrie und das Amerikanische Modell, in: P. Erker, T. Pierenkemper (Hg.), Deutsche Unternehmer zwischen Kriegswirtschaft und Wiederaufbau. Studien zur Erfahrungsbildung von Industrie-Eliten, München 1999, S. 193–215.

V. Berghahn, V. Sigurt (Hg.), Gibt es einen deutschen Kapitalismus? Traditionen und globale Perspektiven der sozialen Marktwirtschaft, Frankfurt am Main, New York 2006.

V. R. Berghahn (Hg.), Quest for economic Empire. European Strategies of German big Business in the twentieth Century, Providence u. a. 1996.

V. Berghahn, Ludwig Erhard und die Amerikanisierung der deutschen Industrie, Göttingen 2008.

V. Berghahn, The Americanisation of West German Industry, 1945–1973, New York 1986.

R. Biskup, Globalisierung und Wettbewerb, Bern 1996.

W. A. Boelcke, Deutschland als Welthandelsmacht 1930–1945, Stuttgart u. a. 1994.

H. Bonin (Hg.), Transnational Companies (19th to 20th Centuries), Paris 2002.

M. Bordo, A. M. Taylor, J. G. Williamson (Hg.), Globalization in Historical Perspective, Chicago 2003.

K.-E. Born, Multinationale Unternehmen, III. Geschichte, in: W. Albers (Hg.), Handwörterbuch der Wirtschaftswissenschaften, Bd. 8, Stuttgart 1980, S. 103–107.

P. Borscheid, R. Pearson (Hg.), Internationalisation and Globalisation of the Insurance Industry in the 19th and 20th Centuries, Marburg 2007.

G. H. Borsdorf, Die Internationalisierung deutscher Unternehmen nach dem Zweiten Weltkrieg bis 1973, Aachen 2007.

C. Börsig, A. v. Werder (Hg.), Globalisierung aus unternehmensstrategischer Sicht. Kongress-Dokumentation: 62. Deutsche Betriebswirtschafter-Tag 2008, Stuttgart 2009.

D. Brock, Globalisierung. Wirtschaft – Politik – Kultur – Gesellschaft, Wiesbaden 2008.

P. Buckley, M. Casson (Hg.), The Economic Theory of multinational Enterprise. Selected Papers, London 1985.

A. D. Chandler, B. Mazlish (Hg.), Leviathian. Multinational Corporations and the new global History, Cambridge/Mass. 2005.

J. Christensen, Global Experience Industries. The Business of the Experience Economy, Aarhus 2009.

N. M. Coe, The Globalization of Retailing, Northampton 2009.

S. Conrad, J. Osterhammel (Hg.), Das Kaiserreich transnational. Deutschland in der Welt 1871–1914, Göttingen 2004.

S. Conrad, Globalisierung und Nation im Deutschen Kaiserreich, München 2006.

M. Denzel (Hg.), Vom Welthandel des 18. Jahrhunderts zur Globalisierung des 21. Jahrhunderts, Stuttgart 2007.

F. Dohmen, Die Macht der Banken. Das Netzwerk der Deutschland AG, Hamburg 1998.

J. C. Donges, Aktuelle Kontroversen in der Globalisierungsdebatte, in: Jahrbuch für Wirtschaftsgeschichte (2003), 2, S. 19–34.

J. H. Dunning, Multinational Enterprises and the Global Economy, Wokingham 1993.

A. Eckardt (Hg.), Global Players in lokalen Bindungen. Unternehmensglobalisierung in soziologischer Perspektive, Berlin 1999.

F. Edelmayer (Hg.), Die Geschichte des europäischen Welthandels und der wirtschaftliche Globalisierungsprozess, Wien 2001.

A. Engel, Farben der Globalisierung. Die Entstehung moderner Märkte für Farbstoffe, Frankfurt am Main 2009.

P. Erker, Die Geschichte der Unternehmensgruppe Streicher (1909 bis 2000). Von der lokalen Straßenbaufirma zum global operierenden Ingenieursunternehmen, Regensburg 2009.

P. ERKER, The long Shadows of Americanization. The Rubber Industry and the Radial Tire Revolution, in: J. ZEITLIN (Hg.), Americanisation and its Limits. Responses to US Technology and Management in Postwar Europe and Japan, New York 1999.

A. EXENSBERGER, C. CIAN, Der weite Horizont. Globalisierung durch Kaufleute, Innsbruck 2006.

P. FÄSSLER, Globalisierung. Ein historisches Kompendium, Köln, Weimar, Wien 2007.

W. FELDENKIRCHEN, The Americanization of the German electrical Industry after 1945. Siemens as a case Study, in: A. KUDO (Hg.), German and Japanese Business in the Boom Years, London, New York 2004, S. 116–137.

M. FIEDLER, Zur Rolle des Vertrauens in der „Deutschland AG". Verflechtung zwischen Finanz- und Nichtfinanzunternehmen im 20. Jahrhundert, in: Jahrbuch für Wirtschaftsgeschichte (2005), 1, S. 93–106.

W. FISCHER, Dimension und Struktur der Weltwirtschaft im 19. Jahrhundert, in: H.-J. GERHARD (Hg.): Struktur und Dimension. Festschrift für Karl Heinrich Kaufhold zum 65. Geburtstag, 2 Bde., Stuttgart 1997, S. 19–30.

A. FREYTAG, S. RAZEEN, Globalisation and Trade Policy. 1900 and 2000 compared, in: Jahrbuch für politische Ökonomie 19 (2000), S. 191–222.

M. GABEL, H. BRUNER (Hg.), Global Inc. An Atlas of multinational Corporation, New York 2003.

D. GILGEN, C. KOPPER, A. LEUTZSCH (Hg.), Deutschland als Modell? Rheinischer Kapitalismus und Globalisierung im 19. Jahrhundert, Bonn 2010.

D. GOSEWINKEL, D. SIMON (Hg.), Unternehmen, Staat und Globalisierung. Jürgen Kocka zum 65. Geburtstag. Symposium, 20. April 2006, Berlin 2007.

E. M. GRAHAM, Global Corporations and national Governments, Washington DC 2000.

E. GRUNOW-OSSWALD, Die Internationalisierung eines Konzerns. Daimler-Benz 1890–1997, Vaihingen 2006.

C. HAUSSER, Amerikanisierung der Arbeit? Deutsche Wirtschaftsführer und Gewerkschaften im Streit um Ford und Taylor (1919–1932), Stuttgart 2008.

P. HERTNER, G. JONES (Hg.), Multinationals. Theory and History, Aldershot, Hants 1986.

S. Hilger, „Amerikanisierung" deutscher Unternehmen. Wettbewerbsstrategien und Unternehmenspolitik bei Henkel, Siemens und Daimler-Benz, Stuttgart 2005.

S. Hilger, Sozialpolitik und Organisation. Formen betrieblicher Sozialpolitik in der rheinisch-westfälischen Eisen- und Stahlindustrie seit der Mitte des 19. Jahrhunderts bis 1933, Stuttgart 1996.

Hirsch-Kreinsen, Weltmarkt und Wandel der Unternehmensstrategien, in: S. Hradil (Hg.), Differenz und Integration. Die Zukunft moderner Gesellschaften, Frankfurt am Main 1997, S. 736–739.

P. Hirst, G. Thompson, Globalization in Question. The international Economy and the Possibilities of Governance, 2. Aufl., Cambridge 2006.

H. Homburg, Industrielle Rationalisierung zwischen Politik und nationaler Kultur. Eine deutsche und französische Sicht auf das amerikanische Modell in den 1920er Jahren, in: C. Baechler (Hg.), Les tiers dans les relations franco-allemandes = Dritte in den deutsch-französischen Beziehungen, München 1996, S. 195–205.

G. Ietto-Gillies, Transnational Corporations and international Production, Cheltenham 2005.

H. James, Rambouillet. 15. November 1975. Globalisierung der Wirtschaft, München 1997.

K. Jarausch, H. Siegrist (Hg.), Amerikanisierung und Sowjetisierung in Deutschland 1945–1970, Frankfurt am Main 1997.

G. Jones, H. G. Schröter, The Rise of Multinationals in continental Europe, Aldershot 1993.

G. Jones, Foreign Multinationals in the United States. Management and Performance, London 2001.

G. Jones, Merchants to Multinationals. British Trading Companies in the 19th and 20th Century, Oxford 2000.

G. Jones, Multinationals and global Capitalism. From the nineteenth to the twenty-first Century, Oxford 2005.

G. Jones, The Evolution of international Business. An Introduction, London 1996.

G. Jones, The multinational Traders, London, New York 1998.

G. Jones, Transnational Corporations. A Historical Perspective, London 1993.

M. Kipping, O. Bjarnar, The Americanisation of European Business. The Marshall Plan and the Transfer of US Management Models, London 1998.

C. Kleinschmidt, Der produktive Blick. Wahrnehmung amerikanischer und japanischer Management- und Produktionsmethoden durch deutsche Unternehmer 1950–1985, Berlin 2001.

C. Kleinschmidt, Die „amerikanische Herausforderung“ und das „Modell Deutschland“. Amerikanisches Management, deutsche Unternehmen und staatliche Einflüsse von den 1950er-1970er Jahren, in: R. Dietel (Hg.), Begegnung zweier Kontinente, Trier 1999, S. 237–250.

C. Kleinschmidt, Unternehmensstrategien, Unternehmererfahrung und amerikanische Leitbilder. Paul Baumann und Hüls 1923–1964, in: Westfälische Forschungen 50 (2000), S. 109–127.

P. H. Kristensen, J. Zeitlin, Local Players in global Games. The strategic Constitution of a multinational Corporation, Oxford 2005.

A. Kudo (Hg.), German and Japanese Business in the Boom Years. Transforming American Management and Technology Models, London, New York 2004.

G. Kümmel, Transnationale Wirtschafskooperationen und der Nationalstaat. Deutsch-amerikanische Unternehmensbeziehungen in den 30er Jahren, Stuttgart 1995.

R. N. Langlois, P. L. Robertson, Firms, Markets and Economic Change. A dynamic Theory of Business Institutions, London 1995.

A. Maddison, Monitoring the World Economy 1820–1990, Paris 1995.

H. Meffert, Globalisierung des Marketing bei internationaler Unternehmenstätigkeit, Münster 1991.

W. Müller-Jentsch (Hg.), Soziologie der industriellen Beziehungen. Eine Einführung, überarb. und erw. Aufl., Frankfurt am Main 1997.

R. Neebe (Hg.), Überseemärkte und Exportstrategien in der westdeutschen Wirtschaft 1945 bis 1966, Stuttgart 1991.

K. H. O’Rourke, J. G. Williamson, Globalization and History. The Evolution of a Nineteenth-Century Atlantic Economy, Cambridge/Mass. 1999.

K. H. O’Rourke, J. G. Williamson, When did Globalisation begin?, in: European Review of Economic History 6 (2002), S. 23–50.

J. Osterhammel, N. P. Petersson, Geschichte der Globalisierung. Dimensionen, Prozesse, Epochen, 3. Aufl., München 2006.

N. P. Petersson, Eine Welt des (Un-)Rechts. Globalisierung und das Problem der Verrechtlichung internationaler Wirtschaftsbeziehungen vor dem Ersten Weltkrieg, in: E. Conze (Hg.), Geschichte der internationalen Beziehungen. Erneuerung und Erweiterung einer historischen Disziplin, Köln 2004, S. 93–112.

A. Picot, R. Reichwald, R. T. Wigand, Die grenzenlose Unternehmung, 5. Aufl., Wiesbaden 2003.

W. Plumpe, Kapital und Arbeit. Konzept und Praxis der industriellen Beziehungen im 20. Jahrhundert, in: R. Spree (Hg.), Geschichte der deutschen Wirtschaft im 20. Jahrhundert, München 2001, S. 178–199.

W. Plumpe, Das Ende des Kapitalismus, in: WestEnd. Neue Zeitschrift für Sozialforschung 2 (2005), S. 1–23.

H. Pohl, Aufbruch zur Weltwirtschaft. Geschichte der Weltwirtschaft von der Mitte des 19. Jahrhunderts bis zum Ersten Weltkrieg, Stuttgart 1989.

M. E. Porter, Nationale Wettbewerbsvorteile. Erfolgreich konkurrieren auf dem Weltmarkt, München 1991.

W. H. Rambousek, A. Vogt, H. R. Volkart, Volkart. Die Geschichte einer Welthandelsfirma, Frankfurt am Main 1990.

U. Reisach, Die Amerikanisierungsfalle. Kulturkampf in deutschen Unternehmen, Berlin 2007.

C. Riedl, Organisatorischer Wandel durch Globalisierung. Optionen für multinationale Unternehmen, Berlin 1999.

C. Sachse (Hg.), Mobilität, Stabilität, Flexibilität. Arbeitsmarktstrategien von Unternehmen und Beschäftigten in Deutschland und Frankreich im 19. und 20. Jahrhundert, Essen 1996.

W. Sartor, Internationalisierung und Kosmopolitismus. Deutsche Großunternehmen im Russischen Reich, in: D. Dahlmann (Hg.), Eisenbahnen und Motoren – Zucker und Schokolade. Deutsche im russischen Wirtschaftsleben vom 18. bis zum frühen 20. Jahrhundert, Berlin 2005, S. 101–131.

S. Schief, Globalisierung. Entwicklungspfade der Internationalisierung deutscher Konzerne, Frankfurt am Main 2003.

K.-D. Schmidt, Soziale Gerechtigkeit durch unternehmerische Initiative. Der Bund Katholischer Unternehmer 1949–1990, Paderborn 1994.

H. G. Schröter, G. Jones (Hg.), The Rise of Multinationals in continental Europe, Aldershot 1993.

H. G. Schröter, Americanization of the European Economy. A Compact Survey of American Economic Influence in Europe since the 1880s, Dordrecht 2005.

H. G. Schröter, Die Amerikanisierung der Werbung in der Bundesrepublik Deutschland, in: Jahrbuch für Wirtschaftsgeschichte (1997), 1, S. 95–113.

H. G. Schröter, Perspektiven der Forschung. Amerikanisierung und Sowjetisierung als Interpretationsmuster der Integration (Freiburger Arbeitspapiere, 95/15), Freiburg 1995.

H. G. SCHRÖTER, Risk and Control in multinational Enterprise. German Business in Scandinavia, 1918–1939, in: Business History Review 62 (1988), 3, S. 420–443.

H. G. SCHRÖTER, Revolution in Trade. The Americanisation of Distribution in Germany during the Boom-Years, 1949–1976, in: A. KUDO (Hg.), German and Japanese Business in the Boom Years, London, New York 2004, S. 246–267.

V. SCHRÖTER, Die deutsche Industrie auf dem Weltmarkt 1929–1933. Außenwirtschaftliche Strategien unter dem Druck der Weltwirtschaftskrise, Frankfurt am Main 1984.

A. SCHUG, Missionare der globalen Konsumkultur. Corporate Identity und Absatzstrategien amerikanischer Unternehmen in Deutschland im frühen 20. Jahrhundert, in: W. HARTWIG (Hg.), Politische Kulturgeschichte der Zwischenkriegszeit 1918–1939, Göttingen 2004, S. 307–342.

M. SCHULARICK, Finanzielle Globalisierung in historischer Perspektive. Kapitaleinflüsse von Reich und Arm, Investitionsrisiken und globale öffentliche Güter, Tübingen 2006.

D. SOSKICE, Globalisierung und institutionelle Divergenz. Die USA und Deutschland im Vergleich, in: Geschichte und Gesellschaft 25 (1999), S. 201–225.

R. SPREE, Globalisierungs-Diskurse – gestern und heute, in: Jahrbuch für Wirtschaftsgeschichte (2003), 2, S. 35–56.

W. STREECK, M. HÖPNER (Hg.), Alle Macht dem Markt? Fallstudien zur Abwicklung der Deutschland AG, Frankfurt am Main, New York 2003.

T. J. STURGEON, Modular Production Networks. A new American Model of industrial Organization, in: Industrial and Corporate Change 11 (2002), S. 451–496.

A. TEICHOVA, M. LÉVY-LEBOYER, H. NUSSBAUM (Hg.), Multinational Enterprise in historical Perspective, Cambridge, Paris 1986.

P. TEMIN, Art. Globalization, in: Oxford Review of Economic Policy 4 (1999), S. 76–89.

C. TORP, Die Herausforderung der Globalisierung. Wirtschaft und Politik in Deutschland 1860–1914, Göttingen 2005.

C. TORP, Weltwirtschaft vor dem Weltkrieg. Die erste Welle der ökonomischen Globalisierung vor 1914, in: Historische Zeitschrift 279 (2004), S. 561–609.

H. VOSS, Internationale Wettbewerbsstrategien. Wettbewerbsstrategien international tätiger Unternehmen vor dem Hintergrund veränderter Umweltbedingungen, Bayreuth 1989.

R. WALTER (Hg.), Globalisierung in der Geschichte. Erträge der 23. Arbeitstagung der Gesellschaft für Sozial- und Wirtschaftsgeschichte vom 18. bis 21. März 2009 in Kiel, Stuttgart 2011.

C. C. VON WEIZSÄCKER, Zur Logik der Globalisierung, in: Jahrbuch für Wirtschaftsgeschichte (2003), 2, S. 11–18.

H. A. WESSEL, Verfehlte Investitionen in Russland. Dargestellt an den Beispielen Felten & Guilleaume Carlswerk AG, Duisburger Maschinenbau-AG und „Helios“ A.-G. für elektrisches Licht und Telegraphenbau, in: D. DAHLMANN, C. SCHEIDE (Hg.), „... das einzige Land in Europa, das eine große Zukunft vor sich hat.“ Deutsche Unternehmen und Unternehmer im Russischen Reich im 19. und frühen 20. Jahrhundert, Essen 1998, S. 189–223.

R. WHITTINGTON, M. MAYER, The European Corporation. Strategy, Structure and Social Science, Oxford 2000.

M. WILKINS, European and American Multinationals 1870–1914. Comparisons and Contrasts, in: Business History 30 (1988), S. 8–45.

M. WILKINS, The Emergence of multinational Enterprise. American Business abroad from the colonial Era to 1914, Cambridge/Mass. 1970.

M. WILKINS, The Growth of Multinationals, Aldershot 1991.

M. WILKINS, The History of European Multinationals. A new Look, in: Journal of European Economic History 15 (1986), S. 483–510.

M. WILKINS, The Maturing of Multinational Enterprise. American Business abroad from 1914 to 1970, Cambridge/Mass. 1974.

M. WORTMANN, Komplex und Global. Strategien und Strukturen multinationaler Unternehmen, Wiesbaden 2008.

J. P. WULF, Der deutsche Außenhandel seit 1850. Entwicklung, Strukturwandlungen und Beziehungen zum Wirtschaftswachstum, Stuttgart 1968.

Register

1. Personenregister

2. Autorenregister

3. Ortsregister

4. Unternehmens- und Sachregister

Enzyklopädie deutscher Geschichte
Themen und Autoren

Mittelalter

Agrarwirtschaft, Agrarverfassung und ländliche Gesellschaft im Mittelalter (Werner Rösener) 1992. EdG 13 Adel, Rittertum und Ministerialität im Mittelalter (Werner Hechberger) 2. Aufl. 2010. EdG 72 Die Stadt im Mittelalter (Frank G. Hirschmann) 2., aktual. u. erw. Aufl. 2016. EdG 84 Die Juden im mittelalterlichen Reich (Michael Toch) 3., aktual. und um einen Nachtrag erw. Aufl. 2013. EdG 44	Gesellschaft
Die ritterlich-höfische Kultur des Mittelalters (Werner Paravicini) 3., um einen Nachtrag erw. Aufl. 2011. EdG 32	Kultur, Alltag, Mentalitäten
Die mittelalterliche Kirche (Michael Borgolte) 2. Aufl. 2004. EdG 17 Grundformen der Frömmigkeit im Mittelalter (Arnold Angenendt) 2. Aufl. 2004. EdG 68	Religion und Kirche
Die Germanen (Walter Pohl) 2. Aufl. 2004. EdG 57 Das römische Erbe und das Merowingerreich (Reinhold Kaiser) 3., überarb. u. erw. Aufl. 2004. EdG 26 Die Herrschaften der Karolinger 714–911 (Jörg W. Busch) 2011. EdG 88 Die Entstehung des Deutschen Reiches (Joachim Ehlers) 5. Aufl. 2013. EdG 31 Königtum und Königsherrschaft im 10. und 11. Jahrhundert (Egon Boshof) 3., aktual. und um einen Nachtrag erw. Aufl. 2010. EdG 27 Der Investiturstreit (Wilfried Hartmann) 3., überarb. u. erw. Aufl. 2007. EdG 21 Könige und Fürsten, Kaiser und Papst im 12. Jahrhundert (Bernhard Schim-melpfennig) 2. Aufl. 2010. EdG 37 Deutschland und seine Nachbarn 1200–1500 (Dieter Berg) 1996. EdG 40 Die kirchliche Krise des Spätmittelalters (Heribert Müller) 2012. EdG 90 König, Reich und Reichsreform im Spätmittelalter (Karl-Friedrich Krieger) 2., durchges. Aufl. 2005. EdG 14 Fürstliche Herrschaft und Territorien im späten Mittelalter (Ernst Schubert) 2. Aufl. 2006. EdG 35	Politik, Staat, Verfassung

Frühe Neuzeit

Bevölkerungsgeschichte und historische Demographie 1500–1800 (Christian Pfister) 2. Aufl. 2007. EdG 28 Umweltgeschichte der Frühen Neuzeit (Reinhold Reith) 2011. EdG 89	Gesellschaft

Kriegswesen, Herrschaft und Gesellschaft 1300–1800 (Bernhard R. Kroener) 2013. EdG 94

Staatensystem, internationale Beziehungen

Das Reich im Kampf um die Hegemonie in Europa 1521–1648 (Alfred Kohler) 2., um einen Nachtrag erw. Aufl. 2010. EdG 6
Altes Reich und europäische Staatenwelt 1648–1806 (Heinz Duchhardt) 1990. EdG 4

19. und 20. Jahrhundert

Gesellschaft

Bevölkerungsgeschichte und Historische Demographie 1800–2000 (Josef Ehmer) 2004. EdG 71
Migration vom 19. bis zum 21. Jahrhundert (Jochen Oltmer) 3., aktual. Aufl. 2016. EdG 86
Umweltgeschichte im 19. und 20. Jahrhundert (Frank Uekötter) 2007. EdG 81
Adel im 19. und 20. Jahrhundert (Heinz Reif) 2, um einen Nachtrag erw. Aufl. 2012. EdG 55
Geschichte der Familie im 19. und 20. Jahrhundert (Andreas Gestrich) 3., aktual. und um einen Nachtrag erw. Aufl. 2013. EdG 50
Von der ständischen zur bürgerlichen Gesellschaft (Lothar Gall) 2., aktual. Aufl. 2012. EdG 25
Die Angestellten seit dem 19. Jahrhundert (Günter Schulz) 2000. EdG 54
Die Arbeiterschaft im 19. und 20. Jahrhundert (Gerhard Schildt) 1996. EdG 36
Die Juden in Deutschland 1780–1918 (Shulamit Volkov) 2. Aufl. 2000. EdG 16
Die deutschen Juden 1914–1945 (Moshe Zimmermann) 1997. EdG 43

Wirtschaft

Die Industrielle Revolution in Deutschland (Hans-Werner Hahn) 3., um einen Nachtrag erw. Aufl. 2011. EdG 49
Die deutsche Wirtschaft im 20. Jahrhundert (Wilfried Feldenkirchen) 1998. EdG 47
Agrarwirtschaft und ländliche Gesellschaft im 20. Jahrhundert (Ulrich Kluge) 2005. EdG 73
Gewerbe und Industrie im 19. und 20. Jahrhundert (Toni Pierenkemper) 2., um einen Nachtrag erw. Aufl. 2007. EdG 29
Handel und Verkehr im 20. Jahrhundert (Christopher Kopper) 2002. EdG 63
Banken und Versicherungen im 19. und 20. Jahrhundert (Eckhard Wandel) 1998. EdG 45
Technik und Wirtschaft im 19. und 20. Jahrhundert (Christian Kleinschmidt) 2007. EdG 79
Unternehmensgeschichte im 19. und 20. Jahrhundert (Werner Plumpe) 2018. EdG 94
Staat und Wirtschaft im 19. Jahrhundert (Rudolf Boch) 2004. EdG 70
Staat und Wirtschaft im 20. Jahrhundert (Gerold Ambrosius) 1990. EdG 7

Kultur, Alltag, Mentalitäten

Kultur, Bildung und Wissenschaft im 19. Jahrhundert (Hans-Christof Kraus) 2008. EdG 82
Kultur, Bildung und Wissenschaft im 20. Jahrhundert (Frank-Lothar Kroll) 2003. EdG 65
Lebenswelt und Kultur des Bürgertums im 19. und 20. Jahrhundert (Andreas Schulz) 2., aktual. und um einen Nachtrag erw. Aufl. 2004. EdG 75

Lebenswelt und Kultur der unterbürgerlichen Schichten im 19. und 20. Jahrhundert (Wolfgang Kaschuba) 1990. EdG 5

Religion und Kirche

Kirche, Politik und Gesellschaft im 19. Jahrhundert (Gerhard Besier) 1998. EdG 48
Kirche, Politik und Gesellschaft im 20. Jahrhundert (Gerhard Besier) 2000. EdG 56

Politik, Staat, Verfassung

Der Deutsche Bund 1815–1866 (Jürgen Müller) 2006. EdG 78
Verfassungsstaat und Nationsbildung 1815–1871 (Elisabeth Fehrenbach) 2., um einen Nachtrag erw. Aufl. 2007. EdG 22
Politik im deutschen Kaiserreich (Hans-Peter Ullmann) 2., durchges. Aufl. 2005. EdG 52
Die Weimarer Republik. Politik und Gesellschaft (Andreas Wirsching) 2., um einen Nachtrag erw. Aufl. 2008. EdG 58
Nationalsozialistische Herrschaft (Ulrich von Hehl) 2. Aufl. 2001. EdG 39
Die Bundesrepublik Deutschland. Verfassung, Parlament und Parteien (Adolf M. Birke) 2. Aufl. 2010 mit Ergänzungen von Udo Wengst. EdG 41
Militär, Staat und Gesellschaft im 19. Jahrhundert (Ralf Pröve) 2006. EdG 77
Militär, Staat und Gesellschaft im 20. Jahrhundert (Bernhard R. Kroener) 2011. EdG 87
Die Sozialgeschichte der Bundesrepublik Deutschland bis 1989/90 (Axel Schildt) 2007. EdG 80
Die Sozialgeschichte der DDR (Arnd Bauerkämper) 2005. EdG 76
Die Innenpolitik der DDR (Günther Heydemann) 2003. EdG 66

Staatensystem, internationale Beziehungen

Die deutsche Frage und das europäische Staatensystem 1815–1871 (Anselm Doering-Manteuffel) 3., um einen Nachtrag erw. Aufl. 2010. EdG 15
Deutsche Außenpolitik 1871–1918 (Klaus Hildebrand) 3., überarb. und um einen Nachtrag erw. Aufl. 2008. EdG 2
Die Außenpolitik der Weimarer Republik (Gottfried Niedhart) 2., aktualisierte und um einen Nachtrag erw. Aufl. 2006. EdG 53
Die Außenpolitik des Dritten Reiches (Marie-Luise Recker) 2., um einen Nachtrag erw. Aufl. 2009. EdG 8
Die Außenpolitik der Bundesrepublik Deutschland 1949 bis 1990 (Ulrich Lappenküper) 2008. EdG 83
Die Außenpolitik der DDR (Joachim Scholtyseck) 2003. EdG 69

Stand: Juni 2018